에덴동산은 살아 있었다

에덴동산은 살아 있었다

초판1쇄 2018년 12월 10일
지은이 이재갑

펴낸이 김명철
펴낸곳 도서출판 예향

주 소 인천시 남구 인하로 120번길 24-31(용현동)
영업부 (032) 431-7792 (032) 428-1928(팩스)
총무부 (032) 427-1719
편집부 (032) 423-9796
메 일 cpcubook@hanmail.net
홈페이지 www.ubook.co.kr

ISBN 978-89-86332-00-1 03230

한국기독교출판공동체는 진리의 복음을 토대로한 도서출판 바울과 그리스도의 향기를 담은 도서출판 예향, 그리고 천국의 정원에 심겨진 사랑을 키우는 도서출판 하늘정원의 책들로 세상에 복음을 전합니다.

에덴동산은 살아 있었다

이재갑 지음

예향
도서출판

머리말

창세기는 성경 전체를 여는 첫 책이다. 따라서 창세기가 그 어느 책보다 더 중요한 자리를 차지하고 있다는 것을 부인할 사람은 아무도 없을 것이다. 물론 성경 66권의 책 중에서 어느 책 하나라도 가벼이 여길 수는 없다. 성경의 모든 말씀은 하나님의 뜻에 의해 하나님의 감동으로 기록되었기 때문이다. 그러나 그럼에도 불구하고 창세기를 읽을 때에 더욱 주의를 기울여야 하는 이유는 많다.

첫째, 이 책은 성경 전체를 읽고 믿는 시금석의 역할을 하고 있다. 우리가 성경을 읽을 때에 이성적으로 이해가 잘 되지 않거나 해석하기 어려운 곳을 만나면 자칫 회의에 빠지기 쉽다. 예를 들면 이스라엘 백성이 애굽을 탈출하여 홍해를 건널 때에 바다가 갈라지는 장면이 나온다. 하나님이 동풍으로 바다를 갈라 이스라엘 백성으로 마치 육지처럼 지나게 하셨다. 그러나 이를 믿지 않는 자들은 여러 가지 다른 주장들을 내놓고 있다. 바람으로 바다를 가르는 하나님의 능력을 믿지 못한다면, 아무것도 없는 상태에서 이 우주와 만물을 창조하신 창세기의 기사들을 어떻게 믿을 수 있겠는가? 창조 사역은 바다를 가르는 일보다 비교할 수 없을 정도로 더 어려운 일이 아닌가? 창세기 1장의 창조기사를 믿는다면 성경의 그 어느 말씀도 믿음으로 받아드리지 못할 것이 없다.

둘째, 인간이 최초로 창조되는 과정을 소개하고 있기 때문이다. 사람이 흙으로 만들어졌지만 하나님의 형상으로 지음 받았다는 사실에서 인간이 하나님을 떠나서는 살 수 없다는 것을 깨닫게 한다. 창조주 하나님, 생명의 근원되시는 하나님을 떠나서는 참된 삶의 길을 찾을 수 없다. 하나님을 떠난 자들은 마치 날 때부터 소경된 자가 어디로 가야할 지 방향을 찾지 못하고 헤매는 것과 같은 것이다. 요한복음 9장은 이에 대하여 잘 설명 하고 있다.

셋째, 죄가 어떻게 세상과 사람에게 들어 왔는가를 밝히고 있기 때문이다. 이 부분은 죄의 기원에 대하여 말씀을 하고 있기에 우리가 죄를 이기고 마귀와 싸워 이기는데 아주 중요한 단서를 제공하고 있다고 할 수 있다.

넷째, 하나님의 형상으로 지음 받은 인간이 어떻게 하나님과의 관계가 단절되어 온 인류가 사망에 이르게 되었는가를 말하고 있는 곳이 바로 창세기이다.

다섯째, 죄에 대한 심판을 다루고 있기 때문이다. 노아의 홍수 심판과 소돔과 고모라의 멸망은 단지 까마득한 옛날에 있었던 심판으로 끝나지 않는다. 누가복음 17장과 마가복음 24장에서는 예수님이 직접 이를 인용하여 마지막 때에 있을 심판에 대하여 경고의 말씀을 하셨다.

이 외에도 바벨탑 사건, 믿음의 조상 아브라함의 소명, 애굽으로의 이주 등 많은 요인들이 있지만 마지막으로 하나만 더 살펴본다면 이 부분에 대한 이해의 부족과 그릇된 해석으로 인하여 하나님 말씀의 진정한 뜻을 알지 못하는데 있다. 이 부분은 이러한 요소를 많이 담고 있기에 다른 어떤 책보다 주의 깊게 보아야 한다고 믿는다. 이에 독자들이 이 책을 읽는데 다소 거부감을 가진다거나 생소한 느낌을 가질 수 있으리라는 것을 안다. 왜냐하면 이 책에서 저자가 내 놓은 주장은 지금까지 독자들이 알고 있는 내용과 많이 다를 수 있기 때문이다. 이 책은 설교의 내용이 아니다. 교훈을 주려는 것도 아니다. 다만 성경에 대한 바른 해석을 위해 내놓는 연구서이다. 먼저 펴낸 '감추인 보화'가 그러했던 것처럼. 나에게 주신 은사를 땅에 묻어 두고 하나님 앞에 설 수는 없기에 이 책을 내놓게 되었다.

오늘이 있기까지 도움을 주신 모든 분께 감사하고 특히 정효열 장로와 박효순 권사님께 깊은 사의를 표하며 이 책을 하늘나라에 있는 아내에게 바친다.

2018년 가을의 끝자락에서

이 재 갑

CONTENTS

Part 1

태초에 하나님이 천지를 창조하시니라

"태초에 하나님이 천지를 창조하시니라 땅이 혼돈하고 공허하며 흑암이 깊음 위에 있고 하나님의 신은 수면에 운행하시니라 하나님이 가라사대 빛이 있으라 하시매 빛이 있었고 그 빛이 하나님의 보시기에 좋았더라 하나님이 빛과 어두움을 나누사 빛을 낮이라 칭하시고 어두움을 밤이라 칭하시니라 저녁이 되며 아침이 되니 이는 첫째 날이니라 하나님이 가라사대 물 가운데 궁창이 있어 물과 물로 나뉘게 하리라 하시고 하나님이 궁창을 만드사 궁창 아래의 물과 궁창 위의 물로 나뉘게 하시매 그대로 되니라 하나님이 궁창을 하늘이라 칭하시니라 저녁이 되며 아침이 되니 이는 둘째 날이니라 하나님이 가라사대 천하의 물이 한 곳으로 모이고 뭍이 드러나라 하시매 그대로 되니라 하나님이 뭍을 땅이라 칭하시고 모인 물을 바다라 칭하시니라 하나님의 보시기에 좋았더라 — 중략 — 하나님이 가라사대 하늘의 궁창에 광명이 있어 주야를 나뉘게 하라 또 그 광명으로 하여 징조와 사시와 일자와 연한이 이루라 또 그 광명이 하늘의 궁창에 있어 땅에 비취라 하시고 그대로 되니라 하나님이 두 큰 광명을 만드사 큰 광명으로 낮을 주관하게 하시고 작은 광명으로 밤을 주관하게 하시며 또 별들을 만드시고 하나님이 그것들을 하늘의 궁창에 두어 땅을 비취게 하시며 주야를 주관하게 하시며 빛과 어두움을 나뉘게 하시니라 하나님의 보시기에 좋았더라 저녁이 되며 아침이 되니 이는 넷째 날이니라"(창1:1~10, 14~19).

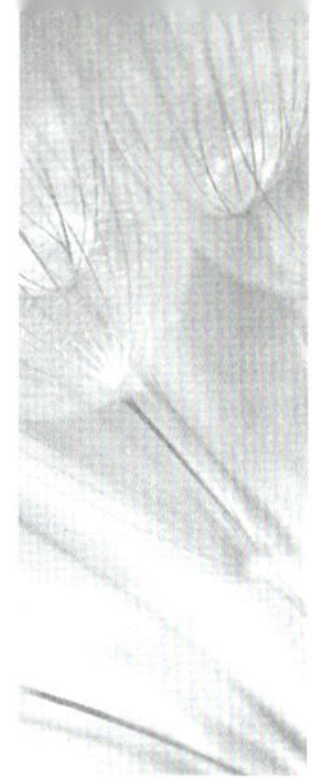

오늘날까지 이 세상에 나와 있는 책 중에서 이처럼 확실하고 명확하게 천지와 우주 창조에 대하여 기록한 책은 없다. 지금과 같이 과학문명이 발달한 시대에도 성경 외에 그 어떤 책도 우주의 발생과 지구의 탄생에 대하여 명확한 답을 제시하지 못하고 있다. 그리고 이러한 상태는 앞으로도 영원히 지속될 것이다. 왜냐하면 그 답은 바로 하나님이 천지를 창조하셨기 때문이다.

그런데 성경을 떠나서 하나님의 창조를 부인하고 자연과학의 힘으로, 즉 인간의 지혜로 우주의 발생 근원에 대해 답을 찾겠다는 것은 인간이 하나님의 자리를 빼앗으려는 것과 다름없다. 내가 이 책을 쓰기 시작하면서 참고 자료를 구하기 위해 지구과학과 우주과학에 관한 책들을 보았으나 크게 실망하고 말았다. 실망이라기보다는 처음부터 거기에서 어떤 사실을 알아내려는 기대는 하지 않았지만, 그들이 제

시한 가설들을 보면서 그 이론의 허구성과 빈약함에 크게 놀랐다. 그도 그럴 수밖에 없는 것이 답이 없는 곳에서 답을 찾으려고 헤매고 있으니 공상과학 소설처럼 황당한 추측들만 늘어놓을 수밖에 없었을 것이다. 하나님의 말씀은 천지창조의 비밀을 정확하게 기록하고 있다. 자, 이제 여기서 그 비밀을 하나씩 풀어 헤쳐 보기로 한다.

1. 태초에 하나님이 천지를 창조하시니라

"태초에 하나님이 천지를 창조하시니라"

우선 창세기 1장 1절의 성격을 어떻게 볼 것인가에 대하여 여러 가지 견해가 있다. 그러므로 먼저 창세기 1장과 2장에서 창세기 1장 1절이 가지는 문장의 의미를 알아보기로 한다. 첫째는 1절을 2절의 종속절로 보는 견해이다. 태초에 하나님이 천지를 창조하실 때에, 땅이 혼돈하고… 이렇게 해석을 하는 것은

첫째, 히브리어 어법에 맞지 않는다.

1절과 2절은 각각 독립된 문장이지만 밀접한 연관을 가진다. 다음으로 이렇게 해석할 경우 하나님의 무에서 유에로의 창조를 부인하게 된다. 즉 하나님이 창조를 시작할 때에 이미 2절과 같은 상태가 존재하였다는 말이 되기 때문이다.

둘째, 제목설이 있다.

이는 1절의 말씀이 창조 기사의 제목이라는 주장이다. 그렇게 되면 1절은 창조와는 상관이 없는 글자 그대로 제목이 되고 실재 창조는 2

절부터 시작되므로 이 역시 무에서 유에로의 창조 이전에 2절의 상태가 존재하였다는 말이 된다.

셋째, 제목설과 유사한 요약문장이라는 설이다.

1절의 말씀이 1장과 2장의 56절 말씀 중에서 1절을 제외한 나머지 55절의 말씀을 한 마디로 요약한 것이라 한다. 그러므로 1절에서는 하나님이 무엇을 행하셨는가를 말씀하시고 다음 55절에서 어떻게 창조하셨는가를 세부적으로 알려 준다고 한다. 이는 얼핏 맞는 말 같지만 1절의 말씀은 요약의 문장이 아니라 실제 창조활동의 시작을 묘사하는 말씀이다.

넷째, 1절과 2절 사이에는 엄청난 시간적 간격이 있다는 소위 갭 이론이다. 이는 1절의 창조가 있은 후에 천사들의 반란으로 우주를 심판하면서 2절과 같은 상태가 되었다고 한다. 그 후 3절 이하에서 현재와 같은 우주를 새로이 창조하셨다는 주장이다. 정말 황당하기 그지없는 말이다.

이상과 같은 주장들은 하나님의 무에서 유에로의 창조를 부인하거나 창조의 순서를 왜곡하는 오류를 범하고 있으므로 바른 해석이라 할 수 없다. 결론적으로 1절의 말씀은 최초 무에서 유에로의 실제적 창조 사실을 기록한 것이며, 그것은 아직 구성요소와 모습을 갖추지 못한 상태여서 2절과 같이 혼돈과 공허의 상태였으며 이어 6일간의 창조에서 완전한 질서와 제 모습을 완성하셨다는 것이다. 이제 1절에 대한 자세한 내용을 살펴보기로 한다.

(1) 태초에

여기에서 '태초'라는 말은 처음 시작을 말한다. 즉 그 이전에는 시간이 존재하지 않았다는 말이다. 시간뿐만 아니라 공간도 역시 존재하지 않았다. 이 우주에는 아무것도 존재하지 않았다. 오직 하나님만이 계셨다. 하나님은 시간과 공간을 초월해서 계시는 분이시다. 그러므로 창조 이전에 언제부터 하나님이 존재하셨으며, 창조 이전에는 무엇을 하셨는지에 대하여 논하는 것은 어리석은 일이라 할 것이다. 하나님은 시간과 공간을 초월하여 계시는 분이시기 때문이다. 시간과 공간은 이 우주에 해당하는 하나의 존재방식에 불과하다.

그러나 요한복음1장 1절의 "태초에 말씀이 계시니라"이 말씀에서 보는 바와 같이 창조 전에 하나님이 먼저 계신 것을 알 수 있다. 그것은 너무나 당연한 이치이다. 창조의 주체가 있어야 창조활동을 시작할 수 있기 때문이다. 과학자들은 이 지구가 약 46억 년 전에 만들어졌다고 말한다. 그러나 성경은 하나님의 창조의 역사가 약 6000년 쯤 되는 것으로 기록하고 있다. 무려 80만 배의 시간의 차이가 있다. 이것은 말로는 형용하기 어려운 너무나 큰 차이이다.

더구나 우주의 탄생은 이보다 훨씬 더 오래된 약 170억 년 전으로 추정한다. 과학자들은 이 연대를 측정함에 있어 아마도 이 지구상에 존재하는 화석이나 어떤 물질들에 남아 있는 방사성 물질의 반감기를 계산하여 측정하였을 것이다. 그렇다면 이들의 주장이 더 과학적이며 타당성이 있다고 생각할 수 있다. 그러나 과학이 물질에 앞설 수는 없다. 무슨 말인가 하면 과학은 이 세상에 이미 존재하는 물질에 대하여 연구하는 학문이다. 그러므로 이 우주와 지구의 창조보다 상상할 수도 없을 만큼 오랜 시간을 산출해 내는 방사성 반감기에 의한 방법에는 오류가 있다고 보아야 한다.

이러한 시각차 때문에 갭 이론이 나온 것으로 보인다. 즉 창세기 1장 1절과 2절 사이에는 우리가 알 수 없는 많은 시간이 흘렀을 것으로 보는 이론이다. 그러나 갭 이론이나 욤 이론에서 주장하는 바와는 달리 창세기 1장 1절의 첫 창조의 때인 첫째 날부터 여섯째 날까지의 창조의 시간은 오늘날 우리가 살고 있는 하루와 모두 같은 시간으로 보는 견해가 지배적이며 그것이 또한 하나님의 말씀을 가장 바르게 해석하는 길이라 할 수 있다..

하나님이 태초에 천지를 창조하기 이전에는 시간도 공간도 존재하지 않았다. 바로 이 창조와 더불어 이 우주에 시간이 흐르기 시작하였으며 공간이 형성되었다. 과학의 힘을 빌려 우주와 지구 탄생의 연대와 비밀을 알아내려는 사람들은 당연히 하나님의 창조를 부인하는 자들이다.

(2) 하나님이

"태초에 하나님이 천지를 창조하시니라" 여기에 창조의 주체가 하나님이심을 분명히 하고 있다. 이 세상의 모든 물건이나 존재들은 다 만든 자가 있다. 저절로 이 세상에 존재하는 것은 아무것도 없다. 그러나 여기에 단 하나의 예외가 있다. 바로 하나님이시다. "나는 스스로 있는 자니라" 이 말씀은 하나님의 이름을 묻는 모세에게 일러 주신 하나님의 답변이다(출 3:15). 그렇다, 하나님은 영원부터 영원까지 스스로 계신 분이시다. 성경 첫 구절의 주어는 바로 이 하나님이시며 또한 성경 전체의 주어 곧 주인공이 되신다. 이는 무엇보다 중요한 명제이다. 히브리서 기자는 이에 대하여 이렇게 말하고 있다.

> "믿음이 없이는 기쁘시게 못하나니 하나님께 나아가는 자는 반드시 그가 계신 것과 또한 그가 자기를 찾는 자들에게 상주시는 이심을 믿어야 할지니라"(히 11:6).

이 말씀을 읽는 독자 여러분은 너무나 쉽게 받아들이겠지만, 그러나 이러한 믿음을 갖는 것은 그렇게 간단한 문제가 아니다. 3년 동안이나 예수님을 직접 따랐던 빌립은 예수님께 이러한 요청을 한다.

> "아버지를 우리에게 보여 주옵소서 그리하면 족하겠나이다"(요 14:8).

빌립은 일찍이 나다나엘을 찾아가 예수님을 증거 하되 모세가 율법에 기록한 그 선지자를 만났다고 말한 믿음의 사람이었다. 그 많은 바리새인, 서기관, 제사장, 율법사 등 모세의 율법을 연구하던 사람들이 알아보지 못하고 배척했던 그 선지자를 빌립은 자신이 믿을 뿐 아니라 친구를 찾아가 증거 하기까지 했다. 자신이 혼자 믿는 것과 친한 친구에게 그것을 추천하는 것은 큰 차이가 있다. 타인에게 추천하는 것은 자신이 책임을 진다는 의미를 내포하고 있기에 그만한 확신이 없으면 가능한 일이 아니기 때문이다.

그러나 그럼에도 불구하고 3년 동안 예수님의 말씀을 들어왔고 또한 행하신 일들을 보아왔던 그가 예수님에게 이러한 요청을 하였던 것을 보면 눈에 보이지 않는 하나님을 추호의 의혹도 없이 믿고 받아들인다는 것이 얼마나 어려운 일인가를 단적으로 보여주는 예라 하겠다. 우리가 기억해야 할 무엇보다 중요한 믿음의 증거는 바로 하나님의 살아 계심을 기정사실화 하는 것이다. 이것이 우리의 모든 삶 속에 녹아들어 있고 또 모든 행동에 겉으로 들어나야 한다.

우리는 이 창조 기사에서 하나님의 크고 놀라우신 능력을 알 수 있다. 글로 이렇게 기록하였지만 실상은 하나님의 천지창조에 대하여 이해한다는 것은 불가능한 일이다. 어떻게 이 거대한 우주와 천체들을 만들 수 있다는 말인가? 그것도 아무 재료도 없는 무의 상태에서 오직 말씀으로만 창조하실 수 있다는 말인가? 더욱 이해하기 어려운 부분은 시간과 공간의 창조이다. 이는 오직 믿음으로만 받아들여질 수 있는 내용이다. 따라서 히브리서 기자는 이렇게 말한다.

> "믿음으로 모든 세계가 하나님의 말씀으로 지어진 줄을 우리가 아나니 보이는 것은 나타난 것으로 말미암아 된 것이 아니니라"(히 11:3).

우리는 오직 하나님의 말씀으로 천지와 만물이 하나님께서 지으신 작품이라는 것을 안다. 그러므로 당연히 이 세상의 주인은 하나님이시다. 우리가 누가복음 16장 1절~8절의 비유 – 흔히 불의한 청지기의 비유라고 불려지는–를 읽을 때에 난해하다고 말한다. 그것은 이 세상의 눈으로 이 비유를 바라보기 때문이다. 세상에 어느 누가 자기의 소유를 청지기가 마음대로 처분했는데 그것을 지혜롭게 잘 하였다고 칭찬할 사람이 있겠는가? 그러나 그 주인이 하나님이라면 문제는 달라진다.

이 세상의 모든 사람들은 자기가 소유하고 있는 모든 재산의 진정한 주인이 자신이라고 주장한다. 그러나 실상은 모두가 청지기에 불과하다는 사실을 알아야 한다. 이것이 바로 하나님이 천지와 만물을 지으셨고, 또한 그 주인이 되심을 인정하는 것이다. 이렇게 되면 이 비유를 이해하는데 조금도 어려울 것이 없다. 이 비유는 누가복음 15장 11~32절의 비유에 이어지는 내용이다. 둘째 아들은 자기 아버지로부터 물려받은 재산을 자신의 것으로 생각하고 마음대로 처분하였다. 그것도 아주 옳지 않은 방법으로 탕진하였다. 그 후에 그는 아버지에게로 돌아온다. 그는 이제 아버지의 아들로서가 아니라 품꾼(청지기)의 하나로서 돌아온 것이다.

이 둘째 아들이 바로 누가복음 16장 8절에 나오는 이 세대의 아들이다. 그러면 당연히 빛의 아들은 큰 아들이 되는 것이다. 여기에 자기 시대라고 하는 말은 이 세상에서 하나님을 모른 채 자기 뜻대로 살다가 하나님을 만난 후 변화된 삶을 말한다. 즉 최상의 삶의 상태에 있는 것을 말하는 것이다. 어떤 해석자는 이 비유의 의미가 미래를 대비하는 지혜로운 삶을 가리킨다고 한다.

그러나 이 비유의 핵심은 이 세상에 있는 재물의 소유주는 누구인가를 가르치는 데에 있다. 이제는 이 비유의 해석이 마치 얽혀있던 실타래가 풀리듯 자연스럽게 해결이 될 것이다. 이 비유의 어려움은, 우리가 창세기 1장의 창조 기사를 읽을 때에는 하나님이 우주 만물의 주인이 되심을 인정한다 하더라도 실제의 삶에 있어서 내 소유의 재산이 내가 주인이라는 생각을 버리지 못하는 데에 있다.

오늘날 우주여행이 시작되고 있다. 달과 화성과 다른 별들에 대한 정복이 앞 다투어 진행되고 있다. 과연 그 소유권은 어디에 귀속될 것인가? 그러나 하늘과 별들과 태양과 모든 천체가 다 하나님이 주인인 것을 우리는 항상 잊지 말아야 한다.

(3) 천지를 창조하시니라

히브리어 'ברא:바라'는 무에서 유에로의 창조를 나타내는 말이다. 무에서 유를 창조한다는 것은 오직 하나님만이 할 수 있는 행위이다.

현대 과학은 지구의 탄생에 대하여 다음과 같은 가설을 내놓고 있다.

> 지금으로부터 약 46억 년쯤 전 태양 가까이 한 귀퉁이에 모여 있던 먼지와 가스가 조금씩 뭉쳐져서 작은 덩어리가 만들어졌다. 이 덩어리들은 중력으로 서로를 끌어 당겨 점점 덩치를 키워나간다. 이것이 새로운 행성의 씨앗이다. 이 씨앗은 서로 부딪치며 더 큰 덩어리로 뭉쳐지고 주변의 물질을 끌어 들여 아기 행성의 모습을 갖춘다. 이러한 아기 지구 주변에 널려있는 티끌과 암석 조각은 아주 빠르게 지구와 부딪친다. 사방에서 쏟아져 내리는 덩어리들은 그 속도가 매우 빨라서 엄청난 충격파를 생성하면서 지구 표면과 충돌한다. 이러한 충돌로 인해 지구 표면

은 1,000도 이상의 뜨거운 상태가 된다. 시간이 흘러 지표면을 달구었던 열기와 소동이 수그러들면서 뜨겁게 끓어오르던 표면이 차차 식는다. 하늘에는 구름이 생기고 땅을 적시는 비가 내리면서 바다가 만들어진다. 태양의 강한 자외선으로부터 보호를 받는 바다 속은 생명진화의 온실 역할을 했을 것이다. 태양 둘레를 도는 행성 가운데 유독 지구만이 표면에 많은 물을 가지고 있다. 과학자들을 괴롭히는 문제 가운데 하나가 지구가 바다에 있는 많은 양의 물이 어떻게 만들어졌는가를 밝히는 것이다. 한 가지 가설은 화산이 터지면서 함께 섞여 나온 수증기가 공기 중에서 응축돼 물로 변하고 이것이 비가 되어 땅에 내려 결국 바다를 이루었다는 것이다. 지구의 지표면을 덮고 있는 물이 혜성이 전해준 것이라는 가설도 설득력이 있다. 지구 생성 초기에 태양계 가장자리에서 날아온 많은 혜성이 지구와 부딪쳤다. 이 때 혜성은 지구 중력에 이끌려 빠른 속도로 부딪친다. 이 충돌이 만들어 내는 중력 충격파는 굉장한 열을 만들어 내고, 혜성이 품고 있던 물을 순식간에 증발해 버린다. 공기는 이러한 수증기를 흡수하여 비를 내리게 하여 결국 바다가 생겨나게 되었다. - 이러한 가설이 사실이라면 지구의 2/3를 차지하고 있는 드넓은 바다를 채우기 위해서는 과연 얼마나 많은 혜성이 지구에 떨어져야 할까? 이는 지름 200km 쯤 되는 혜성 200개 정도의 충돌이 있어야 가능하다고 한다.-

혜성의 충돌은 지구 생명체의 진화과정에도 적지 않은 영향을 끼쳤다. 조심스러운 주장이기는 하지만 혜성이 지구의 생명 탄생에도 중요한 역할을 했을 것으로 보고 있다. 혜성이 지구에 '생명의 씨앗'을 전해주었을 가능성이 있기 때문이다. 혜성에는 물과 더불어 탄화수소와 단백질을 이루는 아미노산도 함께 있다. 생명의 씨앗을 만드는데 필요한 물질이다.

위의 지구 탄생과 더불어 물이 생기게 된 과정. 그리고 지구에 생명체가 들어오게 된 가설을 살펴보면 그 내용이 허점과 허구로 가득 차 있다는 것을 알 수 있다. 그럼에도 불구하고 이것이 정규 교육과정에서 미래를 이끌어 가야 할 학생들에게 가르쳐지는 지구과학이다.

그러면 위의 가설들에서 허구와 의문점들을 살펴보기로 한다.

지구의 탄생에서 태양계 주변에 먼지와 가스가 뭉쳐 작은 덩어리를 이룬다고 하였는데, 그러면 태양은 어디에서 왔으며 또 작은 먼지와 가스는 어디에서 왔고 또한 이것들이 어떻게 뭉쳐질 수 있는지, 더구나 작은 덩어리가 충돌하여 더 큰 덩어리로 된다고 하였는데 어쩌면 이들이 충돌하여 깨져 없어져 버릴 가능성이 더 클 것이다. 그리고 이러한 덩어리들의 집합체가 과연 오늘날 이 지구와 같은 커다란 땅덩이를 만들 수 있을까?

뿐만 아니라 이 지구의 자전과 공전은 무엇으로 설명할 수 있는가? 우연히 그렇게 만들어진 것일까? 지구를 포함한 태양계의 행성들이 어떻게 일정한 궤도와 주기로 회전을 하는 것인가? 지구가 태양의 궤도를 회전하는데 회전축과 거리에 의하여 나타나는 계절의 변화, 그리고 생물이 생존하기에 적합한 온도를 유지하는 것 등이 우연히 이루어진 것일까? 지구가 태양의 주위를 도는데 거리가 조금만 더 멀거나 가까워지면 생명체들은 타죽거나 얼어 죽는다고 한다. 그렇다면 이렇게 거대한 땅 덩어리가 한 치의 오차도 없이 태양의 주위를 회전하는 궤도와 주기가 우연히, 아니면 자연히 그렇게 만들어졌다는 말인가? 오늘날 이처럼 발달한 과학의 산물로 만들어진 모든 물건들은 결함이 있거나 그 수명이 제한되어 있는데, 어찌하여 이 우주의 모든 천체들은 그 수명이 다하지 않으며 또 고장이 나거나 수리를 요하지 않는 것일까? 이것이 과연 자연 발생적으로 이루어질 수 있는 산물일까?

그리고 지구에 물이 생성되는 과정을 화산 폭발에 의한 수증기나, 또는 물을 가진 혜성이 지구에 충돌하여 이처럼 거대한 바다를 이루었다고 가정하는데, 과연 그러한 현상으로 이렇게 많은 바닷물을 만들 수 있는가? 이 지구 위의 엄청난 양의 물이 그렇게 만들어졌다는 것은 상상할 수도 없는 가설이다.

그러나 성경은 하나님의 권능의 말씀으로 천지가 단번에 무에서 유에로의 창조가 이루어졌음을 명백히 밝히고 있다. 뿐만 아니라 지금도 하나님이 이 우주 만물의 주인이 되어 다스리고 계심을 우리는 알아야 한다.

"창세로부터 그의 보이지 아니하는 것들 곧 그의 영원하신 능력과 신성이 그 만드신 만물에 분명히 보여 알게 되나니 그러므로 저희가 핑계치 못 할지니라"(롬 1:20).

무에서 유에로의 하나님의 창조를 믿을 수밖에 없는 확실한 증거가 있다. 이 세상에 있는 어떤 존재라도 그 시작으로 거슬러 올라가면 결국 무에서 유의 형태로 나타날 수밖에 없다. 예를 들어 사람의 경우를 보자 이 지구상에 60억이 넘는 인구가 살고 있지만 최초에는 한명으로부터 시작했을 것이다. 그러면 그 한사람은 어디서 왔는가? 백보 양보하여 진화론을 받아들인다 하자 그러면 그 최초의 아메바와 그것을 형성하는 물질은 어디에서 생겨난 것일까? 결국 우리는 최초 무에서 유가 나왔음을 인정할 수밖에 없다. 무에서 유에로의 창조, 이 일을 하나님께서 말씀으로 하신 것이다.

여기에 사람의 지혜로 천지 창조를 설명하려는 사람들의 가설을 몇 개 들어본다.

다윈의 진화론

오늘날 하나님의 창조에 대하여 가장 적그리스도적인 역할을 하는 것이 바로 다윈의 진화론이다. 모든 정규 교육기관에서 지배적으로 가르쳐지고 있는 것이 진화론이다. 감수성이 예민한 청소년기에 이를 받아들이고 믿는 것이 얼마나 하나님의 존재와 창조를 거부하게 되는 결과로 나타날 것인가를 예측하는 것은 불을 보듯 명확한 사실이다.

찰스 다윈은 1809년 잉글랜드에서 태어났다. 1825년 그는 그의 가문의 뒤를 이어 의사가 되기 위해 스코틀랜드 에든버러 대학 의과에 입학하였으나 2년 후에 중퇴하고 신부가 되기 위해 케임브리지 대학의 신학과에 들어갔다. 그러나 거기서도 신부가 되는 것을 포기하고 생물학에 관심을 갖게 되었다.

의사이자 유명한 생물학자였던 할아버지 에라스무스 다윈의 기질을 이어 받아서인지는 몰라도 신학을 하면서도 헨슬로 교수의 식물학 강의를 수강하여 그와 친분을 쌓았다고 한다. 1831년 신학교를 졸업하던 해 12월에는 신부가 되는 것을 포기하고 비글호라고 하는 해군 탐사선에 승선했다. 이것이 그의 운명을 바꾸는 결정적인 계기가 되었다. 당시 식물학자를 찾던 함장에게 헨슬로 교수가 다윈을 추천하였다고 한다.

5년 동안 남아메리카와 남태평양의 여러 섬을 탐험 하였는데 1835년 에콰도르의 갈라파고스제도에 상륙한 것이 그의 진화론을 탄생시키는 결정적인 계기가 되었다. 그곳에서 그는 핀치새의 부리와 외형이 다른 것을 발견하였다. 이를 토대로 연구하여 1836년 진화론을 발표하게 되었다.

공교롭게도 하나님을 대적하여 유물론을 주장했던 포이에르 바하도 1823년 하이델베르크 신학과에 입학하였다가 다음 해 베를린 대학 철학과에 들어 갔다. 그는 헤겔의 유신론적 변증법을 유물론에 적용하여 유물론적 변증법을 내놓았다. 이것은 뒤에 칼 마르크스에 의해 공산주의 철학 이론의 하나인 사적 유물론의 토대가 되었다. 그러나 다윈이나 바하가 신학교에서 하나님을 아는 일에 더욱 힘을 기울였다면 훌륭한 신학자가 되었을 수도 있었을 것이다.

가이아 이론

가이아 이론에 대하여 위키백과 사전에 수록된 내용을 보면 아래와 같다.

영국의 과학자 러브록에 의해 주장된 가설로 1972년 그의 짧은 논문 '대기권 분석을 통해 본 가이아 연구'로 세상에 처음 소개되었으며 이어 1978년 그의 저서 '지구상의 생명을 보는 새로운 관점'을 통해 정식으로 빛을 보게 되었다. 가이아(Gaia)란 고대 그리스 인들이 대지의 여신을 부르는 이름으로써 지구를 은유적으로 나타낸 말이다. 이것에 착안해서 러브록은 지구와 지구에 살고 있는 생물, 대기권, 대양, 토양까지를 포함하는 신성하고 지성적인, 즉 능동적이고 살아있는 지구를 가리키는 존재로 가이아를 사용했다. 가이아 이론은 지구를 단순히 기체에 둘러싸인 암석덩이로 생명체를 지탱해주기만 하는 것이 아니라 생물과 무생물이 상호작용하면서 스스로 변화하고 진화해 나가는 하나의 생명체이자 유기체임을 강조한다.

빅뱅 이론

우주의 기원에 관한 이론이 많이 있지만 오늘날 대부분의 천문학자들이 받아들이는 이론은 빅뱅 이론이다. 이 이론은 허블이 망원경을 발명함으로써 우주 관측을 통해 얻어진 이론으로, 우주는 한 점에서 순간 폭발로부터 시작하여 형성되었다고 설명한다. 여기에 이에 관한 내용을 인용해 독자들의 이해를 돕고자 한다.

"더 나아가 허블은 수십여 개의 외부 은하를 더 발견했고 각각의 은하까지의 거리와 이들이 시선 방향으로 움직이는 속도를 측정했다. 그 결과 안드로메다은하를 제외한 모든 은하들이 우리에게서 점점 멀어지고 있고 이들이 멀어지는 속도가 거리에 비례한다는 놀라운 사실이 밝혀졌다. 이것은 은하들이 서로에게서도 멀어지고 있다는 것으로, 곧 우주가 팽창하고 있다는 것을 의미했다. 이는 또 우주의 시작이 있었다는 의미이기도 했다. 은하들이 서로에게서 멀어지고 있으므로 내일이면 이 은하들이 우리에게서 더 멀리 떨어져 있게 되고, 모레는 그 보다 더 멀어지게 된다. 이제 시간의 방향을 거꾸로 돌려 보면 어제는 이 은하들이 우리에게서 좀 더 가까이 있었고 그 전날은 더 가까이 있었다는 말이 된다. 그렇게 시간을 과거로 거슬러 올라가 보면 지금 우리가 우주에서 보고 있는 이 모든 천체들이 과거의 어느 한 시점에는 한 점에 있었을 것이다. 그 한 점이 바로 오늘날 우리 모두를 있게 한 시작점이다. 우리는 팽창하는 우주에 살고 있기 때문에 어느 은하에서 보든 모든 은하는 서로에게서 멀어지고 있다"(우주산책, 이정규. 이데아 p.106).

이 세 개의 이론 중에서 가이아 이론은 일고의 가치도 없는 상상의 이론이다. 나머지 두 개의 이론은 그나마 그럴듯한 가설을 가지고 있어 무신론자들의 지지를 받고 있다. 먼저 진화론의 허구성을 들면 그들은 무에서 유에로의 창조를 부인하고 존재물로부터의 진화를 주장한다. 그렇다면 최초의 생명체를 구성하는 원소들은 어디에서 왔는가? 그들 진화론자들은 이에 대한 답을 내놓지 못한다. 이 이론은 결국 닭이 먼저냐 계란이 먼저냐 하는 순환의 딜레마를 벗어나지 못하는 것과 같다. 환경의 조건에 의해 종에 대한 약간의 변화는 가져올 수 있지만 종 자체를 바꿀 수는 없다. 유사 이래 변화중인 중간 종이 발견된 사례가 없다. 이 세상에 존재하는 모든 종은 하나님의 말씀에 의해 창조되어 지금까지 그대로 존재하고 있는 것이다.

다음으로 빅뱅 이론은 논리적으로 그럴듯해 보이지만 이 거대한 우주가 한 점에서 폭발로 인해 생겨났다는 주장은 황당하기 그지없다. 만약 그렇다면 최초의 한 점은 이 우주의 모든 천체들을 하나로 모아 놓은 크기일 텐데 과연 그 크기는 얼마나 될까? 우리가 상상할 수도 없이 큰 덩어리일 것이다. 그리고 이렇게 큰 한 점은 어떻게 생겨났다는 말인가? 또한 그 거대한 천체는 왜 폭발했는가? 만약 대폭발이 있었다면 어째서 한 번만 폭발하고 끝나는가? 태양은 실제로 수소가스가 계속 폭발하고 있다는데 왜 대폭발로 산산 조각이 나지 않는가? 그야말로 의문투성이일 뿐이다.

지구가 자전과 공전을 하고 있고 또 태양계가 운동을 하고 있다고 하면 허블 망원경으로 관측한 최초의 거리 이격화 현상이 착각일 가능성이 매우 높다. 단지 하나의 거리 측정으로 이 거대한 우주가 팽창을 계속하고 있다고 주장하며 나아가서는 한 점에서 폭발로부터 이 우주가 생겨났다고 하는 주장은 너무나 큰 상상의 비약에 지나지 않는 것으로 보인다. 지구의 자전 각도가 23.5도로 기울어져 있는 것과 태양을 공전하는 궤도, 지구에 있는 공기의 비율 등 이 모든 것이 우연히 그렇게 이루어졌다는 말인가? 그 외에도 우주와 지구 그리고 모든 생명체들에 있어 인간의 능력으로는 풀 수 없는 명제들이 헤아릴 수 없이 많다. 이 모든 것은 전지전능하신 하나님의 지혜와 능력으로 창조된 것을 인정할 수밖에 없다(롬 1:20).

오늘날과 같은 과학문명의 시대에 진화론이나 가이아 이론, 그리고 빅뱅 이론 등은 우리 믿음의 사람들을 시험하는 주장들에 지나지 않는다. 우리는 신명기 13장의 말씀을 깊이 명심해야 한다.

"너희 중에 선지자나 꿈꾸는 자가 일어나서 이적과 기사를 네게 보이고 네게 말하기를 너는 본래 알지 못하던 다른 신들을 우리가 좇아 섬기자 하며 이적과 기사가 그 말대로 이룰지라도 너는 그 선지자나 꿈꾸는 자의 말을 청종하지 말라 이는 너희 하나님 여호와께서 너희가 마음을 다하고 성품을 다하여 너희 하나님 여호와를 사랑하는 여부를 알려 하사 너희를 시험하심이니라"(신 13:1-3).

2. 땅이 혼돈하고 공허하며 하나님의 신은 수면에 운행하시니라

땅이 처음 창조 되었을 때 그 곳에는 빛이 없는 암흑세계였으며 혼돈과 무질서 바로 그 자체였다. 뿐만 아니라 땅은 수천 미터의 물로 덮여 있어서 흑암의 깊음이 말로 형용키 어려웠을 것이다.

(1) 땅이 혼돈하고 공허하며

일부 학자들은 2절의 말씀을 근거로 1절의 창조 후 많은 시간이 흘러 반역과 그에 대한 징벌의 과정에서 첫 번째 창조는 완전히 폐허가 되어 버렸기에 이제 다시 새로운 창조가 시작하였다고 말한다.

그러나 이 주장은 많은 지지를 받지 못한다. 이 학설의 주장에 대한 결정적인 반박의 근거는 넷째 날의 창조를 들 수 있다. 아무리 진압의 과정에서 첫 창조의 세계가 폐허가 되었다고 하더라도 태양과 달과 별들까지 없어지는 결과는 나오지 않았을 것이기 때문이다. 따라서 2절의 기록은 첫 창조 과정의 점진적인 상태를 서술한 것으로 보아야 한다.

(2) 흑암이 깊음 위에 있고

처음 이 지구가 만들어졌을 때는 공처럼 둥근 형태였다. 그리고 그 위를 물이 덮고 있었다. 그 깊이는 수천 ㎞에 달했을 것이다. 이 우주에는 해와 달과 별들이 아직 만들어지지 않은 때였다. 또 그 어떤 생명체도 존재하지 않았다. 더욱이 빛도 만들어지지 않은 암흑 상태였다. 뒤에서 언급하겠지만 이 때 지구는 공전과 자전도 하지 않고 한 곳에 멈춰 머물러 있었다. 태양도 없고 빛이 없는 상태였다. 그러므로 당연히 깊은 어두움이 지구를 덮고 있었을 것이다. 그리고 그곳에는 어떤 질서도 없었다. 오직 공과 같이 둥근 땅덩어리와 그 위를 덮고 있는 물밖에 아무것도 없었으니 당연한 이치이다.

이는 마치 화가가 그림을 그릴 때 처음 시작하는 터치가 옆에서 보는 사람에게는 그것이 무엇인지조차 알 수 없는 것과 같은 이치일 것이다. 이제 흑암과 공허와 무질서는 시간이 지남에 따라 차츰 완전한 모습을 찾아 가게 될 것이다.

(3) 하나님의 신은 수면에 운행하시니라

성경을 읽어 본 사람은 누구든지 이 구절을 읽으면서 왜 1절에 이어 바로 하나님의 신을 기록하고 있는지, 그리고 하나님의 신은 무엇 때문에 수면에 운행하셨는지 의문을 가져 본 적이 있을 것이다. 나는 오래전부터 이러한 생각을 해 오다가 최근에 이 글을 쓰기 시작하면서 어렴풋이 그 이유를 깨달을 수 있었다.

여기에서 '하나님의 신'은 히브리어 'םיהלא הור:루하흐 엘로힘'으로 이는 하나님의 신 즉 성령을 나타낸다. '루하흐'라는 말이 '바람, 입김, 기운'이라는 뜻도 있어 '하나님의 신'을 '하나님의 바람'이나 '하나님의 기운' 등으로 해석하는 것은 바람직하지 못하다. 이는 태초에 하나님이 천지를 창조하실 때에 성령께서 함께 하셨음을 분명히 밝히고 있는 것이다.

물론 이보다 앞서 1절의 '엘로힘'이라는 단어 자체가 복수형이므로 천지 창조에 삼위일체 하나님이 역사하신 것을 나타낸다. 그런데 왜 하나님의 신이 수면에 운행 하셨을까? 지금까지 이에 대하여 크게 두 가지의 해석이 나와 있다. 첫째는 천지 창조 직후에 아직 아무 것도 존재하지 않을 때, 즉 빛도 없이 어두움과 혼돈과 무질서만이 이 땅을 덮고 있을 때, 이 세상에 생명체를 잉태시키기 위해 마치 어미 닭이 달걀을 부화시키기 위해 품고 있듯이 수면 위를 감싸고 있었다는 해석이다. 이는 1절에 이어 자연스럽게 받아들여질 수 있는 보편적 해석이다.

다음으로 갭 이론의 주장에 의한 것으로 태초의 창조 이후 타락한 천사들의 반란으로 완전히 폐허가 되어 버린 땅을 다시 세우고 회복시키기 위하여 성령이 수면 위에 운행하셨다고 한다. 이 이론은 소수 의견일 뿐이다. 다만 이 두 개의 주장의 공통점이 있다면 이 지구상에 새로운 생명체를 만들기 위해 성령께서 준비 작업을 하고 있는 것처럼 본다는 점이다.

그러나 하나님의 창조에는 어떤 준비물이나 예비 시간이 필요치 않다. 따라서 나는 여기에서 전혀 새로운 해석을 내놓으려 한다. 왜냐하면 다음에 이어지는 6일간의 창조활동이 새로운 생명의 탄생을 명확히 하고 있기 때문에 생명창조를 위하여 어떠한 예비활동이 필요한 것은 아니다. 더구나 지구를 완전히 덮고 있는 수면 위에서 무엇을 어떻게 할 수 있다는 말인가?

그러므로 하나님의 신이 수면 위에 운행하신 것은 뚜렷하게 어떤 일을 수행하기 위함이었다. 그렇다면 공허하고 혼돈하며 흑암이 깊게 깔린 곳에서 무엇을 어떻게 할 수 있다는 말인가? 성경을 자세히 살펴보면 우리는 그 답을 찾을 수 있다. 그 답은 바로 14절부터 19절까지의 말씀이다.

"하나님이 가라사대 하늘의 궁창에 광명이 있어 주야를 나뉘게 하라 또 그 광명으로 하여 징조와 사시와 일자와 연한이 이루라 또 그 광명이 하늘의 궁창에 있어 땅에 비취라 하시고 그대로 되니라 하나님이 두 큰 광명을 만드사 큰 광명으로 낮을 주관하게 하시고 작은 광명으로 밤을 주관하게 하시며 또 별들을 만드시고 하나님이 그것들을 하늘의 궁창에 두어 땅을 비취게 하시며 주야를 주관하게 하시며 빛과 어두움을 나뉘게 하시니라 하나님의 보시기에 좋았더라 저녁이 되며 아침이 되니 이는 넷째 날이니라."

이 말씀을 읽으면서 어떤 자연현상이 우리의 뇌리를 스치는 것을 느낄 수 있을 것이다. 우리가 잘 아는 대로 이 우주와 지구에는 중력과 인력이 작용하고 있다. 이에 따라 천체들이 자전을 하기도 하고 공전을 하기도 한다. 우리가 살고 있는 이 지구는 시속 약 1,670㎞로 자전한다고 한다. 적도의 둘레가 약 40,000㎞쯤 되니 이를 24시간으로 나누면 쉽게 그 속도를 산출할 수 있다. 그리고 지구에서 태양까지의 거리는 약 1억 4천 950만㎞인데 이 거리는 지구가 1년에 한번 태양의 주위를 공전하는 반경이 된다. 그러므로 지구의 공전속도는 시속 10만 7천 160㎞가 된다. 우리가 날마다 운행하는 자동차의 속도와 비교해 볼 때 상상하기도 어려운 빠른 속도로 지구가 자전하며 공전한다는 것을 알 수 있다. 그럼에도 우리는 전혀 그 속도를 인식하지 못하고 그 안에서 아주 평온하게 살고 있다. 지구를 포함한 9개의 행성이 태양의 주위를 도는데 우리는 이를 태양계라 부른다. 더욱 놀라운 사실은 이 태양계가 은하계를 중심으로 초속 250㎞로 돌고 있다고 하니 우리는 상상할 수도 없는 속도 속에 살고 있는 셈이다.

그런데 첫째 날에 하나님이 이 지구를 창조하셨고 태양과 달과 별들은 넷째 날에 만드셨으니 3일 동안 지구는 자전과 공전을 하지 않은 채 그대로 홀로 공중에 머물러 있었을 것이다. 뉴턴은 사과가 떨어지는 것을 보고 만유인력을 발견했다. 만약 지구에 어떠한 인력이 없이 그대로 멈춰있다면 이 지구를 덮고 있던 물은 사방으로 흩어져 공중으로 날아가 버렸을 것이다. 아니 어쩌면 지구는 우주 속에서 곤두

박질하고 있을 지도 모른다. 바로 이것이 하나님의 신이 수면에 운행하신 이유이다. 하나님의 신, 성령께서 넷째 날에 태양과 달과 별들이 만들어져 지구가 완전한 세차운동을 하기까지 지구를 안전한 상태로 유지하기 위하여 수면위에서 운행하셨던 것이었다.

첫째는 지구를 덮고 있는 물이 사방으로 쏟아져 흩어지지 않도록 표면장력과 같은 일을 하는 것이었다. 다음으로 지구가 한 곳에 멈춘 상태로 머물러 있도록 수면위에 운행하신 것이다.

하나님의 신이 수면에 운행하신 것은 이 땅위에 새 생명을 잉태시키기 위해 마치 어미 닭이 달걀을 품고 있는 것처럼 감싸고 있었던 것이 아니라 흑암과 혼란과 무질서 상태에 있는 지구를 보호하고 있었던 것이다. 이 얼마나 놀라운 능력인가? 어떤 학자들은 첫째 날에 '저녁이 되며 아침이 되니'라는 말씀을 근거로 지구가 자전하였을 것이라고 말한다. 그러나 태양이 없는 상태에서 지구의 공전과 자전은 불가능하다. 그리고 자전을 한다고 해도 태양이 없는 상태에서 아침과 저녁의 구별은 불가능하다. 그러나 '태초에'라는 말은 그 때부터 시간이 시작되어 흐르고 있었기에 하루는 오늘날과 같은 24시간 길이의 시간이 정해져 있었고, 그러므로 지구가 자전을 하지 않더라도 시간이 흘러갔을 것이다.

무에서 유를 창조해 내신 하나님이시기에 이 거대한 지구를 붙들고 있는 이러한 일을 하시는 것은 충분히 가능한 일이었을 것이다.

3. 천하의 물이 한 곳으로 모이고 뭍이 들어나라 하시매 그대로 되니라

이 지구가 처음 창조되었을 때 지표면은 오늘날과 같은 형태가 아니었다. 높은 산과 깊은 해연이 없이 거의 평지로 둥글게 되어 있었고 그 위에 물이 지표면을 완전히 덮고 있었다. 다시 말하면 지구의 지표면은 물로 덮여 있어 땅이 전혀 보이지 않는 상태였다. 만일 그대로 놔둔다면 육지가 없으므로 당연히 육지의 생명체는 살 수 없을 것이다. 이러한 상태의 첫째 날이 지나고 바로 둘째 날을 이 지구를 덮고 있는 물을 궁창위의 물과 궁창 아래의 물로 나누심으로 시작하셨다. 그리고 그 궁창을 하늘이라 칭하셨다. 이것이 하나님의 창조사역 중 제이일 때에 하신 일의 전부였다.

우리가 창세기 1장을 자세히 들여다보면 둘째 날의 기록에 두 가지 이상한 점을 발견할 수 있다. 하나는 둘째 날에는 실제적인 창조물이 없다는 것이다.

첫째 날에는 지구와 빛을 창조하셨다. 그리고 성경에는 기록되어 있지 않지만 천사들을 이 날에 창조하신 것으로 보고 있다. 셋째 날에는 모든 식물을 만드셨고 넷째 날에는 해와 달과 별들을 창조하셨다. 그리고 다섯째 날에는 물속의 모든 생명체들과 공중의 새들을 창조하셨으며 마지막 여섯째 날에 땅의 모든 짐승과 사람을 만드셨다. 둘째 날에는 지구를 덮고 있던 물을 궁창 위의 물과 궁창 아래의 물로 분리시키긴 것이 전부였고 그 어떤 것도 새로운 것을 만들지 않으셨다. 다른 날들에 비해 그 하신 일이 단순하다.

다음 하나는 '하나님의 보시기에 좋았더라'라는 말이 둘째 날에만 없다는 점이다. 이 말씀은 첫째 날에 한 번, 셋째 날에 두 번, 넷째 날에 한 번, 다섯째 날에 한 번, 그리고 마지막 여섯째 날에 두 번, 모두 일곱 번 기록되어 있다. 셋째 날과 여섯째 날에는 두 번씩이나 할애하면서 왜 둘째 날에는 한 번도 허락하지 않으셨을까? 여기에는 분명한 사유가 있을 것이다.

아마도 하나님 보시기에 좋지 않은 일이 일어났던 것은 아니었을까? 창조사역 초기에 어떠한 사건이 이러한 결과를 야기할 수 있었을까? 나는 그것이 천사들의 반란과 이에 대한 징벌이었으리라고 믿는다.

약간 혼란스러웠던 날이 지나고 이제 본격적인 창조 활동을 계속하기 위하여 우선 물속에 있는 땅을 물 밖으로 드러나게 하여야 했다. 이에 하나님께서 뭍이 드러나라 말씀하심으로 땅이 물 위로 그 모습을 나타내게 되었다. 이것은 어떻게 이루어진 것일까? 바로 대대적인 지각 변동이 일어난 것이다. 처음에 동그랗게 창조되었던 지표면이 높은 산과 평지와 해연이 형성되었고, 자연히 물이 낮은 곳으로 모여 바다를 이루게 되었다.

이 현상은 갭 이론의 주장을 반박하는 중요한 단서가 될 수 있다. 왜냐하면 그들은 1절의 창조에 이어 천사들의 반역과 그들을 벌하는 과정에서 천지의 재창조가 이루어진 것이 2절이라고 보면서, 그 사이에는 얼마나 많은 시간이 흘렀는지 알 수 없다고 한다. 그런데 만약 그 주장이 사실이라면 9절에서 보는 바와 같은 대 지각 변동은 없어도 될 것이다. 노아의 홍수를 생각해 보자. 이 땅위의 모든 생명체를 멸하는 과정에도 이 땅위에 약간의 지표면의 지각변동은 있었을지 모르나 지표면이 완전히 공처럼 둥글게 되는 변동은 없었다. 그런데 어떻게 천사들의 반역을 벌하는 과정에서 완전한 형태의 지표면이 다시 평평한 상태로 돌아가 물이 온 땅위를 뒤덮을 수 있겠는가? 더욱 놀라운 것은 태양과 별과 달 등 모든 천체들을 없애면서까지 그들을 벌하고 다시 우주와 천체들을 재창조했다는 것이다.

Part 2

에덴동산

"여호와 하나님이 동방의 에덴에 동산을 창설하시고 그 지으신 사람을 거기 두시고 여호와 하나님이 그 땅에서 보기에 아름답고 먹기에 좋은 나무가 나게 하시니 동산 가운데에는 생명나무와 선악을 알게 하는 나무도 있더라 강이 에덴에서 발원하여 동산을 적시고 거기서부터 갈라져 네 근원이 되었으니 첫째의 이름은 비손이라 금이 있는 하윌라 온 땅에 둘렸으며 그 땅의 금은 정금이요 그 곳에는 베델리엄과 호마노도 있으며 둘째 강의 이름은 기혼이라 구스 온 땅에 둘렸고 셋째 강의 이름은 힛데겔이라 앗수르 동편으로 흐르며 넷째 강은 유브라데더라"(창2:8-14).

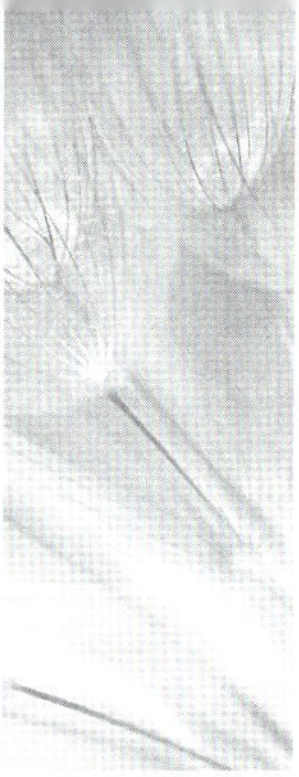

1. 지상낙원으로의 꿈

에덴동산을 잃어버린 인간들은 지상낙원을 찾아 끊임없이 상상의 나래를 펼쳐왔다. 영국의 유명한 정치가이자 사상가였던 토마스 모어는 1525년에 유토피아(utopia)라는 책을 썼다. 그는 이 책 2권에서 이상사회를 소망하는 의미에서 유토피아라는 말을 사용하였다. 이 단어의 어원은 헬라어 우토포스(ούτόπος)에서 온 말이다. ού는 전접사로서 '아니' 또는 '없는'이라는 뜻이며 τόπος는 명사로서 '장소, 곳'을 나타낸다. 그러므로 유토피아라는 말은 '없는 장소, 없는 곳'이라는 의미이다. 이 단어가 쓰이기 시작하여 객관적인 유토피아(이상사회)를 의미하기도 하고 경멸적인 의미에서 '불가능한 것을 찾는다'는 의미로도 사용되었다. 이처럼 유토피아라는 말은 글자의 의미에서 말하는 것처럼 머릿속으로 그려볼 수는 있지만 실제로 존재하지 않는 사회이다. 유토피아라는 말이 토마스 모어에 의해 처음 사용되어진 이후 오늘날까지 광범위하게 사용되어지고 있다. 비록 유토피아라는 말이 그에 의해서 등장하게 되었지만, 그렇다고 해서 그가 최초의 유토피아 사상가는 아니라는 것은 널리 알려진 사실이다.

다시 말해서 그보다 훨씬 앞서 살았던 소크라테스나 플라톤 때에 이미 이러한 사상이 싹트고 있었다. 플라톤은 '국가'에서 그의 스승인 소크라테스의 사상을 기록했다. 마치 신약성경에서 예수님의 제자들이 예수님의 말씀을 기록한 것처럼, 그리고 공자의 제자 안연이 그의 스승이었던 공자의 어록을 기록하여 공자의 정치사상인 '안연편'을 내놓은 것과 같다.

플라톤이 '국가'에서 말한 내용을 간략하게 요점만을 짚어 본다면 다음과 같다. 거기에는 철저한 계급사회로 이루어지는데 나라를 다스리는 철학자와 나라를 지키고 방위하는 무사(군인) 그리고 수공업자와 농민 등의 세 계층을 말한다. 이들 각 계급의 사람들이 자기의 맡은 일에 최선을 다할 때 사회정의를 실현할 수 있다고 말한다. 그런데 여기에는 사유재산제를 폐지하며 결혼과 자녀출산 양육 등을 국가가 직접 관여해야 한다는 것이다. 따라서 개인적 가정은 존재하지 않는다. 과연 이러한 국가가 이루어질 수 있는가?

그것은 불가능한 일이다. 이 책에서도 이러한 국가를 실현하려는 노력을 기울여야 한다기보다는 상상으로서 그러한 사회를 그려보는 대화에 지나지 않음을 나타내고 있다. 토마스 모아의 유토피아 역시 사유재산의 폐지와 공산주의적 사회제도를 그리고 있다. 다만 플라톤의 '국가'가 이상사회를 머릿속으로만 상상했다면 유토피아에서는 그러한 사회를 건설하려는 의도를 보이고 있다는 것이다.

1602년에 깜빠넬라는 '태양의 도시'라는 저서를 옥중에서 집필하여 1623년 '철학적 현실'의 부록으로 내놓았다. 나는 '태양의 도시'에 대하여 어떤 자료를 얻을 수 있을까 하고 인터넷에 접속해 보았는데 놀랍게도 거기에는 내가 원하던 자료는 하나도 없고 동명의 드라마와 한국의 서울을 태양의 도시로 만들겠다는 글 등을 보았다. 나는 크게 실망하였지만 깜빠넬라가 태양의 도시라는 일반명사를 낳게 했다는 생각이 들었다.

'태양의 도시'에서는 한 사람의 승려 지배자(태양, 형이상학자) 밑에 군사를 관장하는 1장관(힘), 학문을 관장하는 제2장관(지), 보안과 번식을 관장하는 제3장관(사랑)이 있다. 부인과 어린이 주거와 식사는 공동으로 이루어지며 모든 시민은 하루 4시간 노동으로 이 사회가 유지될 수 있다고 한다.

위에서 보았듯이 오늘날의 시각으로 봤을 때 모든 유토피아 사상들은 실현 불가능한 공상에 지나지 않음을 알 수 있다. 실제 나라를 이루지 않는 상상에 그쳤다 해도 여기에는 이미 지상낙원이라 부를 수 없는 요소들을 많이 내포하고 있었다. 예를 들어 계급이라든가 노예 그리고 전쟁 등이 존재하는 곳을 어찌 낙원이라 칭할 수 있겠는가? 진정한 이상사회는 전쟁이나 계급이 없는 곳이어야 할 것이다.

"그가 열방 사이에 판단하시며 많은 백성을 판결하시리니 무리가 그 칼을 쳐서 보습을 만들고 그 창을 쳐서 낫을 만들 것이며 이 나라와 저 나라가 다시는 칼을 들고 서로 치지 아니하며 다시는 전쟁을 연습지 아니하리라"(사 2:4).

어쨌든 이러한 사상들이 19세기에 들어와 중요한 새로운 사상을 잉태하는 밑거름이 되었다는 것을 부인할 사람은 아무도 없을 것이다. 바로 공산주의 사상이다. 1848년 칼 마르크스에 의해 공산당 선언이 발표되고 이 사상이 열병처럼 유럽을 휩쓸었고 유령처럼 활동했다. 이어서 이 사상은 아시아와 라틴 아메리카에 퍼져 나갔다. 마르크스, 엥겔스에 의해 공산주의 사상이 태동하는데 일조를 한 사람이 바로 포이에르 바하이다.

그는 처음 헤겔에게서 출발하여 헤겔 좌파가 되었다. 여기에서 잠깐 헤겔에 대하여 짚고 넘어가기로 하자. 1770년 독일에서 태어난 그는 대학시절 칸트의 철학에 심취해 있었다. 칸트의 3대 이성비판이 정적인 것이었다면 헤겔은 이로부터 동적인 관념철학을 발전시켰다. 논리학과 형이상학은 동일해야 한다고 주장한 그는 변증법을 발전시켰다. 즉 세계란 정적인 것이 아니고 늘 움직이고 있는 것이라 하였다. 그 형식의 개념은 테제(Thesis,正)가 있으면 필연적으로 안티테제(Antithesis,反)가 생성되어 그 둘이 서로 대립하게 되지만 이윽고 제3의 보다 높은 개념 진테제(Synthesis,合)에 종합되고 지양된다는 것이다. 이것은 다시 앞서와 같은 과정을 되풀이 하는데 이는 절대정신을 향하여 나아간다는 것이다. 이러한 헤겔의 관념론적인 역사발전의 패턴은 사적유물론을 낳았다고 해도 과언이 아닐 것이다. 헤겔의 변증법이 가지는 그 숙명에 의해 안티테제가 생겨난 것이다. 지금까지의 철학이 그야말로 학문 그 자체로 연구되고 사용되었다고 한다면, 사적유물론은 실제로 그것을 역사발전에 적용시킴으로써 공산주의라고 하는 하나의 괴물 정치체제를 만들어냈다. 그들의 주장에 의하면 역사발전의 마지막 단계는 공산주의체제로 나타난다는 것이다. 이를 뒷받침하기 위해 정치, 경제학의 도움을 받아 철학과 더불어 하나의 사상체계를 정립(鼎立)하였다. 현실세계에 불만을 가진 사람이라면 누구라도 혹하고 빠져들 수 있는 그럴듯한 이데올로기였다. 그러나 그것은 허구에 불과했다. 그것은 이 이데올로기 자체가 가진 허구성이기도 하였겠지만 역사가 이를 여실히 입증해 주었다. 약 1세기 반 정도의 시간동안 마치 전염병처럼 세계를 휩쓸던 이 사상과 체제는 마치 꽃이 시들듯이 사라져 버렸다. 현재에 이르러서 이 이데올로기는 마치 박물관의 전시물처럼 되어 버렸다.

역사 이래 지금까지 이상사회 또는 지상낙원에 대한 염원을 가졌던 사람들은 많았지만 그 누구도 그것을 실현 시키지는 못했다. 그것은 처음부터 유토피아였다. 실현 불가능한 꿈이었다. 우리는 그 이유를 잘 알고 있다. 애초에 에덴동산을 잃어버린 것이 죄 때문이었기 때문이다. 그러므로 죄의 문제가 해결되지 않는 한 낙원은 다시 우리 앞에 영원히 재현되지 않을 것이다.

그러나 언제든지 주께로 돌아가면 그 수건이 벗어지리라 주는 영이시니 주의 영이 계신 곳에는 자유함이 있느니라(고후 3:16~17). 우리 모든 사람이 하나님께로 돌아가면 에덴동산은 다시 이루어질 것이다.

"또 내가 새 하늘과 새 땅을 보니 처음 하늘과 처음 땅이 없어졌고 바다도 다시 있지 않더라 또 내가 보매 거룩한 성 새 예루살렘이 하나님께로부터 하늘에서 내려오니 그 예비한 것이 신부가 남편을 위하여 단장한 것 같더라"(계 21:1~2).

그러면 이제 하나님께서 최초에 인간들을 위하여 창설하신 에덴동산으로 가보기로 하자.

2. 에덴동산

(1) 에덴동산은 어디에 위치해 있었을까?

히브리어로 '기쁨' 또는 '안전'이라는 의미를 가지는 에덴(עדן)동산의 정확한 위치를 확인하는 것은 불가능하다. 그럼에도 지금까지 이를 연구한 학자들에 의하면 대체적으로 페르시아 만 상류, 아르메니아, 바빌로니아 등 세 지역으로 압축되지만 그 중에 바빌로니아 지역으로 보는 것이 일반적인 견해이다. 그러나 성경에 나타나는 지명이 항상 동일한 장소만을 지칭하지 않는다는 사실과 노아시대의 대홍수로 인한 지각변동으로 지형이 변동되었을 것을 고려할 때 에덴동산의 정확한 위치를 찾아내는 것은 아주 어려운 난제임에 틀림없다. 또한 에덴동산이 어디에 있었느냐 하는 문제가 오늘을 사는 우리에게 그렇게 중요한 의미를 제공하지도 않을 것이다.

그러나 성경 연구의 목적으로 나는 여기에서 에덴동산이 있었던 장소로 아주 다른 곳을 찾아보고자 한다.

첫째, 에덴동산은 우주의 중심이었다.

하나님께서 천지를 창조하실 때 첫째 날에 오늘날 우리가 살고 있는 이 지구를 가장 먼저 만드셨다. 그리고 넷째 날에 지구를 위하여 또한 땅위에 살게 될 생명체들을 위하여 태양과 달과 별들을 창조하셨다. 그러므로 지구는 당연히 이 우주의 중심이며 핵심이 되는 것이다. 하나님의 피조물 중에 가장 중요한 존재는 말할 것도 없이 바로 사람이다. 그러므로 하나님은 사람이 살 수 있도록 모든 만물을 창조하신 후에 마지막 여섯째 날에 사람을 만드셨다.

또한 모든 피조물 중 유일하게 사람을 하나님의 형상대로 지으셨다. 최초의 인간 그가 바로 아담이었다. 하나님께서 아담이 살도록 만드신 장소가 바로 에덴동산이다. 이 지구상에 첫 사람 아담 그가 처음 살게 된 곳. 에덴동산 그 곳은 바로 이 지구의 중심이며 우주의 중심이 되는 곳이었다.

이렇게 첫 아담이 살았던 곳, 바로 그곳에 두 번째 아담이 오지 않았을까?

두 번째 아담 예수 그리스도는 사망에 처한 온 인류를 구원하기 위하여 하나님의 보내심을 받은 온 세상의 중심이다. 그가 오신 곳은 바로 베들레헴이다. 예수님을 낳기 전 마리아와 요셉은 갈릴리 나사렛에 살고 있었다. 별다른 일이 없었더라면 나다나엘의 말처럼 예수님은 나사렛에서 탄생하셨을 것이다. 그러나 하나님은 가이사 아구스도를 시켜 로마의 지배를 받는 모든 사람들로 하여금 호적을 하도록 명하였다. 이는 미가 선지자의 예언을 성취하기 위함이었다(눅 2:1, 미 5:2).

둘째, 에덴동산 중앙에는 예수 그리스도의 상징인 생명나무가 있었다.

에덴동산의 중앙에 위치한 생명나무는 두 가지 기능을 가진 것으로 알려져 있다. 먼저 물리적인 의미에서 이 생명나무는 하나님의 말씀 그대로 사람이 이 실과를 계속하여 먹게 된다면 생명을 유지시키는 특별한 나무이다. 물론 사람들은 이 열매 외에도 다른 나무의 열매나 채소를 먹었을 것이다. 다시 말하면 오로지 생명나무 열매만을 먹지는 않았다는 것이다. 그럼에도 이 나무의 실과는 다른 그 어느 식물보다 더욱 강건한 생명력을 유지하는데 기여했던 것 같다. 그 이유는 창세기 3장 22절 말씀으로 미루어 알 수 있다. 범죄 한 인간이라도 그 실과를 먹을 경우 그 효력이 나타난다면 이는 영적인 상태와는 상관없이 자연적인 기능도 한 것으로 보인다.

다음으로 상징적인 의미에서 생명나무의 실과는 인간이 그 실과를 먹을 때마다 하나님과의 영적인 교제가 이루어지도록 기능을 한 것으로 보인다. 즉 하나님의 말씀을 기억하고 그 은혜에 감사하며 하나님께 찬양과 영광을 드리는 영적인 삶을 영유할 수 있도록 하나님과의 영적인 관계를 유지하는데 매체 역할을 했을 것이다. 이는 영적인 생명을 유지하는 면에서 오히려 영생과 더욱 밀접한 의미를 갖는 것으로 사료된다. 따라서 구속사적으로 이 생명나무는 예수 그리스도를 나타낸다. 생명의 떡(과실)이 되시는(요 6:48) 그리스도께서 바로 베들레헴(떡집)에 오셨다. 그러므로 에덴동산의 중앙에 있었던 생명의 과실이 죄로 인하여 사망 가운데 있는 인간들을 살리시기 위하여 베들레헴(떡집)에 다시 오신 것이라 할 수 있다. 이렇게 고찰해 본다면 에덴동산이 바로 베들레헴이 아니었을까 하는 추측을 가능케 한다.

(2) 지상낙원

에덴동산은 앞에서 살펴본 바와 같은 유토피아아가 아니라 실제로 이 지구상에 존재하였던 낙원이었다. 하나님께서 아담을 위하여 만드신 삶의 터전이었다. 오늘날 죄로 오염된 인간들로서는 이룰 수 없는 세상이다. 이는 오직 하나님만이 만드실 수 있는 유일한 세계이다. 거기에는 몇 가지 특징이 있었다.

첫째, 에덴동산에는 부족한 것이 없었다.

나의 어린 시절은 먹을 것이 많이 부족했었다. 해방 이듬해에 태어났기에 일제의 억압에 의한 자유의 절실함은 전혀 느끼지 못했지만 모든 면에서 물질이 심히 부족한 생활을 해야만 했던 기억들이 지금도 생생하게 머릿속에 떠오른다. 그 때 내가 살고 있던 군(郡)내에 트럭을 두 대 가진 사람이 있었는데 그것이 군내에 개인이 가지고 있던 차량의 전부였다. 지금은 시골의 모든 집에 두 대 정도의 차량을 소유하고 있으니 70년도 안된 기간에 변화의 격세지감을 느끼지 않을 수 없다. 일제가 전쟁 막바지에 동과 철제 제품을 빼앗아 가고 대신 나무로 만든 숟가락과 젓가락을 주어 그것들을 사용하기도 했지만, 가장 어려움을 겪어야 했던 것은 식량이었던 같다. 설상가상으로 6.25 전쟁까지 일어나 5년여 동안 군인들의 싸우는 것과 이념의 갈등으로 사람들 간의 반목을 목격하며 자랐다. 어떤 날은 밤에 잠을 자고 있는데 총을 든 군인들이 방에 들어와 위협하기도 했고 피난을 가기도 했었다. 전쟁이 끝나고 초등학교에 갔는데 전쟁 중에 학교가 불타버려 교실이 없어 나무 그늘에 앉아 수업을 들었는데 개미가 물어서 고생했던 기억도 새롭다.

지금도 세계 각처에서는 기근으로 인한 식량부족과 물 부족으로 많은 생명들이 죽어가고 있는 것을 보도매체를 통해 접하고 있다. 특히 아프리카 지역에서 그 고통이 더욱 심한 것 같다.

그러나 말씀에서 보는 것처럼 에덴동산에는 풍부한 물이 있었고, 생명나무를 비롯한 과일들이 풍족하였다. 그곳에선 식량을 위하여 땀을 흘리지 않아도 되었고, 비록 육식은 할 수 없었지만 식물성 단백질을 섭취함으로 영양적인 면에서 조금도 부족함이 없었을 것이며, 식량을 위하여 싸움을 하거나 다투는 일도 일어나지 않았을 것이다. 이것이 바로 하나님께서 하나님의 형상대로 지으신 사람을 위하여 예비한 동산 낙원이었다.

둘째, 에덴동산에는 죄와 사망이 없었다.

여행을 하다 보면 가끔 '범죄 없는 마을'이라는 푯말을 볼 수 있다. 또한 선량한 사람을 일컬어 '법이 없어도 살 사람'이라고 말한다. 보고 듣기만 해도 마음이 훈훈해지는 것을 느낄 수 있다. 그러나 이것은 어디까지나 이 세상의 실정법을 두고 하는 말이다.

하나님 앞에서의 죄란 이와는 다른 의미를 지니고 있다. 십계명을 보면 그 차이가 명백히 드러난다. 뿐만 아니라 교만과 탐욕, 시기와 질투 등은 실정법에서는 죄로 다룰 수 없다. 그러나 하나님 앞에서는 그렇지 않다. 하나님의 법은 또한 도덕법에 앞선다. 사도 바울은 사랑에 대하여 이렇게 말하고 있다.

> "내가 내게 있는 모든 것으로 구제하고 또 내 몸을 불사르게 내어줄지라도 사랑이 없으면 내게 아무 유익이 없느니라 사랑은 오래 참고 사랑은 온유하며 투기하는 자가 되지 아니하며 사랑은 자랑하지 아니하며 교만하지 아니하며 무례히 행치 아니하며 자기의 유익을 구치 아니하며 성내지 아니하며 악한 것을 생각지 아니하며 불의를 기뻐하지 아니하며 진리와 함께 기뻐하고 모든 것을 참으며 모든 것을 믿으며 모든 것을 바라며 모든 것을 견디느니라"(고전 13:3~7).

아담과 하와는 하나님의 형상대로 지음을 받았다. 즉 죄에 대하여는 완전히 흠이 없는 상태였다. 이러한 사회는 이 세상 어느 곳에서도 찾아볼 수 없는 글자 그대로 낙원이었다. 만약 아담과 하와가 선악과의 시험을 이겨냈더라면 사람은 영원히 죄와 악을 알지 못한 채 살았을 것이다. 죄를 짓지 않았다면 거기에는 당연히 사망이라는 벌도 존재하지 않을 것이다(롬 6:23).

그러나 죄로 오염된 인간은 만물보다 부패한 존재로 변하고 말았다. 낙원을 잃어버린 이 세상이 이러한 사람들이 사는 곳이다. 어떤 사람은 이를 일컬어 '만인이 만인에 대하여 투쟁하는 것'이라 하였다. 한 가지 예만 들어 보면 이 말이 진실이라는 사실을 누구나 알 수 있다. 동물들은 약육강식의 싸움에서 그 어떤 도구나 무기를 만들어내지 않았다. 그러나 인간이 오늘날까지 사람들을 죽이기 위해서 어떤 것들을 만들어 냈으며 어떠한 수단과 방법을 사용해 왔는가를 생각한다면 예레미야 선지자가 기록한 말씀(17:9)을 부인할 사람은 아무도 없을 것이다.

그러나 우리가 하나님께로 돌아가면 에덴동산이 우리 앞에 다시 펼쳐질 것이다. 죄를 짓지 않는 것은 하나님의 말씀을 소극적으로 지키는 것이 아니라 보다 적극적으로 죄를 극복하는 사랑이다. "사랑은 이웃에게 악을 행치 아니하나니 그러므로 사랑은 율법의 완성이니라"(롬 13:10).

에덴동산에 있어서 사망이라는 단어는 영생과 밀접한 의미를 갖고 있다.

행위언약이라고 말하는 창세기 2장 17절 말씀이 이를 잘 입증해 주고 있기 때문이다. "선악을 알게 하는 나무의 실과는 먹지 말라 네가 먹는 날에는 정녕 죽으리라 하시니라" 이 말씀을 행위언약으로 주장하는 모든 학자들은 만약 아담이 그 실과를 먹지 않는다면 영원히 죽지 않고 소위 '영생불사'의 삶을 누릴 수 있는 계약 조건이라고 말한다. 그러나 바로 뒤에서 자세히 살펴보겠지만 영생을 의미하는 '영생불사'라는 말은 깊이 생각해 보아야 할 필요가 있다. 사망이 없는 상태라면 누구나 위의 단어를 먼저 떠올리겠지만 나는 그렇게 생각하지 않는다. 에덴동산에서 '선악과'를 먹지 않고 생명나무의 열매를 계속 먹었다면 과연 아담과 하와는 물론 셋, 므두셀라, 노아 등 모든 사람들이 죽지 않고 지금까지 살아 있을까?

과연 이것이 하나님이 말씀하신 영생의 진정한 의미일까? 하나님의 명령을 어기고 선악과를 먹었던 아담은 왜 즉시 죽지 않고 930년이나 살았을까?

그렇다면 '정녕 죽으리라'에서 말하는 죽음은 육체적 죽음이 아니라 영적인 사망을 의미하는 것이리라. 사람이 육신적으로 아무리 오래 산다 하더라도 하나님과의 관계가 끊어져 있으면 그것은 영적으로 사망상태에 있는 것이다. 그러므로 인간이 육신으로 있는 동안 생명의 근원되시는 하나님과의 관계 단절 없이 살다가 육신이 죽어 영원한 하나님 나라로 옮겨간다면, 이것은 죽음을 보지 않고 하늘로 올려간 에녹의 삶과 크게 다르지 않을 것이다. 그러므로 아담을 비롯한 에덴동산에 사는 모든 사람들은 생명나무의 실과를 먹는 한 육신의 죽음과는 무관하게 영생을 누렸다고 할 수 있는 것이다. 이 영생은 '영생불사'와는 다르다. 이것이 바로 에덴동산에서 죄 없이 살았다면 누릴 수 있었던 영생인 것이다. 또한 아담을 비롯한 셋과 노아 등의 창세기 5장에 등장하는 모든 인물들이 이 영생을 누린 것으로 보아야 한다. 이에 대해서는 뒤에 다시 상세히 설명할 것이다.

셋째, 에덴동산에는 살기에 적합한 기후환경이 있었다.

창세기 1장 6, 7절 말씀을 보면 오늘날 과학과 상식으로는 쉽게 이해할 수 없는 창조기사가 기록되어 있다. "하나님이 가라사대 물 가운데 궁창이 있어 물과 물로 나뉘게 하리라 하시고 하나님이 궁창을 만드사 궁창 아래의 물과 궁창 위의 물로 나뉘게 하시매 그대로 되니라" 어떻게 하늘 위에 바다와 같은 물을 저장한 층이 있을 수 있다는 말인가? 그러나 이 기사는 창세기 7장 11, 12절에서 그 위용을 드러낸다. "노아 육백 세 되던 해 이월 곧 그 달 십칠일이라 그 날에 큰 깊음의 샘들이 터지며 하늘의 창들이 열려 사십 주야를 비가 땅에 쏟아졌더라" 위의 말씀을 역으로 생각해 본다면, 만약 사람들의 범죄로 인한 대홍수 심판이 없었더라면 지금도 하늘 위에 수면 층이 지구의 대기층을 덮고 있을 것이 확실하다.

이 물의 층은 지구 위에 살고 있는 사람들의 생활과 건강, 수명에 커다란 영향력을 미쳤을 것이다. 물론 인간의 수명에 결정적인 역할을 한 것은 생명나무였다. 아담으로부터 노아에 이르는 경건한 계보의 사람들이 무려 천년에 육박하는 수명을 누릴 수 있었던 요인을 오늘날과 다른 대기층과 식생활 방식의 차이만으로 돌리기에는 너무나 큰 격차를 감안할 때 수긍하기 어려운 난제이기 때문이다. 만약 아담이 범죄 후 에덴동산에서 바로 추방되었더라면 창세기 3장 22절 말씀처럼 더 이상 생명나무의 실과는 먹지 못하였을 뿐 아니라 사실상 에덴동산은 폐쇄된 것으로 보아야 할 것이다. 그렇게 되었더라면 인간의 수명이 연장된 것은 순전히 생활환경의 차이로만 설명되어져야 할 것이다. 물이 대기층을 덮고 있는 것이 얼마나 인간의 수명에 영향을 미치는 가를 정확히 판단하는 것은 불가능하다. 그러한 상황을 재현시킬 수가 없기 때문이다. 그럼에도 한 가지 예상할 수 있는 것은 그러한 환경만으로 인간의 수명에 10배 가까이 차이를 가져온다는 것을 인정하기 어렵다는 것이다.

어쨌든 노아의 홍수가 있기 전까지는 이 땅에(에덴동산이든 놋 땅이든

간에) 사람이 살기에 지금보다는 훨씬 좋은 자연 환경이 제공되었다는 것을 알 수 있다.

넷째, 에덴동산에는 최초의 가정이 있었다.

"이러므로 남자가 부모를 떠나 그 아내와 연합하여 둘이 한 몸을 이룰지로다"(창 2:24).

이는 하나님께서 이루게 하신 최초의 가정을 그리고 있다. 가정은 사회조직의 핵이며 세포조직과 같다. 가정이 행복하고 건강하게 유지된다면 그 사회와 국가는 강하고 살기 좋은 곳이 될 것이다.

만약 가정이 정상적으로 이루어지지 않는다면 그 사회는 마치 모래 위에 집을 짓는 것과 같이 곧 무너지고 말 것이다. 그런데 앞에서 살펴보았던 바와 같이 이상사회를 건설하려는 논의에서 플라톤의 '국가'나 깜빠넬라의 '태양의 도시'에서는 이 가정을 공동조직으로 다루고 있다. 즉 남자들이 여자들을 공유하여 우수한 자녀들을 출산하도록 국가나 사회가 유도한다는 것이다. 이는 마치 우수한 품종을 만들어내기 위해 사람이 임의로 동물들을 교배시키며 사육하는 것과 같다. 마치 사람을 동물처럼 취급하는 것이다.

여기에는 가정이란 존재하지 않는다. 이러한 사회가 어떻게 이상사회가 될 수 있겠는가? 그리고 공산주의 이데올로기에서 말하는 변증법적 유물론에서도 최초의 인간 사회조직을 '원시 공동사회'로 표현하고 있다. 이 역시 원만한 가정을 이루는 것을 부인한다. 그러나 하나님께서는 이 세상의 최초의 사회조직을 가장 아름다운 사랑으로 결합된 가정으로 만드셨다.

남자가 자라서 성인이 되면 부모를 떠나 여자와 결합하여 독립된 가정을 이룬다. 이는 한 가정이 나라와 사회에 대하여 짊어져야 할 의무와 책임을 동시에 갖는다는 것을 의미한다. 반면에 가정은 국가와 사회로부터 보호 받을 권리를 갖는다. 이는 크게 개인의 사생활과 사유재산에 대한 보장을 말한다. 어떤 국가나 사회는 이를 거부한다. 그러나 이것은 하나님의 뜻이 아니다. "빈부가 섞여 살거니와 무릇 그들을 지으신 이는 여호와시니라"(잠 22:2). 하나님은 이 세상의 모든 사람의 외형과 능력을 다 다르게 만드셨다.

그리고 그들을 통하여 하나님의 하시는 일을 나타내며 영광을 받으시기를 원하신다. "제자들이 물어 가로되 랍비여 이 사람이 소경으로 난 것이 뉘 죄로 인함이오니이까 자기오니이까 그 부친이오니이까 예수께서 대답하시되 이 사람이나 그 부모가 죄를 범한 것이 아니라 그에게서 하나님의 하시는 일을 나타내고자 하심이니라"(요 9:2, 3).

이와 같이 하나님이 만드신 것을 사람이나 그 어떤 제도에 의해 억지로 획일화 하는 것은 하나님의 뜻을 역행하는 것임을 알아야 한다. 그리고 가정은, 하나님의 명하시고 복을 주사 생육하고 번성하여 땅에 충만하라고 하신 말씀을 이루기 위하여 절대적으로 필요한 곳이다. 자녀를 낳고 양육하며 교육시키는 장소로서 가정은 가장 이상적인 결합체이다. 특히 가정교육은 학교교육, 사회교육과 더불어 자녀들의 인격완성에 있어 중요한 부분을 담당한다. 사람의 두뇌개발이 유아기 때에 가장 활발하게 이루어진다는 것은 누구나 다 아는 사실이다. 그러므로 가정교육의 중요성은 아무리 강조해도 지나침이 없을 것이다.

> "마땅히 행할 길을 아이에게 가르치라 그리하면 늙어도 그것을 떠나지 아니 하리라"(잠 22:6).

가정은 안식의 처소로서 역할을 한다. 이 세상 어느 곳도 내 집만큼 편히 쉴 수 있는 곳은 없다. 만약 우리에게 가정이 없다고 상상해 보자. 얼마나 외롭고 힘든 삶이 되겠는가? 그 대표적인 예가 바로 노숙자를 들 수 있으리라. 그들은 추위나 더위는 물론, 그 어떤 사생활도 보장받지 못하고 노출되어 있어 인간다운 삶을 전혀 기대할 수 없다. 그러므로 가정은 누구에게나 필수적으로 있어야 한다. 누구를 막론하고 하루의 일과가 끝나면 가정을 향해 발걸음을 옮긴다. 다음날 일터로 떠나기까지 집에서 에너지를 재충전 한다

가정은 사랑의 실현 장소이다. 무조건적인 사랑이 이루어지는 곳이 바로 가정이다. 가정에는 무조건적인 무한의 사랑이 있다. 누가복음 15장 11~32절에 나오는 아버지의 사랑이 바로 그것이다. 물론 이 이야기는 잃어버린 자를 버리지 아니하고 끝까지 사랑하시는 하나님의 사랑을 비유로 그리고 있지만 실제로 가정에도 이러한 사랑이 존재한다. 그러나 불행하게도 에덴동산에 있었던 인류 최초의 가정, 아담의 가정에서는 형이 아우를 죽이는 끔찍한 살인사건이 발생하였다. 그것도 가인과 아벨 둘뿐인 형제 사이에서 일어난 사건이었다. 어떻게 이런 일이 있을 수 있다는 말인가?

뒤에서 자세히 다루겠지만 그것은 순전히 마귀의 시험에 넘어간 가인의 범죄였음에 틀림없을 것이다. 마귀는 이처럼 단란한 가정의 행복한 상태를 그대로 놔두지 않고 공격한다. 우리가 마귀의 시험으로부터 우리의 가정을 지키기 위해서는 하나님의 말씀으로 굳게 무장하여 이겨야 한다.

다섯째, 에덴동산에는 참 안식이 있었다.

하나님께서는 천지 창조의 사역을 마치신 후 다음날 안식에 들어가셨다. "천지와 만물이 다 이루니라 하나님의 지으시던 일이 일곱째 날이 이를 때에 마치니 그 지으시던 일이 다하므로 일곱째 날에 안식하시니라 하나님이 일곱째 날을 복 주사 거룩하게 하셨으니 이는 하나님이 그 창조하시며 만드시던 모든 일을 마치시고 이 날에 안식하셨음이더라"(창 2:1-3).

사람에게 있어 노동이란 신성한 것이며 하나님이 주신 축복이다. 일을 할 수 있는 자에게서 일자리를 빼앗는 것은 사형선고나 다름이 없다. 하나님께서도 친히 천지창조의 사역을 통해 본을 보이시고 또한 칠일 째에 안식하심으로 이 날을 다른 날과 구별하여 거룩하고 복되게 하셨다.

그러므로 안식일은 크게 두 가지의 의미를 가지고 있다. 하나는 육일동안에 힘써 일하고 칠일에는 쉬는 것이다. 이 휴식은 다음에 계속되는 노동을 위하여 또한 인간의 건강한 체력유지를 위하여 절대적으로 필요한 시간이다.

자동차나 공장의 기계들도 어느 정도 가동한 후에는 가동을 멈추고 쉬게 해주어야 한다. 그렇지 않으면 그것들은 제 수명을 다하지 못하고 빨리 폐기될 수밖에 없다. 따라서 차량과 사람의 휴식을 위하여 고속도로에는 휴게소가 있다. 만약 휴게소를 거치지 않고 자동차를 계속 운행하게 되면 차는 목적지에 도착하기 전에 고장이 나고 말 것이다. 무생물인 기계들도 이러할진대 하물며 사람이나 동물처럼 생명체에 있어서 그 중요성은 말할 필요가 없겠다. 모두가 경험하였겠지만 무리하게 사용하여 한번 마모된 기계는 계속해서 정비를 해야 하고, 또 정비를 했다고 해도 그 기능을 제대로 발휘할 수 없다. 일만 하고 쉴 줄을 모르는 사람은 제동장치가 없는 자동차와 같다고 한다. 제동을 할 수 없는 자동차는 실제로 운행할 수 없다. 그러나 사람은 그렇게 한다. 그 결과가 건강악화로 이어지게 될 것은 불을 보듯 명확한 사실이다. 비록 조금 더디게 갈지라도 쉬는 시간을 갖는 것이 더 빨리 가는 방법이다. 욕심에 사로잡혀 지나치게 일하는 것은 생명을 위협하는 어리석은 행위이다.

이 외에도 에덴동산에는 많은 것들이 있었지만 그 중에도 선악을 알게 하는 특별한 나무가 있었다. 이 나무는 하나님께서 진정한 인간의 행복을 위하여 그리고 하나님의 영광을 위하여 동산 중앙에 두셨다. 이 나무가 없는 에덴동산은 생각할 수 없다. 사람이 자유의지로 이 나무의 시험을 이겨낼 때 성숙한 인격체로써 에덴의 행복을 지킬 수 있었다.

Part 3

정녕 죽으리라

"여호와 하나님이 그 사람을 이끌어 에덴동산에 두사 그것을 다스리며 지키게 하시고 여호와 하나님이 그 사람에게 명하여 가라사대 동산 각종 나무의 실과는 네가 임으로 먹되 선악을 알게 하는 나무의 실과는 먹지 말라 네가 먹는 날에는 정녕 죽으리라 하시니라"(창2:15~17).

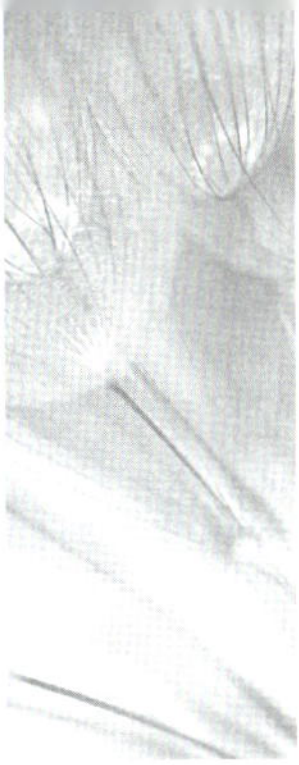

만물을 다스리고 지키는 특권과 동산 각종 나무의 실과를 임의로 먹을 수 있는 자유가 주어진 아담에게 단 하나의 금지 명령이 내려졌다. 그것은 동산 중앙에 위치하고 있는 선악을 알게 하는 나무의 실과는 먹지 말라는 것이었다. 그것도 그냥 먹지 말라고만 한 것이 아니라 그 실과를 먹는 날에는 정녕 죽으리라는 무서운 경고와 함께 주어진 금령이었다.

왜 하나님은 그렇게 살기 좋은 지상낙원에 마치 독약과도 같은 선악을 알게 하는 나무를 두셨을까? 어떤 사람들은 이렇게 말할 수 있을 것이다.

'에덴동산에 선악을 알게 하는 나무가 없었더라면 아담은 물론 온 인류가 사망을 모르는 상태에서 영원히 행복하게 살 수 있었을 것이 아닌가?'라고 그렇다면 하나님은 왜 이 나무를 동산 중앙에, 아마도 생명나무 바로 옆에, 두어서 아담과 하와를 시험 하셨을까? 이제 그 비밀을 하나씩 파헤쳐보기로 하자.

1. 선악을 알게 하는 나무를 두신 이유

여기에는 여러 가지 복합적인 사유가 있다.

첫째, 시험을 통하여 보다 값진 삶의 질을 조성하기 위함이다. 에덴동산은 이 세상에 존재하였던 어떤 곳보다도 살기 좋은 낙원이었다. 인간이 아무런 위험이나 두려움 없이 가장 행복하게 삶을 영위할 수 있는 장소였다. 그곳에는 모든 것이 풍족하여 부족한 것이 하나도 없었다. 그런데 만약 이 동산에 선악을 알게 하는 나무가 없었더라면 아담과 하와는 그야말로 아무런 시험도 없이 안전한 생활을 할 수 있었을 것이다. 그렇게 되었다면 과연 그들은 진정 행복한 삶을 누릴 수 있었을 것인가?

지금으로부터 20여 년 전쯤 내가 광주에서 살고 있을 때였다. 내가 군에서 전역 한 후 봉선동이라는 곳에서 20년 쯤 살았었는데 그 곳에서 같은 교회에 나가는 한 집사 부부를 알게 되었다. 모 은행의 지점장이었던 그들은 경제적으로 꽤 여유가 있는 편이었다. 자녀도 아들과 딸을 각 한 명씩 두어서 크게 부러운 것이 없는 단란한 가정이었다. 그런데 여자 집사가 하는 말 중에 삶에 재미가 없다고 토로하는 것을 들은 적이 있다. 경제적인 어려움으로 하루하루를 힘겹게 이어

가야 하는 가난한 사람들이 이 말을 들었다면 어떻게 받아들일 것인가? 그러나 그것은 맞는 말이다. 모든 것이 갖추어져 있고 아무런 도전이 없이 매일 반복되는 일상은 무미건조한 삶이 되고 마는 것이다. 삶에 권태를 느낀다는 말이다. 이것을 과연 행복한 삶이라 할 수 있을까?

바로 에덴동산의 상황이 이와 같은 것이었다. 늘 같은 일상이 반복되는 안일한 시간의 연속은 그야말로 지루하다 못해 지겹기까지 할 것이다. 도전이 없는 삶은 죽은 것과 같다고 한다. 매년 되풀이 되는 태풍이 또한 이러한 이유일 것이다. 이것이 바로 하나님께서 에덴동산 중앙에 선악을 알게 하는 나무를 두신 첫째 이유이다. 아담과 하와가 임의로 먹을 수 있었던 생명나무 실과 - 아마도 그들은 매일 이 실과를 먹기 위해 이 나무를 찾았을 것이다 - 바로 옆에는 선악을 알게 하는 나무가 있었을 것이다. 그들이 이곳에 올 때마다 자연스럽게 보게 되는 그 나무의 실과는 너무나 탐스럽고 먹음직스럽게 보였을 것이다. 아니 어쩌면 하와가 뱀의 유혹을 받기 전에는 자세히 바라보지도 않았을지도 모른다.

그 나무에 관심을 갖게 되면 그 열매를 먹고 싶은 유혹이 내면에 엄청난 갈등을 일으켰을 것이기 때문이다. 그러나 그 실과를 먹는 날에는 죽게 되리라는 하나님의 엄명이 내려진 금단의 열매였다. 그들은 그 유혹을 이겨내야만 했다. 그것을 먹는 결과는 바로 죽음이었기 때문이다. 이는 마치 이 세상의 많은 사람들이 교도소와 바깥세상의 경계선을 갈지(之)자로 걷는 것처럼 생과 사의 위험한 곡예를 이겨내야만 했다. 얼마나 스릴이 넘치는 시간들이겠는가? 이 유혹을 이겨내는 것은 생명에 대한 승리의 기쁨이요, 하나님의 말씀에 순종하였다는 긍정적인 자부심을 느끼게 하였을 것이다. 매일 매일 유혹을 이겨내야만 했던 이러한 도전은 삶에 신선한 활력소를 불어 넣기에 충분하였을 것으로 생각할 수 있다.

둘째, 가장 중요한 이유는 하나님만의 작정의 비밀이다. 바울은 골로새서 1장 26절에서 이렇게 기록하고 있다. "이 비밀은 만세와 만대로부터 옴으로 감취었던 것인데 이제는 그의 성도들에게 나타났고" 나는 이 비밀의 답이 누가복음 15장 11~32절의 비유라고 생각한다. 아담과 하와가 그리고 그의 후손들이 선악과가 없는 에덴동산에서 영생을 누리는 삶을 살았다고 한다면 앞에서 언급한 것처럼 그들의 삶은 얼마나 단조롭고 지루한 생활이 되었을지 짐작할 수 있다. 그렇게 되었더라면 과연 그들은 신령과 진정으로 하나님께 감사와 찬양과 영광을 돌릴 수 있었겠는가? 어쩌면 그들은 큰아들과 같이 마음속에 불만을 가득 품은 채 – 겉으로는 순한 양이 순종하는 것처럼 보일지라도– 살았을지도 모른다(눅 15:29~30).

"찬송하리로다 하나님 곧 우리 주 예수 그리스도의 아버지께서 그리스도 안에서 하늘에 속한 모든 신령한 복으로 우리에게 복 주시되 곧 창세전에 그리스도 안에서 우리를 택하사 우리로 사랑 안에서 그 앞에 거룩하고 흠이 없게 하시려고 그 기쁘신 뜻대로 우리를 예정하사 예수 그리스도로 말미암아 자기의 아들들이 되게 하셨으니"(엡 1:3~5).

이 말씀을 보면 하나님께서 창세전에 그 사랑하시는 자들을 그리스도 안에서 택하셨다고 기록하고 있다.

그렇다면 그리스도 안에서 살리기 위해서는 우리가 이미 사망 가운데 있어야만 한다. 죽은 자 가운데서 사랑하는 자들을 그리스도 안에서 택하신 일이 창세전에 이루어졌다는 것은 에덴동산이 창설되기 전, 이 세상이 만들어지기 전에 이미 모든 사람이 아담 안에서 선악과로 말미암아 죽을 수밖에 없는 하나님의 작정을 말하는 것이다. 물론 아담과 하와는 하나님의 형상대로 지음을 받았지만 완전한 자유의지를 가진 독립된 인격체였다. 그러나 그들이 아무리 자기들의 자유의지에 따라 결정하고 행동한다고 하더라도 하나님의 예정을 벗어날 수는 없다. 하나님께서 선악을 알게 하는 나무의 실과는 먹지 말라 네가 먹는 날에는 정녕 죽으리라고 말씀 하셨지만, 아담과 하와가 그 금단의 열매를 먹는 것은 창세전에 작정된 일이었다.

출애굽 때의 바로 왕의 경우를 예로 살펴보자. 모세를 통하여 전해진 하나님의 말씀을 바로는 아홉 번까지 거역한다. 출애굽기 7장에서부터 14장까지에는 바로의 마음의 상태를 나타내는 '강퍅' 또는 '완강'이라는 표현이 열 번이 넘게 기록되어 있다. 이는 완전히 바로의 자유의지에 의해서 비롯된 것이었다. 그러나 이와 같은 바로의 고집은 곧 하나님의 영광을 나타내기 위함이었다(출 14:17~18). 또한 요셉의 경우를 생각해 보자. 그가 십칠 세의 소년이었을 때에 그는 아직 어려서 지혜롭게 행동하지 못했다. 하나님의 우리를 향하신 뜻은 하나님 앞에서 겸손한 마음으로 자신을 낮추는 것이다(약 4:10, 벧전 5:5~6). 그러나 요셉은 자신의 꿈을 그의 형들에게 자랑하였다. 이는 그의 이복형들에게 시기와 미움을 불러일으키기에 충분했다. 이로 인하여 그의 형들은 요셉을 죽이려고까지 하였고 결국에는 그를 애굽에 노예로 팔아버렸다. 이 역시 형제의 잘못을 용서하고 사랑하라는 하나님의 말씀을 어긴 것이다(창 37장). 요셉이나 그의 형들이 하나님의 뜻에 거슬러 행동을 하였지만 이 모든 것들은 이미 아브라함 때에 말씀하신 하나님의 예정을 이루어가는 과정이었음을 우리는 확인할 수 있다(창 15:13~14 참조).

여기에 두 사람의 예를 들었지만 실상은 이 세상의 모든 만물이 존재하는 것은 하나님의 뜻을 나타내며 하나님의 섭리에 의해 움직이고 있음을 알아야 한다. 이 세상의 모든 만물이 하나님의 피조물이며 하나님의 소유이기 때문이다. 따라서 참새 한 마리도 하나님이 허락하지 아니하시면 땅에 떨어지지 않는다고 예수님은 마태복음 10장 29절에서 말씀하셨다.

셋째, 시험을 통하여 성숙한 믿음과 인격을 갖추게 하기 위함이다.

공부를 하는 학생들에게 가장 두렵고 싫어하는 것을 꼽으라 하면 두말할 것도 없이 시험을 들 것이다. 매년 몇 차례씩 치르는 시험을 위하여 학생들은 머리를 싸매고 피가 마르는 씨름을 해야만 한다. 어떤 때는 밤을 새워가며 시험 준비를 한다. 그러나 시험은 학생들에게 있어, 없어서는 안 될 필수적인 요소이다. 그것은 학생들의 능력을 평가하여 서열을 매기는 데에 사용되기도 하겠지만, 더 중요한 사실은 그들의 실력을 향상시키는데 이것보다 더 좋은 방법은 없다는 것이다. 그러므로 시험은 학생들에게 있어 절대적으로 필요한 존재가 될 수밖에 없다. 이처럼 에덴동산에 있었던 선악을 알게 하는 나무는 인간에게 있어 하나님에 대한 믿음을 굳건히 하고 자신의 자유의지로 시험을 이겨냄으로써 인격을 함양시키는데 필요한 존재였다. 이 나무는 어디까지나 아담과 하와를 괴롭게 하거나 죄를 범하게 하기 위하여 두신 것이 아니었다. 마귀는 사람을 죽이고 멸망시키기 위하여 시험하지만 하나님은 우리로 하여금 더욱 풍성한 열매를 맺게 하기 위하여 인내와 승리와 성장을 요구하는 시험을 치르게 하신다.

> "사람이 감당할 시험밖에는 너희에게 당한 것이 없나니 오직 하나님은 미쁘사 너희가 감당치 못할 시험 당함을 허락지 아니하시고 시험 당할 즈음에 또한 피할 길을 내사 너희로 능히 감당하게 하시느니라"(고전 10:13).

이와 같이 하나님이 에덴동산에 생명나무와 함께 선악을 알게 하는 나무를 두신 것은 단순히 아담이 하나님께 순종하는지의 여부를 시험하기 위함만이 아니었다. 이는 인간의 진정한 행복을 위한 배려였고, 또한 아담이 자유의지로 하나님의 말씀에 순종함으로 하나님과 영원한 생명의 교제를 나누도록 하기 위한 수단이었다. 그리고 더 나아가서는 범죄 후, 즉 인간이 생명의 근원되시는 하나님으로부터 관계가 단절된 사망으로부터 구원을 받는 기쁨과, 하나님의 크신 은혜와 사랑을 깨닫고 진정으로 감사하며 찬양과 영광을 돌릴 수 있도록 하기 위함이었다.

이 부분은 우리가 자세히 알아야 할 대단히 중요한 내용을 담고 있다. 왜냐하면 아담의 범죄로 인하여 모든 사람에게 죽음이라는 형벌이 내려졌기 때문이다. 예수님은 이에 대하여 다음과 같이 말씀하셨다.

> "사람이 만일 온 천하를 얻고도 제 목숨을 잃으면 무엇이 유익하리요"(막 8:36).

이 말씀은 사람의 생명이 얼마나 소중한 가를 가장 적절하고 간명하게 표현한 진리의 말씀이다. 그런데 우리는 이 세상의 많은 사람들이 사소한 재화를 얻기 위해 생명을 거는 모습들을 너무나 흔하게 볼 수 있다. 사람들은 때때로 아주 사소한 이권 때문에 순간적으로 감정에 사로잡혀 천하보다도 더 소중한 생명을 가벼이 여겨 그릇된 행동을 한다. 이 얼마나 어리석은 일인가?

아담에게 내려진 이 절대 절명의 금령이 아담 일개인은 물론 오늘날 이 지구 위에 살고 있는 모든 사람에게 죽음이라는 형벌을 가져온 것이기에 우리는 이 말씀의 의미를 정확히 알아야만 한다.

왜냐하면 대다수의 사람들이 이 죄를 모르고 있기 때문이다. 심지어 어떤 이들은 실정법을 위반한 죄를 짓고도 나는 죄인이 아니라고 부인한다. 그런데 내가 태어나기도 전에 수천 년 전에 있었던 한 사건으로 인하여 내가 죄인이라는 오명을 갖게 되는데 누가 쉽게 받아들이겠는가? 더구나 그것이 절도죄나 남을 해친 상해죄도 아니며 무기징역에 해당하는 죄도 아니고 영원한 사망에 처해진 이 세상에서 가장 무거운 형벌이라면 말이다.

그러나 이것은 하나님의 말씀이며 영원히 변치 않는 진리이기에 우리가 이 사실을 인정하지 않는다고 해서 해결될 문제가 아니다. 요한복음 3장 17, 18절은 이렇게 말씀하고 있다. "하나님이 그 아들을 세상에 보내신 것은 세상을 심판하려 하심이 아니요 저로 말미암아 세상이 구원을 받게 하려 하심이라 저를 믿는 자는 심판을 받지 아니하는 것이요 믿지 아니하는 자는 하나님의 독생자의 이름을 믿지 아니하므로 벌써 심판을 받은 것이니라"

이 말씀을 보면 모든 사람이 태어나면서부터 이미 하나님의 정죄 아래 있음을 분명히 밝히고 있다.

또 요한계시록 21장 8절에는 "그러나 두려워하는 자들과 믿지 아니하는 자들과 흉악한 자들과 행음자들과 술객들과 우상숭배자들과 모든 거짓말하는 자들은 불과 유황으로 타는 못에 참예하리니 이것이 둘째 사망이라"라고 하여 이 모든 자들이 첫 번째 사망아래 놓여 있음을 밝히고 있다. 이 첫 번째 사망이 바로 아담 안에서 우리에게 내려진 형벌이다.

바울은 로마서 5장 14절에서 "그러나 아담으로부터 모세까지 아담의 범죄와 같은 죄를 짓지 아니한 자들 위에도 사망이 왕 노릇 하였나니 아담은 오실 자의 표상이니라"라고 말함으로 아담의 죄가 우리에게 직접적으로 적용되고 있음을 명시하고 있다. 그렇다면 여기에서 말하는 죽음의 실체는 무엇이며 어떻게 그 영향이 우리에게 미치는가를 자세히 알아보기로 하자.

2. 하나님이 말씀하신 죽음의 의미

하와에게 선악과를 따먹도록 유혹하면서 뱀은 이렇게 말했다. "너희가 결코 죽지 아니하리라"(창 3:4b). 하나님은 아담에게 네가 먹는 날에는 정녕 죽으리라고 하셨는데 뱀은 정반대의 말을 던졌다. 이때 하와는 깜짝 놀랐을 것이다. 자기가 남편인 아담에게서 전해들은 하나님의 말씀과 달랐기 때문이다. 죽느냐 사느냐 하는 심각한 문제를 놓고 과연 누구의 말을 믿어야 할 것인가 갈등하기 시작했음에 틀림없을 것이다. 우리는 마귀의 말이 거짓임을 쉽게 알 수 있다. 하나님의 말씀을 잘 알고 있기 때문이다.

> "너희는 너희 아비 마귀에게서 났으니 너희 아비의 욕심을 너희도 행하고자 하느니라 저는 처음부터 살인한 자요 진리가 그 속에 없으므로 진리에 서지 못하고 거짓을 말할 때마다 제 것으로 말하나니 이는 저가 거짓말쟁이요 거짓의 아비가 되었음이라"(요 8:44).

그러나 하와는 물론 아담도 마귀의 속성을 전혀 알지 못했다. 따라서 그들은 하나님의 말씀을 거역하고 선악과를 먹고 말았다. 뱀의 말을 듣고 먼저 그 실과를 먹은 하와가 죽지 않았다. 그러므로 하와는 마치 자기가 먼저 그 죽음의 시험을 통과한 양 의기 양양하게 아담에게 그것을 따주어 먹게 하였을 것이다. 그들은 하나님이 말씀하신 죽음의 의미를 정확히 몰랐을 것이다. 그것은 육신의 죽음을 의미하는 것이 아니라 영적인 사망을 말씀하신 것이기 때문이다. 즉 생명의 근원되시는 창조주 하나님으로부터 관계가 끊어지는 사망을 말한다.

제자 중의 하나가 예수님을 따르라는 말씀에 나로 먼저 부친을 장사하게 허락해 달라고 요청하였을 때 예수님은 그 제자에게 이렇게 말씀하셨다. "죽은 자들로 저희 죽은 자를 장사하게 하고 너는 나를 좇으라"(마 8:22). 이 말씀에서 죽은 자가 두 번 언급되었다. 먼저 '죽은 자들'이라고 복수 형태로 쓰인 것은 육신은 살아 있으나 영적으로 죽은 자들을 말한다. 즉 영적으로 거듭나지 아니한 이 세상의 모든 사람들을 지칭하는 말이다. 다음의 '죽은 자'는 육신이 죽어 매장되어질 시체를 말하고 있다. 즉 이 세상에서 육신으로 살다가 사망한 자를 가리킨다.

요한복음 5장 24, 25절에도 이와 같은 내용이 나와 있다. "내가 진실로 진실로 너희에게 이르노니 내 말을 듣고 또 나 보내신 이를 믿는 자는 영생을 얻었고 심판에 이르지 아니 하나니 사망에서 생명으로 옮겼느니라 진실로 진실로 너희에게 이르노니 죽은 자들이 하나님의 아들의 음성을 들을 때가 오나니 곧 이 때라 듣는 자는 살아나리라".

이처럼 영적인 사망이란 호세아 선지자가 기록한 것처럼(호 4:1~7) 하나님을 알지 못하고 하나님에 대한 지식이 없는 상태를 말한다. 따라서 그들에게서는 요나서 3장 5~9절에 나와 있는 니느웨 사람들의 회개와 같은 사건은 있을 수 없는 일이다. 그들은 억지로 끌고 교회로 인도할지라도 듣지 않는다. 그들은 하나님을 두려워하지도 않는다. 하나님의 살아계심을 믿지 않기 때문이다.

아담과 하와는 범죄 한 후 자신들이 벗은 것을 알고 무화과 잎으로 치마를 만들어 입었고, 동산을 거니시는 하나님의 음성을 듣고는 두려워하여 나무 사이에 숨어 버렸다. 하나님 앞에서 교제하는 것을 즐거움과 기쁨으로 받아 들여야 할 그들이, 마치 사랑하는 아버지 앞에 달려가는 자녀처럼 먼저 자신들을 나타내고 있어야 할 그들이 숨어 버린 것, 이것이 바로 사망의 첫걸음이었다. 사망이라는 죽음의 씨앗이 아담 안에 이미 들어와 버린 것이다.

3. 아담과 하와는 과연 죽었는가?

나는 전에 어떤 책에서 "우리가 만약 천국에 간다면 그 곳에서 아담을 만날 수 있을까?"라고 쓴 글을 읽은 적이 있다. 이 말은 아담이 범죄 후 영적으로 죽은 자가 되었는지, 아니면 그렇지 않고 살아서 천국에 갔느냐 하는 것이 문제가 되고 있음을 알려주는 단적인 표현이라 하겠다.

하나님께서 경고하신 바와 같이 선악과를 먹은 아담이 에덴동산에서 추방되고 영적으로 죽었다고 주장하는 사람들이 있다. 그렇다면 과연 아담은 그들이 주장하는 것처럼 사망에 처해졌는가? 여기에서 이를 확인해 보기로 한다. 하나님의 말씀대로라면(2:17) 그들은 죽음에 처해지는 것이 당연하다. 창세기 3장 22~24절의 내용은 죄를 지은 아담과 하와를 하나님이 에덴동산에서 바로 추방한 것처럼 되어 있다. 그렇게 되었다면 그들은 더 이상 생명나무의 실과를 먹지 못하게 됨으로 인하여 하나님과 동행하는 삶을 살 수 없었을 것이므로 영적으로 완전한 사망에 이르는 것은 시간 문제였을 것이다.

그러나 그렇게 단정하기에는 많은 의문점들이 있다.

첫째로, 하나님이 아담과 하와를 위하여 가죽옷을 지어 입혔다는 것이다. 이는 여호와 하나님이 그들의 죄를 용서하셨다는 것을 의미한다. 그런데 다시 그들을 에덴에서 추방시켰다는 것은 이상한 일이 아닐 수 없다. 용서라는 것은 계속하여 관계를 유지하려는 의도이지만 추방은 관계의 단절을 뜻하기에 앞뒤가 맞지 않는다는 것임을 알 수 있다.

다음으로 창세기 4장 1절에는 아담과 하와가 장남 가인을 낳고 '내가 여호와로 말미암아 득남하였다'라고 하였고 이어 25절에서도 아담이 셋을 낳고 '하나님이 내게 가인의 죽인 아벨 대신에 다른 씨를 주셨다'라고 하여 아담과 하와가 범죄 후에도 계속하여 하나님과 함께하고 있음을 보여준다. 또한 26절에 "셋도 아들을 낳고 그 이름을 에노스라 하였으며 그 때에 사람들이 비로소 여호와의 이름을 불렀더라"고 하여 아담의 후손들이 하나님께 예배드렸음을 밝히고 있다.

만약 아담과 하와가 에덴에서 쫓겨났다면 그리고 그들이 영적으로 죽었더라면 셋으로 이어지는 그의 자손들이 놋 땅에 살았던 가인의 후예들처럼 되어 하나님의 이름을 부르는 일은 없었을 것이다. 이와 같은 여러 상황들을 종합해 보면 아담과 하와는 그것을 먹는 날에는 정녕 죽으리라고 경고를 받았던 그 열매를 먹었었으나 하나님의 은혜로 죽지 않았다는 것을 알 수 있다. 뿐만 아니라 그들은 에덴동산에서 추방당하지도 않았고 죄를 지은 자들이 따먹고 영생할 것을 우려한 그 생명나무의 열매도 그들의 생명이 다할 때까지 먹었던 것으로 보아야 한다.

완전한 영적 사망이란 호세아서에서 말하는 것처럼 하나님에 대한 지식이 없으므로 하나님을 모르는 상태를 말한다. 다시 말하면 하나님과의 관계가 완전히 단절되어 하나님의 존재를 부인하는 자들을 말한다. 이는 다른 신을 섬기는가 아니면 무신론자인가 하는 것은 문제가 되지 않는다.

아담과 하와가 비록 범죄를 하여 그들이 눈이 밝아 하나님과의 관계에 변화가 생겼지만 그렇다고 그들의 머릿속에서 하나님을 완전히 지워버릴 수는 없었을 것이다. 그들은 죄를 지은 후 바로 그들이 잘못했다는 것을 깨달았을 것이다. 이는 그들에게 내려진 벌을 통하여, 땅과 뱀을 저주하심에서, 자신들이 뱀의 유혹에 속았다는 것을 깨닫고 죄를 뉘우친 것으로 보인다. 하나님께서 그들에게 가죽옷을 지어 입히시므로 그들을 용서하신 사실에서 이는 더 명백해진다.

4. 선악과는 아담과 하와의 육체적 생명에 어떠한 영향을 미쳤는가?

"선악을 알게 하는 나무의 실과는 먹지 말라 네가 먹는 날에는 정녕 죽으리라 하시니라"

창세기 2장 17절의 이 말씀을 행위언약이라고 한다. 이 말씀을 이렇게 명명하는데 많은 이론들이 있어 왔지만 지배적인 주장은 이 구절의 말씀이 언약이라는데 일치하고 있다. 단순히 하나님이 아담에게 내리신 일방적인 명령인 것처럼 보인다. 아담은 이 말씀에 대하여 동의를 한 흔적이 없다. 또한 계약의 필수요건이라 할 수 있는 어떤 조건이 없다. 그럼에도 불구하고 이 구절을 그렇게 부르는 데는 그만한 이유가 있다.

이는 인간이 그것을 먹게 될 경우 정녕 죽으리라는 내용이었고, 만일 선악과를 먹지 않으면 영원토록 생명을 누리리라는 약속이라는 것이다. 즉 선악과를 먹느냐 먹지 않느냐 하는 인간의 행위 여부에 따라 죽음과 영생이 결정되는 언약이라는 것이다. 그러나 나는 개인적으로 이를 전폭적으로 지지하지는 않는다. 즉 이는 하나님의 아담에 대한 일방적인 단호한 금지 명령으로 이해한다는 말이다. 그런데 여기서 주의해야 할 점은 죽음 또는 영생에 이르도록 하는 것이 결코 실과 그 자체 속에 깃든 것이 아니라 하나님의 말씀에 순종하느냐 혹은 불순종하느냐 하는 인간 내면의 자유의지에 따라 결정된다는 것이다. 이에 대하여 결정적으로 입증해주는 성경적 근거가 있다. 호세아 6장 7절은 아담이 언약을 어겼다고 기록하고 있다. "저희는 아담처럼 언약을 어기고 거기서 내게 패역을 행하였느니라" 이스라엘 백성이 하나님을 거역하고 죄를 짓는 것을 말하는 것이다. 어쨌든 내가 여기서 말하고자 하는 내용은 아담이 만약 선악과를 먹지 않았을 때 영생할 수 있느냐의 문제이다.

성경에는 이 영생이라는 단어가 헤아리기 어려울 정도로 많이 기록되어 있다. 영적인 존재인 하나님이나 천사들이 영생하는 것에 대하여는 우리가 쉽게 이해할 수 있다. 그러나 육신을 가진 인간이 영원히 죽지 않고 산다는 것에 대하여는 보다 깊은 연구가 필요하다고 본다.

행위언약을 말하는 자들은 만약 아담이 하나님의 말씀에 순종하여 선악과를 먹지 않는다면 영원히 죽지 않고 살 것이라고 말한다. 창세기 3장 22절에도 이와 같은 의미로 영생이라는 단어가 쓰인 듯하다. "여호와 하나님이 가라사대 보라 이 사람이 선악을 아는 일에 우리 중 하나같이 되었으니 그가 그 손을 들어 생명나무의 실과도 따먹고 영생할까 하노라 하시고"

이 말씀은 아담과 하와가 선악과를 먹은 후 하나님께서 하신 말씀이다. 이 말씀을 문자 그대로 받아들인다면 사람이 생명나무의 실과를 계속하여 먹을 경우 영원히 살 수 있는 것으로 해석된다. 다시 말하면 아담과 하와가 선악과를 먹지 않고 생명나무의 실과를 계속 먹을 수 있었다면 지금까지도 생존해 있다는 것이다. 아담은 물론 그의 아들 셋을 비롯하여 그들의 모든 후손들이 단 한 사람도 죽지 않고 모두 살아 있다는 말이다. 과연 하나님께서는 최초에 아담과 하와를 지으실 때 그렇게 창조 하셨을까?

만약 그렇게 되었다면 여기에는 많은 문제점과 의문점이 뒤따른다. 첫째로 사람의 일생을 보면 갓난아기로 태어나서 점점 자라게 된다. 대략 20년이 되면 성인이 되고 그 이후에는 점점 쇠태의 길을 걷고 나중에는 늙어 죽게 된다. 이것은 비단 사람뿐만 아니라 모든 생명체들이 가지는 공통적인 운명이라고 할 수 있다. 그런데 사람이 성장하여 성인이 되었을 때 어느 순간부터 더 이상 늙지 않고 그대로 모든 것이 정지된 상태로 영원히 지속된다는 것이 어떻게 가능한 일인가? 물론 에덴동산에는 생명나무가 있어 이 실과를 계속 먹으면 생명이 유지되는 기능을 한다고 믿는다. 또한 하나님께는 능치 못한 일이 없는 줄 믿는다. 그럼에도 여기에는 많은 문제들이 야기된다.

둘째, 사람이 태어나 영원히 죽지 않고 생존한다면 이 지구상에는 언젠가는 발 디딜 틈이 없을 정도로 사람으로 초만원을 이루게 될 것이다. 그렇게 되면 이에 뒤따르는 식량, 오염, 부양 등 헤아릴 수 없을 정도로 많은 난제들이 대두될 것은 불을 보듯 명확한 사실이 될 것이다. 전지전능하신 하나님이 인간을 영생하도록 창조하심으로 그렇게 살기 어려운 세상이 초래되도록 하셨을까? 아무리 숙고해 보더라도 그것은 아닌 것 같다.

최초의 인간으로 창조되어 에덴동산에 살도록 허용되었던 아담으로부터 시작하여 그의 10세 손인 노아에 이르기까지 그들의 평균 수명이 912세가 된다. 물론 여기에는 죽음을 보지 않고 365세에 하늘나라로 간 에녹을 제외한 9명의 평균수명이 그렇다는 것이다. 이들은 왜 이렇게 오래 살 수 있었을까? 신학자들은 노아 때의 대홍수로 인한 환경과 생활형태의 변화 등으로 이를 설명하려 한다. 그러나 아무리 생활환경이 바뀌었다 하더라도 현재 인간의 수명보다 10배 이상이나 오래 산다고 하는 것은 납득하기 어려운 주장이다.

여기에 우리가 주목해서 보아야 할 한 말씀이 있다. 바로 창세기 6장 3절 말씀이다. "여호와께서 가라사대 나의 신이 영원히 사람과 함께 하지 아니 하리니 이는 그들이 육제가 됨이라 그러나 그들의 날은 일백이십 년이 되리라 하시니라" 이 말씀은 우리가 '영생'이라는 말의 의미를 찾아내는데 매우 중요한 단서를 제공한다. 먼저 일백이십 년이라는 기간에 대하여 알아보자. 지금까지 거의 모든 연구들은 이를 노아가 방주를 만든 기간으로 생각해 왔다. 다시 말하면 하나님께서 진노하심으로 이 세상을 대홍수로 심판 하실 때까지의 유예기간으로 보는 것이다. 그러나 이 주장은 완전히 잘못된 것이다. 나는 이에 대하여 이전에 쓴 '감추인 보화'에서 자세히 밝힌 바 있지만, 여기에서 간단히 그 이유를 설명하기로 하겠다. 대홍수 심판이 있었던 해에 노아의 나이 600세였다(창 5:11). 그리고 그의 장남 셈의 나이는 그 당시 97세였다(창 11:10). 하나님께서 노아에게 방주를 제작하도록 명하실 때 노아의 세 아들, 즉 셈과 함과 야벳은 모두 결혼한 상태였다(창 6:18, 벧전 3:20 참조). 그렇다면 노아가 하나님께로부터 방주를 만들도록 지시를 받은 때는 아무리 빨라도 노아의 나이 540세 정도가 된다.

왜냐하면 노아가 장남 셈을 낳은 때가 그의 나이 503세였으니(창 5:11과 창 11:10의 계산에 의함, 창 5:32 참조). 노아가 셈의 두 동생들을 낳았을 때는 그의 나이가 510세 쯤 되었을 때이고 이어 그들이 모두 결혼한 때는 노아가 540세쯤 되었어야 한다.

그러므로 노아가 방주를 제작하는데 소요된 기간은 최대로 허용한다 해도 60여 년이 된다. 그런데 만약 노아가 120년간 방주를 만들었다면 그의 나이 480세에 방주제작에 착수했다는 말인데(모든 저서들이 이렇게 기록하고 있음) 이때는 노아가 그의 장남 셈을 낳기 22년 전이다. 창세기 5장 32절과 이어지는 6장과의 관계를 보더라도 이는 맞지 않는 주장임이 분명하다. 노아가 이미 500세를 넘어 세 아들을 낳았고 이에 이어 세상의 타락과 하나님의 진노하심이 기록되어 있는데 어떻게 그 후에 노아의 나이 480세로 되돌아가 방주제작 명령을 받을 수 있다는 말인가? 이는 초등학교 저학년 수학으로도 해결할 수 있는 아주 간단하고도 쉬운 계산문제이다.

일백이십 년이라는 기간이 방주 제작 기간이 아니라면 이 숫자는 무엇을 말하는가? 바로 홍수 심판 후에 단축될 인간의 수명을 말하고 있는 것이다. 그렇다면 홍수 전에 912세를 살았던 사람들의 수명이 120세로 줄어드는 요인은 무엇일까? 앞에서 언급한 바 있지만 지금까지 모든 신학자들은 이를 환경의 변화에 두고 있다. 즉 홍수 후에 대기권의 변화 그리고 육식이 허용되는 식생활 변화 등 환경의 변화에 초점을 맞추고 있다. 그러나 나는 그렇게 생각하지 않는다. 환경의 변화가 인간 수명에 영향을 미치는 것을 나도 부인하지 않는다. 그러나 그 요인만으로 사람의 수명에 10배에 가까운 차이를 가져온다는 것은 쉽게 이해할 수 없다는 말이다. 그렇다면 보다 근본적인 요인은 무엇일까? 바로 '나의 신이 영원히 사람과 함께 하지 아니 하리라'라는 말씀이다. 이 말씀에 이어 '그러나 그들의 날은 일백이십 년이 되리라'라고 기록함으로 두 말씀이 직접 연관이 있음을 알 수 있다.

홍수 후에 인간의 수명이 급격하게 단축되는 것은 바로 하나님의 신이 사람과 함께 하지 않게 되는 이유 때문이었다.

하나님의 신이 함께하면 그렇게 오래 살 수 있다는 말인가? 육신으로만 사는 사람에 비하여 성령이 함께 하는 사람이 더 오래 살 수 있다는 가정을 받아들이는 것은 이상한 것이 아닐 것이다. 그러나 그 기간이 무려 10배에 가까운 차이를 나타내는 것은 받아들이기 어려울 것이다.

그렇다면 지금까지 하나님의 신이 어떠한 방법으로 사람과 함께 하여 왔으며 어떠한 기능을 하였기에 사람들이 그렇게 오래 살 수 있었는지 의문을 제기하지 않을 수 없다. 그 답이 또한 하나님의 말씀 속에 있다. 아담과 하와가 선악과를 따먹은 죄를 범한 후에 하나님께서 하신 말씀이다.

"여호와 하나님이 가라사대 보라 이 사람이 선악을 아는 일에 우리 중 하나같이 되었으니 그가 그 손을 들어 생명나무의 실과도 따먹고 영생할까 하노라 하시고"(창 3:22)라고 하심으로 사람이 생명나무의 실과를 계속 먹게 되면 영생하는 기능이 있음을 알 수 있다. 우리는 지금까지 아담이 범죄 후 바로 에덴동산에서 추방당함으로 에덴동산은 폐쇄되었고 더 이상 생명나무의 열매를 먹을 수 없었던 것으로 알고 있었다.

그러나 뒤에서 상세하게 그 사유를 밝히겠지만 아담과 하와가 에덴동산에서 쫓겨나지 않았다면, 그리고 계속하여 생명나무의 실과를 먹을 수 있었다면, 에덴동산은 물론 생명나무도 노아 때의 대홍수 심판이 있을 때까지 존재하였고, 또한 아담에서 노아에 이르는 경건한 하나님의 아들들이 거기에 살며 그 실과를 먹을 수 있었을 것이다. 이것이 바로 하나님의 신이 사람과 함께 해 오신 방식이었다.

그러나 하나님의 아들들이 사람의 딸들을 취하여 자기의 아내로 맞는 일이 발생하게 되자 하나님께서 크게 실망하시고 더 이상 그러한 은혜를 베풀지 않겠다고 말씀하신 것이다. 그렇다면 아담에서 노아에 이르는 계보의 믿음의 사람들이 생명나무 열매를 먹고 자신들의 생을 마감한 것은 '영생'을 누린 것으로 보아야 한다. 아담이 비록 온 인류에게 그 죄책이 따르는 원죄를 범했음에도 불구하고 그가 하나님으로부터 용서를 받음으로 인하여 마치 죄를 짓지 않은 상태, 즉 하나님이 최초 그를 창조할 때에 허용된 수명을 다 살았던 것으로 보이며 이는 아담에게 뿐만 아니라 노아에 이르기까지 모두에게 해당되는 것으로 사료된다.

그렇다면 어떻게 이들의 삶을 영생이라고 부를 수 있는가 하는 의문점이 생긴다.

> "내가 진실로 진실로 너희에게 이르노니 내 말을 듣고 또 나 보내신 이를 믿는 자는 영생을 얻었고 심판에 이르지 아니하나니 사망에서 생명으로 옮겼느니라"(요 5:24).

> "예수께서 가라사대 나는 부활이요 생명이니 나를 믿는 자는 죽어도 살겠고 무릇 살아서 나를 믿는 자는 영원히 죽지 아니하리니 이것을 네가 믿느냐"(요 11:25~26).

이 두 말씀을 보면 우리가 예수를 믿을 때 육신이 영원히 죽지 않는다고 말하는 것이 아니다. 우리가 믿을 때에 영적인 생명을 얻게 되고 이어 육신이 죽을 때에 영원한 하나님 나라로 옮겨지는 것을 말한다. 그러므로 살아서 영생을 얻은 자에게는 육신의 죽음은 별 의미가 없다는 말이다. 이미 이 세상에서 얻은 새로운 생명이 영원한 하늘나라로 이어지기 때문이다. 창세기 3장 22절에서 말하는 영생도 이와 같은 의미로 해석되어야 한다. 육체를 가진 인간이 영원히 죽지 않고 산다는 것은 사실상 어려울 뿐 아니라 만약 그렇게 된다면 너무나 많은 문제점들이 나타나기 때문이다. 그러므로 여기에서 말하는 영생은 하나님과의 생명의 관계를 유지하다가 중간에 사망이라는 중단이 없는 상태에서 육신의 사후에 영생으로 이어지는 것으로 보아야 한다.

5. 일반은혜로서의 기능을 하였던 생명나무

"이같이 한즉 하늘에 계신 너희 아버지의 아들이 되리니 이는 하나님이 그 해를 악인과 선인에게 비취게 하시며 비를 의로운 자와 불의한 자에게 내려주심이니라"(마 5:45).

하나님의 은혜를 두 가지로 구분한다. 하나는 일반은혜로 위의 말씀과 같이 세상 모든 사람에게 고루 미치는 하나님의 은혜를 말한다. 그러나 하나님의 특별은혜는 다르다. 성령의 계시와 역사로 죽은 영혼을 살리는 것과 그리고 그들에게 주어지는 은사를 말한다. 이는 오직 택함을 받은 자만이 누릴 수 있는 은혜이며 특권이다. 오늘날 성령의 역사는 분명히 특별은혜에 속한다.

"기록된바 하나님이 자기를 사랑하는 자들을 위하여 예비하신 모든 것은 눈으로 보지 못하고 귀로도 듣지 못하고 사람의 마음으로도 생각지 못하였다 함과 같으니라 오직 하나님이 성령으로 이것을 우리에게 보이셨으니 성령은 모든 것 곧 하나님의 깊은 것이라도 통

달하시느니라"(고전 2:9~10).

요한복음 3장에 등장하는 니고데모는 산헤드린의 공회원이었으면서도 이 비밀을 알지 못했다. 그러므로 그는 "어떻게 이런 일이 있을 수 있나이까"(요 3:9b)라고 반문하였다.

이때까지는 그는 하나님의 특별 은혜인 성령의 역사를 알지 못하였고 거듭남의 비밀도 이해하지 못했다. 이와 같이 신약시대의 성령의 역사는 하나님의 특별은혜에 속한다.

그러나 창세기 1장에서부터 5장에 이르기까지 하나님의 신(성령)이 사람과 함께 해왔던 방식은 생명나무의 실과를 먹음으로써 이루어지는 일반은혜의 성격을 띠고 있었다. 그러므로 범죄 한 인간이 이 실과를 먹지 못하도록 하는 데에는 어떤 조치가 필요했다. 이것이 바로 창세기 3장 24절의 내용이다.

"이같이 하나님이 그 사람을 쫓아내시고 에덴동산 동편에 그룹들과 두루 도는 화염검을 두어 생명나무의 길을 지키게 하시니라" 만약 하나님의 신이 오늘날과 같이 특별은혜에 속하였더라면 이러한 조치를 취할 필요가 없었을 것이다. 그냥 죄인에게 은혜를 베풀지 않는 것으로 충분하기 때문이다.

생명나무는 에덴동산 어느 곳에서도 볼 수 있고 접근이 가능하도록 동산 중앙에 위치해 있었고 또 사람이 그 열매를 임의로 따먹을 수 있었다. 그러므로 에덴동산에서 쫓겨난 자들이 더 이상 그 실과를 먹지 못하게 하기 위하여 그 길을 지키게 하였는데, 이는 육안으로 보이는 길을 차단했다고 하기 보다는 영적으로 보이지 않게 작용한 것으로 보인다. 왜냐하면 그 조치가 홍수로 인하여 없어진 생명나무 대신 오늘날 예수 그리스도가 택함을 받지 못한 자들에게 거치는 반석으로 숨겨져 있기 때문이다. 그리고 그룹들과 화염검도 역시 영적인 작용으로 그 길을 지킨 것으로 볼 수 있다.

6. 아담의 죄책인 사망이 어떻게 오늘날 모두에게 미치는가?

앞에서 살펴본 바와 같이 최초 금령의 말씀을 받았던 그리고 그 명령을 어긴 당사자인 아담은 죽지 않고, 그 죄책이 온전히 모든 사람들에게 사망으로 왕 노릇하게 되었다. 어떻게 보면 아담과 같은 죄를 짓지 아니한 자들에게는 억울한 감이 없지 않을 것으로 생각된다. 그러나 비록 아담으로 인하여 원죄가 우리에게 들어왔지만 우리에게 무조건적으로 그 모든 죄책이 주어지는 것이 아니라는 사실을 하나님의 말씀에서 찾을 수 있다.

> "하나님의 진노가 불의로 진리를 막는 사람들의 모든 경건치 않음과 불의에 대하여 하늘로 좇아 나타나나니 이는 하나님을 알만한 것이 저희 속에 보임이라 하나님께서 이를 저희에게 보이셨느니라 창세로부터 그의 보이지 아니하는 것들 곧 그의 영원하신 능력과 신성이 그 만드신 만물에 분명히 보여 알게 되나니 그러므로 저희가 핑계치 못할지니라"(롬 1:18~20).

우리가 겸허한 마음으로 우주와 대자연에 그리고 하나님의 형상대로 지음 받은 인간에 대하여 주목한다면 하나님의 살아계심과 더불어 하나님의 놀라운 창조의 섭리를 깨닫고 찬양과 영광을 하나님께 돌리게 될 것이다. 그리고 에스겔 선지자도 이에 대하여 증거하고 있다.

> "범죄하는 그 영혼은 죽을지라 아들은 아비의 죄악을 담당치 아니할 것이요 아비는 아들의 죄악을 담당치 아니하리니 의인의 의도 자기에게로 돌아가고 악인의 악도 자기에게로 돌아가리라"(겔 18:20).

이 말씀을 보면 아담의 원죄가 아무런 이유 없이 무조건적으로 우리에게 전가되는 것이 아님을 알 수 있다. 거기에는 자신이 져야할 죄가 있음을 알아야 한다. 겸손한 마음으로 조용히 세상을 들여다보면, 하나님을 알만한 것들이 얼마든지 있다. 그러나 사람들은 교만한 자아와 굳은 마음으로 그것을 인정하려 하지 않는다. 아담 안에서 죄가 들어왔지만 하나님을 부인하는 죄책은 나에게도 있다는 말이다.

어쨌든 아담이 범죄 후 죽지 않고 에덴동산에서의 삶이 허용된 것은 무엇보다 여자의 후손, 즉 메시야를 보내시기 위한 믿음의 통로를 열어놓으시려는 하나님의 뜻이었음에 틀림없을 것이다. 그리고 하나님의 초점은 처음부터 한 사람이 아닌 아담 안에서 죽은 모든 사람에게 맞추어져 있었을 것으로 생각된다. 그들을 그리스도 안에서 살리심으로 둘째 아들과 같이 마음속 깊은 곳으로부터 우러나는 진정한 제사를 받기 원하셨을 것이다(눅 15:18, 19).

Part 4

아담과 하와, 선악과를 먹다

"여호와 하나님의 지으신 들짐승 중에 뱀이 가장 간교하더라 뱀이 여자에게 물어 가로되 하나님이 참으로 너희더러 동산 모든 나무의 실과를 먹지 말라 하시더냐 여자가 뱀에게 말하되 동산 나무의 실과를 우리가 먹을 수 있으나 동산 중앙에 있는 나무의 실과는 하나님의 말씀에 너희는 먹지도 말고 만지지도 말라 너희가 죽을까 하노라 하셨느니라 뱀이 여자에게 이르되 너희가 결코 죽지 아니하리라 너희가 그것을 먹는 날에는 너희 눈이 밝아 하나님과 같이 되어 선악을 알 줄을 하나님이 아심이니라 여자가 그 나무를 본즉 먹음직도 하고 보암직도 하고 지혜롭게 할 만큼 탐스럽기도 한 나무인지라 여자가 그 실과를 따먹고 자기와 함께 한 남편에게도 주매 그도 먹은지라 이에 그들의 눈이 밝아 자기들의 몸이 벗은 줄을 알고 무화과나무 잎을 엮어 치마를 하였더라"(창 3:1~7).

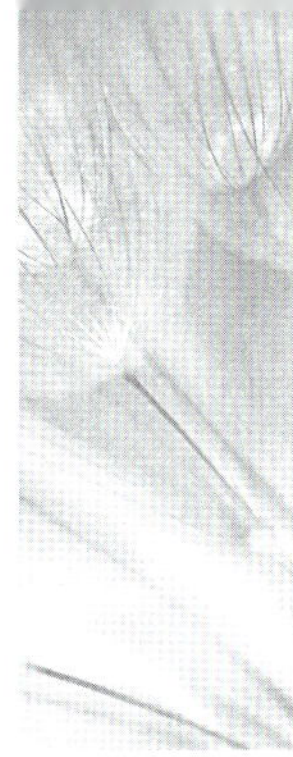

창세기 3장은 인간을 향한 마귀의 유혹으로 시작된다. 하나님께서 에덴동산을 창설하시고 하나님의 형상대로 지은 인간, 아담과 하와를 이 낙원에서 복을 누리며 살도록 하셨지만 마귀는 결코 이를 그대로 보고만 있지 않았다. 그가 가진 모든 간교함과 속임수를 총동원하여 인간을 하나님으로부터 분리시키는데 혈안이 되어 있었다. 그리하여 인간을 사망의 올가미로 묶어 놓고 자신의 노예로 전락시켜 버리는데 성공하였다. 이제 마귀의 간교한 공격에 대하여 자세히 살펴보기로 하자.

1. 뱀의 유혹

인류의 타락은 마귀의 유혹으로부터 시작되었다. 마귀는 처음부터 하나님을 배반하고 자기 위치를 떠난 천사들이었다. 그는 처음부터 살인한 자요 거짓말쟁이였다. 창세기 3장 14절 말씀이 이를 잘 입증하고 있다. 아담과 하와가 하나님의 말씀을 거역하고 선악과를 먹고 나무 사이에 숨었을 때, 하나님은 그들을 찾아와 아담과 하와에게 각각 왜 그렇게 했느냐고 물으셨다. 그러나 뱀에게는 '네가 왜 그렇게 하였느냐'라고 묻지 않고 '네가 이렇게 하였으니'라고 하시면서 뱀을 저주하셨다. 그렇게 하는 것이 마귀의 본성이었기 때문이었다.

그러나 마귀는 자기의 정체를 철저히 숨기고 아주 부드럽고 친근한 모습으로 하와에게 다가왔다. 마치 그녀를 위하고 도와주려는 친한 친구처럼 위장하였다. 이것이 바로 마귀의 속성이다. 오늘날도 마귀는 이와 똑 같은 방법으로 우리에게 접근하여 우리를 유혹한다.

뱀은 아담보다 하와를 공격의 대상으로 삼았다. 아무래도 여자가 남자보다 더 약한 존재라는 점도 있었겠지만, 아담은 하나님으로부터 직접 금령의 말씀을 들은 자이기에 그에게서 말씀을 전해들은 하와가 더 말씀에 취약하리라는 계산에서였을 것이다. 마귀는 자기의 말을 먼저 들고 나오지 않고 하나님의 말씀을 인용하는 척 했다. 이 말의 의미는 마귀가 하나님의 말씀을 그대로 사용하지 않고 그 의미를 왜곡시키거나 과장 또는 축소시켜 이용한다는 것이다.

'하나님이 참으로 너희더러 동산 모든 나무의 실과를 먹지 말라 하시더냐'(창 3:1b).

선악과를 먹지 말라고 하신 하나님의 말씀에 불만과 의혹을 불러일으킬 수 있는 심히 과장된 표현법으로 마귀는 그녀를 자극하였다. 마귀는 예수님에게도 같은 수법으로 유혹의 화살을 던졌다.

> "네가 만일 하나님의 아들이어든 뛰어 내리라 기록하였으되 저가 너를 위하여 그 사자들을 명하시리니 저희가 손으로 너를 받들어 발이 돌에 부딪히지 않게 하리로다"(마 4:6).

마귀는 시편 91편 11~12절 말씀을 인용하여 예수님을 시험하였다. 그러나 마귀가 인용한 시편 말씀은 그러한 의미가 아니었다. 하나님의 말씀을 마귀가 잘 알고 있다고 하지만 예수님만큼 하겠는가? 그럼에도 불구하고 마귀는 어리석은 질문으로 시험하려 들었다. 하나님의 말씀은 논쟁의 대상이 아니라 믿음의 대상이듯이, 마귀의 말은 역시 논쟁의 대상이 아니라 대적해야만 하는 대상이다.

> "그런즉 너희는 하나님께 순복할지어다 마귀를 대적하라 그리하면 너희를 피하리라"(약 4:7).

그러나 하와는 마귀의 술책에 여지없이 걸려들고 말았다. 하나님의 말씀을 정확하게 알고 있지도 않으면서 대꾸를 하기 시작하였다.

> "동산 나무의 실과를 우리가 먹을 수 있으나 동산 중앙에 있는 나무의 실과는 하나님의 말씀에 너희는 먹지도 말고 만지지도 말라 너

희가 죽을까 하노라 하셨느니라"(창 3:2, 3).

하나님이 아담에게 행위언약의 금령을 말씀하신 때에는 아직 하와는 이 세상에 없었다. 그러므로 이 말씀은 아담이 하와에게 전해준 것으로 보아야 한다. 이 과정에서 아담에게 잘못이 있었는지 아니면 하와에게 있었는지는 알 수 없지만 결과적으로 하와는 하나님의 말씀에 '만지지도 말라'라는 말을 더하고 또한 정녕 '죽으리라'를 '죽을까 하노라'로 바꾸어 버렸다. 이 쯤 되면 마귀의 유혹은 절반 성공한 셈이다. 하나님의 말씀에 약점을 드러낸 하와에게 마귀는 정면으로 하나님의 말씀을 거짓말로 매도하고 공격을 계속하였다.

"너희가 결코 죽지 아니하리라 너희가 그것을 먹는 날에는 너희 눈이 밝아 하나님과 같이 되어 선악을 알 줄을 하나님이 아심이니라"

창세기 2장 17절의 말씀에서 '정녕 죽으리라'고 하신 것은 육신의 죽음을 의미하는 것이 아니었다. 다시 말하면 선악을 알게 하는 나무의 실과에 독이 있어 그 실과를 먹는 즉시 독약을 먹은 것과 같이 죽게 된다는 말이 아니었다. 그 실과를 먹음으로 선악을 알게 되어 하나님과의 영적인 관계가 끊어지게 되는 영적인 사망을 말씀하신 것이다. 그러면 마귀가 '너희가 결코 죽지 아니하리라'라고 한 것은 무슨 뜻일까? 그것은 바로 육신의 죽음을 말하는 것이었다. 하와가 선악과를 먹었을 때 자신이 죽지 않으므로 바로 아담에게 그 열매를 준 사실을 보아도 하와가 마귀의 말을 그렇게 받아들인 것임을 알 수 있다.

아마도 아담은 그 금단의 열매를 먹은 하와가 죽지 않고 자기에게 그 것을 건네 줌으로 아무런 두려움 없이 받아먹었을 것이다. 그것은 바로 하나님의 말씀이 거짓이라는 증거이기도 했다.

그렇다면 어떤 의미에서는 마귀의 말이 진실인 것처럼 생각할 수 있다. 그 실과를 먹은 직후에는 아담과 하와 두 사람 모두 그렇게 생각하였을 것이다. 그러나 그것은 진실이 아니었다. 그 열매를 먹는 순간 그들의 눈이 밝아졌다. 악에 대해서 몰랐던 그들이 악에 눈을 뜨게 되었다. 죄에 대하여 순결했던 그들이 죄를 알게 되었다. 바로 그들에게 영적인 사망의 씨앗이 들어와 자리 잡게 되었다.

마귀는 이처럼 간교한 속임수로 사람을 유혹한다. 그리고 죽음에 이르게 만든다. 오늘날 우리에게는 66권의 성경 말씀이 있다. 우리는 말씀을 통해 마귀의 정체를 잘 알고 있으며 또한 마귀를 이기는 방법도 알고 있다. 그럼에도 불구하고 많은 믿음의 사람들이 마귀에게 패배하는 것을 볼 수 있다.

아담과 하와의 경우에는 오직 창세기 2장 17절의 행위언약의 말씀이 전부였다. 그들은 마귀에 대한 어떤 정보도 가지고 있지 않았으며 따라서 마귀를 대적하는 방법도 몰랐다. 오직 하나님께서 내리신 금령을 생명 걸고 지켜야만 했다. 하와는 이 한 말씀마저도 정확하게 알지 못했다. 따라서 온 인류를 사망에 빠뜨리게 되는 범죄는 이렇게 허망하게 저질러지고야 말았다.

2. 하와가 그 나무를 바라보다

뱀의 유혹은 하와에게 효과를 나타내기 시작 했다. '너희가 결코 죽지 아니하리라 너희가 그것을 먹는 날에는 너희 눈이 밝아 하나님과 같이 되어 선악을 알 줄을 하나님이 아심이니라'

마귀의 이 거짓말은 하와로 하여금 하나님을 거짓말하는 자로 그리고 시기와 질투의 대상으로 여기게 만들기에 충분하였다. 그의 말은 하와가 그 나무에 호기심을 가지고 집중하여 바라보게 만들었다. 어떠한 사물이나 사실이 사람에게 한번 의식되면 그것은 사람의 뇌리를 떠나지 않고 연상에 연상을 이어가게 이끄는 속성이 있는 것 같다. 마치 물체에 작용하는 관성의 법칙처럼 말이다. 그래서 야고보서는 이에 대하여 "오직 각 사람이 시험을 받는 것은 자기 욕심에 끌려 미혹됨이니 욕심이 잉태한즉 죄를 낳고 죄가 장성한즉 사망을 낳느니라"(1:14~15)라고 기록하고 있다. 견물생심(見物生心)이란 말과 같이 물건을 계속하여 바라보는 한 그 결과는 죄로 이어지게 되어 있다. 이와 같이 바라보다가 죄를 범하는 성경의 사례를 알아보자. 바로 아간과 다윗의 범죄다.

이스라엘이 애굽을 나온 후 요단을 건너 가나안 땅에 들어가기까지 얼마나 많은 우여곡절이 있었는지 우리는 너무나 잘 알고 있다. 열흘이면 갈 수 있는 길을 무려 40년간이나 광야에서 방황해야만 했고 그 동안에 출애굽 당시에 20세 이상 된 사람들은 여호수아와 갈렙 두 사람을 제외하고 모두 광야에서 죽어갔다. 그것은 하나님의 말씀을 믿지 않고 불순종한 대가였다.

가나땅 땅의 첫 성읍 여리고는 철벽과 같이 강한 난공불락의 요새였다. 그러나 이스라엘이 하나님의 말씀대로 순종하였을 때 그 성은 저절로 무너졌다. 이처럼 놀라운 하나님의 말씀에도 불구하고 아간은 여리고 성에서의 노획물을 처리하는 과정에서 하나님의 명령을 거역하고야 말았다.

"내가 노략한 물건 중에 시날 산의 아름다운 외투 한 벌과 은 이백 세겔과 금덩이 하나를 보고 탐내어 취하였나이다"(수 7:21). 아간의 이 범죄로 인하여 여리고 성보다 훨씬 약하고 작은 아이 성 전투에서 이스라엘은 패배하였다. 그의 죄가 들어나자 아간과 그의 가족은 아골 골짜기에 돌무더기 속에 묻히는 비참한 벌을 받았다.

다음은 다윗의 치명적인 범죄에 대하여 알아보자. "저녁때에 다윗이 그 침상에서 일어나 왕궁 지붕 위에서 거닐다가 그 곳에서 보니 한 여인이 목욕을 하는데 심히 아름다워 보이는지라"(삼하 11:2). 결국 다윗은 그 여인을 불러들여 간통죄를 저지르고 말았다. 다윗의 이 범죄에는 여러 요인이 복합적으로 작용하고 있음을 알 수 있다. 첫째는 왕들이 출전할 때에 다윗은 장수와 군사들만 전쟁터에 내보내고 자신은 왕궁에 머물러 있었을 뿐만 아니라 심지어 낮잠을 자고 있었다는 것이다. 낮잠을 자고 저녁 무렵에 일어난 것으로 보아 나태한 시간을 보내고 있었던 것으로 보인다. 또 하나는 왕궁 옥상에서 바라다 보이는 곳에서 여인이 목욕을 하고 있었던 점으로 미루어 짐작컨대 아마도 밧세바는 다윗을 유혹하기 위해 일부러 그렇게 행한 것 같다. 그렇지 않고서야 어찌 여인이 밖에서 볼 수 있는 곳에서 목욕을 할 수 있겠는가? 이는 다윗이 그녀를 왕궁으로 불러들여 동침하려 하였을 때, 그리고 그녀의 남편 우리아가 죽은 후 전혀 거부감이 없이 다윗을 받아들였던 점에서도 엿볼 수 있다.

어쨌든 눈에 들어온 그 장면을 보고 다윗은 죄의 유혹을 물리쳐야 했다. 그는 지금까지 하나님 앞에서 믿음으로 살아온 하나님의 마음에 합한 자였다. 더구나 그 여인에 대하여 알아본 결과 그녀의 남편 우리아는 자신을 위해 전쟁터에 나가 있는 충성된 장수가 아니었던가?

그러나 그럼에도 불구하고 다윗은 요압을 시켜 우리아를 죽음으로 내몰았고 밧세바를 아내로 맞아들였다. 이 범죄로 인하여 다윗의 가정은 피가 끊이지 않는 엄청난 재앙의 벌을 받았다.

눈은 사람의 신체 중에서 가장 중요한 기관 중의 하나이다. 몸이 천 냥이면 눈이 구백 냥이라는 말이 있다. 그만큼 눈의 역할이 중요함을 비유적으로 나타낸 것이리라. 예수님의 말씀에도 이와 같은 내용이 기록되어 있다.

> "눈은 몸의 등불이니 그러므로 네 눈이 성하면 온 몸이 밝을 것이요"(마 6:22).
>
> "나는 너희에게 이르노니 여자를 보고 음욕을 품는 자마다 마음에 이미 간음하였느니라"(마 5:28).

그러므로 우리는 눈으로 보고 죄를 잉태하는 일이 발생하지 않도록 경계해야 할 것이다. 우리는 처음 보는 순간 죄의 유혹이 있는 곳에는 관심을 하나님의 말씀으로 물리쳐야 한다. 그러나 하와가 뱀의 유혹의 덫에 걸려 그 나무를 바라보았을 때 먹음직스럽기도 하고 보기에도 좋아 보였고 지혜롭게 할 만큼 탐스럽기도 하여 결국 그 열매를 먹고 말았다. 그리고 남편 아담에게도 주어 그것을 먹게 하였다.

3. 너희가 하나님과 같이 되리라

"그는 근본 하나님의 본체시나 하나님과 동등됨을 취할 것으로 여기지 아니하시고 오히려 자기를 비어 종의 형체를 가져 사람들과 같이 되었고 사람의 모양으로 나타나셨으매 자기를 낮추시고 죽기까지 복종하셨으니 곧 십자가에 죽으심이라"(빌 2:6~8).

첫째 아담은 하나님의 말씀을 만홀히 여기고 마귀의 유혹에 넘어가 자신이 하나님과 같이 되고자 하였다. 어찌 피조물인 인간이 창조주이신 하나님과 동등하게 될 수 있겠는가? 그것은 어떠한 비유로도 어떠한 언어로도 표현할 수 없는 상상 밖의 일이다. 예를 들어 풀잎에 붙어 있는 작은 점과 같은 진딧물과 사람을 비교한다 해도 인간과 하나님의 비교에는 말이 되지 않는다는 것이다. 인간이 아무리 만물의 영장이라고 해도 진딧물과 같은 생명체도 만들지 못한다. 그러나 하나님은 우리가 상상도 할 수 없는 우주와 천체들을 그리고 인간을 비롯한 만물을 지으신 분이시기 때문이다.

그러나 첫째 아담의 범죄로 인하여 사망에 이른 죄인들을 구원하기 위해 오신 두 번째 아담 예수님은 그 정반대였다. 태초에 하나님과 함께 계셨으며 만물이 그 분으로 말미암아 지은 바 되었고 또 하나님과 하나이신 분이 피조물인 사람의 모습으로 그것도 죄인의 모양으로 이 땅에 오셨다.

이 쯤 되면 하나님과 같이 된다고 하는 것이 얼마나 큰 죄인지 짐작할 수 있을 것이다. 우리는 사극에서 왕의 주권을 인정하지 않는 죄를 대역죄로 다루는 것을 많이 보아왔다. 이 죄는 인간이 지을 수 있는 죄 중에 가장 큰 죄였다. 왕권에 도전한다거나 왕의 정체성을 인정하지 않는 것은 멸문지화를 당하는 큰 죄였다. 왕은 백성과 똑 같은 인간이다. 다만 그에게 힘과 권위가 주어졌기 때문에 만백성 위에 군림하는 것뿐이다. 그러나 앞에서 언급한 것처럼 하나님은 다르다. 만왕의 왕이시요 조물주가 되신다. 천지가 다 그 분의 소유이다. 이러한 하나님을 인정하지 않고 자신이 하나님과 같이 된다고 하는 것이 얼마나 어리석은 행위이며 큰 죄악인 가를 가히 짐작할 수 있을 것이다.

사람이 하나님처럼 된다고 하여 진짜 하나님이 될 수는 없다. 내 마음속에 하나님을 부인하고 자신이 하나님이 되어 살아가는 사람들이 많이 있다. 과연 그들의 마음속에는 무엇이 존재하는가? 하나님이 없는 빈자리를 무엇으로 채우고 있는가? 이 세상에는 아마도 사람의 수만큼 많은 우상들이 존재하리라고 나는 생각한다. 무신론자들은 우상을 가지고 있지 않는 것일까? 그렇지 않다. 탐욕은 우상숭배이며(골 3:5; 엡 5:5) 완고한 것은 우상에게 절하는 것과 같다(삼상 15:23). 그러므로 예수를 영접하지 않는 사람들은 육신이 죽어 하나님 앞에 섰을 때에 머리를 들 수 없을 것이다.

4. 그들의 눈이 밝아지다

"이에 그들의 눈이 밝아 자기들의 몸이 벗은 줄을 알고 무화과나무 잎을 엮어 치마를 하였더라"(창 3:7).

아담과 하와가 선악과를 먹은 후 그들의 눈이 밝아졌다고 하였는데 이 말의 의미는 지금까지 그들이 알지 못했던 어떤 새로운 것을 인식할 수 있게 되었다는 것이다. 그것은 바로 선과 악이다. 바꾸어 말하면 죄를 알게 되었다는 것이다.

선악을 안다는 것에 대하여 많은 사람들이 정확하게 그 의미를 이해하고 있지 못한 것으로 보인다. 그 예로 두 권의 책에서 이에 대하여 언급하고 있는 내용을 여기에 소개하고자 한다.

"선악이라는 말 속에는 지식의 정점을 포함하고 있으며 완전과 전능과 전지전능과 능력을 함축하고 있다. 이 나무의 열매는 하나님과 선악을 아는 일에 동등하게 되는 힘이 있었다(창 3:5). 그러나 인간은 이 선악과를 먹고 하나님과 같이 되기는커녕, 죄를 범하고 부끄러워하고 저주 받아 죽게 되고 에덴동산에서 쫓겨나게 되었다. 선악을 분별치 못하는 것은 미성숙의 원인(신 1:39, 사 5:14~17)일 수도 있으나 노쇠의 현상일 수도 있었다(삼하 19:35).

선악을 잘 분별할 줄 아는 능력을 소유한 자는 하나님의 천사와 같이 취급을 받았다. 그래서 열왕기상 3장 9절에 보면 솔로몬 왕은 하나님께 선악을 분별할 수 있는 지혜를 구하였다(창 24:50; 민 24:13; 렘

42:6). 선악을 알게 하는 나무는 하나님의 전지전능하심의 상징물이었다."(성서대백과 3권, 기독지혜사. p.907)

위의 내용은 최초 에덴동산에 있어서의 선악을 설명하는 것이 아니라 오늘날 사람들이 인식하고 있는 선악에 대하여 설명하고 있음을 알 수 있다. 또한 선악을 아는 것이 마치 전지전능의 상태를 나타내는 것으로 보이는데 이는 창세기 3장에 기록된 말씀의 의미와는 전혀 다른 내용이다. 선악을 모르는 상태가 미성숙이나 노쇠의 현상이 아니라 원래 하나님이 창조하신 인간이 죄와 악을 모르는 순결한 상태였음을 말하는 것이다. 다시 말하자면 선악을 알지 못하는 것이 인식능력의 부족함을 말하는 것이 아니라 죄와 악에 오염되지 않은 하나님의 형상으로 창조된 원래의 상태를 말한다.

"선악을 알게 하는 나무, 즉 선과 악에 관한 지식을 제공해 주는 '지식의 나무' 이 나무의 열매를 선악과라고 한다. 생명나무와 더불어 에덴동산의 중앙에 있는 이 '선악을 알게 하는 나무'는 하나님께서 당신의 선하신 뜻으로 아담과 하와의 순종을 시험(test)하기 위해 에덴동산의 중앙에 특별히 구별해 놓은 나무로, 곧 하나님의 주권이 담긴 나무이다.

따라서 이 나무의 존재 의의는 자기 의지를 지닌 도덕적 인격체로 피조 된 인간이 이 나무의 열매, 곧 선악과를 따먹지 말라는 하나님의 말씀(17절)을 자의적으로 순종함으로 말미암아 인간의 도덕적 자유를 주체적으로 발휘할 수 있도록 하는데 있었다. 그러므로 만일 이 나무가 없었더라면 인간은 아무런 주관적 생각 없이 하나님의 보호와 사랑만을 받는 애완동물, 혹은 하나님의 뜻대로 기계적으로 움직이는 로봇에 지나지 않았을 것이다."(그랜드 종합주석 1권, 성서 아카데미. p.216)

위의 내용 역시 본 장에서 말하는 선과 악에 대하여 적절한 설명을 제공하지 못하고 있다. 특히 이 책에서 말하는 '선악을 알지 못하는 상태'를 마치 애완동물이나 로봇에 비유하고 있는 것은 하나님이 인간을 미숙한 상태로 창조한 것처럼 비하시키는 주장이다. 하나님은 아담과 하와를 자유의지로 행동하는 완전한 인격체로 창조하셨다. 또한 그들은 솔로몬에 못지않은 지혜와 지식을 소유하였던 것으로 보인다(창 2:20, 왕상 4:34).

그렇다면 선악을 알지 못하는 것은 어떠한 상태를 말하는 것일까? 그것은 지혜와 지능이 부족한 수준을 말하는 것이 아니라 죄와 악을 모르는 순결한 상태를 말하는 것이었다. 그러나 그들은 선악과를 따 먹은 직후에 그것을 알게 되었다. 마귀의 말처럼 그것을 먹는 날에는 선악을 알게 되어 있었다. 그래서 하나님도 그 나무를 에덴동산 중앙에 두셨을 때 그 이름을 '선악을 알게 하는 나무'라고 명명하신 것이다. 그 나무의 실과를 먹는 순간 자연적으로 선악을 알게 된다는 의미이다. 그렇다면 선악을 알게 되었다는 것은 구체적으로 무엇을 말하는 것일까?

예수께서 길에 나가실새 한 사람이 달려와서 꿇어 앉아 묻자오되

선한 선생님이여 내가 무엇을 하여야 영생을 얻으리이까?(막 10:17) 라고 질문하였다. 이에 예수께서 이렇게 답변하셨다. "네가 어찌하여 나를 선하다 일컫느냐 하나님 한 분 외에는 선한 이가 없느니라"(10:18). 그렇다. 선은 바로 하나님을 나타내는 말이다. 최고의 선, 곧 하나님이 진리이심을 말하는 것이다. 하나님이 아담에게 "선악을 알게 하는 나무의 실과는 먹지 말라 네가 먹는 날에는 정녕 죽으리라" 고 하셨을 때 아담은 그 말씀이 진리인 줄을 알지 못했다. 만약 그가 그 말씀이 진리인 줄 알았더라면 마귀의 유혹을 물리치고 그 실과를 먹지 않았을 것이다.

그러나 그 열매를 먹은 순간, 즉 하나님의 말씀을 거역하고 마귀의 말에 순종하는 순간 그는 하나님께 죄를 지음과 동시에 자신이 악에 오염되어 버린 것을 깨닫게 되었다. 이것이 바로 눈이 밝아진 상태였다. 아담과 하와가 제일 먼저 알게 된 것은 그들의 몸이 벗은 줄을 깨달은 것이었다. 왜 그들은 그 실과를 먹기 전에는 벌거벗은 것을 느끼지 못했을까? 그것은 바로 하나님과의 관계에서 온 것이다. 그들이 하나님의 말씀에 순종하여 그 실과를 먹지 않는 한 그들은 하나님 앞에서 자유로웠다. 그것은 마치 수영복을 입은 사람이 수영장 안에서 자유롭게 활동하는 것과 같다.

그러나 만약 그 사람이 그런 복장으로 서울의 명동 거리에 나타났다면 자유롭게 행동할 수 있겠는가? 아담과 하와가 무화과나무 잎으로 치마를 만들어 입은 것은 그들이 이미 하나님 앞에서 떠났기 때문이었다. 하나님의 말씀을 거역하고 선악과를 먹은 순간 하나님은 그들에게 두려운 존재로 인식되었다. 죄를 지었기 때문이다. 그들은 더 이상 하나님 앞에 나타날 수가 없었다. 그들이 마귀의 말에 순종함으로 말미암아 이미 악이 자신들의 몸에 들어온 상태였다. 이것이 바로 선악을 알게 하는 나무가 가지고 있었던 비밀이었다. 바울 사도는 이에 대하여 로마서에서 이렇게 기록하고 있다. "그러므로 내가 한 법을 깨달았노니 곧 선을 행하기 원하는 나에게 악이 함께 있는 것이로다"(롬 7:21). 이것이 바로 선과 악을 알게 된 상태를 말하는 것이다.

그런데 여기에서 우리가 확인해야 할 것이 하나 더 있다. "하나님과 같이 되어 선악을 알 줄을 하나님이 아심이니라"라는 마귀의 말이다. 이 말은 실제 그대로 이루어졌다. "여호와 하나님이 가라사대 보라 이 사람이 선악을 아는 일에 우리 중 하나같이 되었으니"(창 3:22a)라고 하신 하나님의 말씀이 그 사실을 입증해 주고 있다. 그렇다면 하나님이 선악을 아는 것과 사람이 선악을 아는 것에는 어떠한 차이가 있는 것일까? 하나님이 선악을 아는 것과 사람이 선악을 아는 것 사이에는 마치 하늘이 땅에서 높음 같은 큰 차이가 있다.

하나님은 만물의 창조주가 되시기에 마귀도 피조물에 불과하다. 물론 하나님은 악을 창조하신 분은 아니시다. 천사들 중 일부가 제 위치를 떠나 하나님을 대적했기 때문이다. 그러므로 마귀는 하나님을 이길 수가 없다. 그것은 어두움이 빛을 이길 수 없는 것과 같다.

다음으로 중요한 사실은 하나님은 영이시기에 육을 가지지 않으셨다는 것이다. 인간은 육체적 존재이기에 먹지 않으면 배고픔을, 몸이 상하면 아픔을, 잠을 자지 않으면 졸음을, 힘든 일을 하면 피곤함을, 무서운 것에 대하여는 두려움과 공포, 적대감과 성욕 등 이루 헤아릴 수 없을 만큼 많은 감정과 감각을 느끼게 된다. 음행과 더러운 것과 호색과 우상숭배와 술수와 원수 맺는 것과 분쟁과 시기와 분냄과 당짓는 것과 분리함과 이단과 투기와 술 취함과 방탕함과 같은 것들이 모두 육체의 일이라고 바울은 말한다(갈 5:19~21a).

그러므로 악이 사람 안에 들어오면 영의 존재인 마귀의 세력을 결코 이길 수 없다. 백번 싸우면 백번 모두 패하고야 만다. 즉 육체의 힘으로는 마귀(영)를 이길 수 없다는 말이다. 이것이 바로 하나님이 선악을 아는 것과 사람이 선악을 아는 것과의 차이점이다. 그러므로 하나님이 선악을 아는 것은 아무런 문제가 되지 않지만 사람이 선악을 아는 것은 곧 사망에 이르게 되어 있었다. 이제 선악을 알게 된 인간은 하나님께로 돌아가야만 새로운 생명을 얻을 수 있게 되었다. 오직 마귀를 이기는 힘은 성령의 능력을 의지하는 것뿐이다(엡 6:10~17).

5. 아담아 네가 어디 있느냐

아담과 하와가 선악과를 먹은 후 그들은 자기들의 몸이 벗은 것을 깨달았다. 그 이전에도 그들은 벌거벗었으나 부끄러워하지 않았다(창 2:25). 그 때에 에덴동산에는 아니 이 세상에는 단 두 사람뿐이었다. 그리고 그들을 창조하신 하나님이 동산에서 그들과 교제하며 살았다.

아담과 하와가 벗은 줄을 알고 부끄러워한 것은 자신들 두 사람 사이의 문제가 아니라 하나님과의 관계에서였다. 그들이 벗은 것을 느끼게 된 것은 죄로 인하여 하나님 앞에 설 수 없게 되었기 때문이었다. 그러므로 그들은 무화과나무 잎을 엮어 수치를 가리려 했다. 그러나 그것으로 그들의 수치는 가려지지 않았다. 동산에 거니시는 하나님의 음성을 들었을 때 그들은 나무 사이에 숨어야만 했다. 이것이 바로 제 위치를 떠난 자에게 내려진 죄의 결과였다. 하나님을 두려워하는 것 그것은 바로 사망이다. 요한은 두려움에는 형벌이 있다고 기록하였다(요일 4:18).

제 자리를 이탈하는 것이 얼마나 추하고 더러운 지 예를 들어보자.

여인의 삼단 같은 머리카락은 너무나 사랑스럽고 아름답게 보이지만 제 자리에서 떠나 음식에 들어가 있으면 음식마저 망치는 추태를 보인다. 먹음직스러운 아귀찜에 들어있는 고춧가루는 얼큰한 맛과 함께 보는 이의 미각을 돋우는 역할을 하지만 이것이 제 자리를 떠나 하얀 쌀밥 위에 얹혀 있으면 그야말로 보는 이의 기분을 상하게 하는 오물로 변해 버린다. 이것이 바로 하나님을 떠난 인간의 모습을 비유적으로 잘 드러내는 모습이라 할 수 있다.

하나님은 나무 사이에 숨어버린 그들을 찾으셨다. 아담아 네가 어디 있느냐? 잃어버린 자를 찾으시는 하나님의 사랑은 누가복음 15, 16장에 잘 나타나 있다. 하나님은 죄를 짓고 숨어버린 그들을 왜 찾으셨을까? 그것은 용서하기 위함이었다. 그들에게 무화과나무 잎 대신 가죽옷을 지어 입히신 것은 그리스도 안에서 다시 살리시려는 창세전에 예정된 은혜와 사랑이었다.

그런데 24절의 말씀을 근거로 아담과 하와가 죄를 지은 후 에덴동산에서 쫓겨났다고 하는 것은 앞뒤가 맞지 않는 주장이다. 이에 대하여는 다음 장에서 아주 자세히 검토해 보기로 하겠다. 하나님은 이처럼 죄를 범하고 하나님 앞을 떠나버린 죄인들을 향해 부드러운 음성으로 찾고 계신다. 우리 안에 있는 아흔아홉 마리의 양보다 길 잃은 한 마리의 양을 더 사랑하여 온 산과 들을 찾아 헤매는 목자처럼, ○○야, 네가 어디 있느냐? 하시며 하나님은 오늘도 나의 이름을 부르고 계신다.

이 세상에 시간의 흐름을 거스를 수 있는 사람은 아무도 없다. 냇가에서 벌거벗고 물장구치며 놀던 때가 엊그제 같은데 검은 머리가 어느새 희끗희끗한 머리카락으로 변함은 무상한 세월의 흐름을 말해주고 있는 것 같다.

모든 사람은 죽음을 향해 달려가고 있다. 죽음의 건너편 저쪽에는 하나님이 계신다. 바꾸어 말하면 우리는 모두 하나님 앞에 서기 위하여 날마다 한 걸음씩 앞으로 나아간다. 이 길은 누구나 피할 수 없는 외길이다. 과연 내가 가슴 벅찬 기쁨으로 하나님 앞에 설 수 있을까? 아니면 공포와 두려움에 억지로 끌려갈 것인가?

오늘 이 시간 나를 찾고 계시는 하나님 앞으로 나아가자. 가죽 옷을 준비하고 기다리고 계시는 하나님 앞으로 나아가자.

Part 5

아담과 하와는 과연 에덴동산에서 쫓겨났는가

"여호와 하나님이 가라사대 보라 이 사람이 선악을 아는 일에 우리 중 하나같이 되었으니 그가 그 손을 들어 생명나무 실과도 따먹고 영생할까 하노라 하시고 여호와 하나님이 에덴동산에서 그 사람을 내어 보내어 그의 근본 된 토지를 갈게 하시니라 이같이 하나님이 그 사람을 쫓아내시고 에덴동산 동편에 그룹들과 두루 도는 화염검을 두어 생명나무의 길을 지키게 하시니라"

(창 3:22-24).

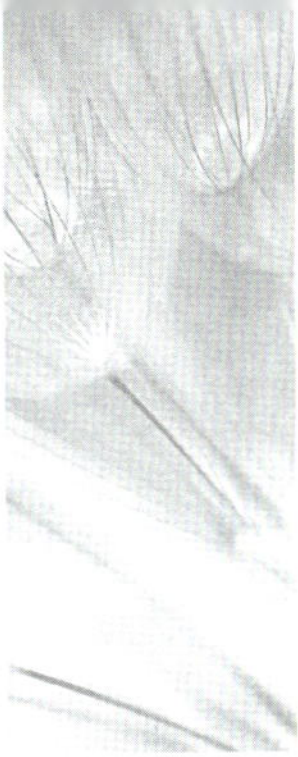

이 말씀은 아담이 범죄 한 후 바로 이어 행하신 하나님의 조치였다. 그러므로 지금까지 이 구절을 읽었던 모든 사람들은 이 말씀을 아담에게 내려진 죄의 벌이라고 받아들였다. 뿐만 아니라 하나님이 천지를 창조하신 후 심혈을 기울여 이 땅위에 조성하신 낙원, 에덴동산이 어쩌면 며칠도 되지 않아 폐쇄되어 버린 것으로 생각해 왔다. 아담과 하와가 에덴에서 일찍이 쫓겨나는 것과 그렇지 않은 것은 성경 전체를 이해하는데 중요한 차이점을 제공한다. 아담과 하와를 에덴동산에서 추방하는 것은 곧 하나님과의 관계단절을 의미하기 때문이다. 그렇다면 과연 하나님께서는 창조사역의 꽃이라 할 수 있는 에덴동산을 그렇게 빨리 폐쇄하셨을까? 이제부터 그 진위를 하나하나 파헤쳐보기로 한다. 그러면 먼저 지금까지 이 말씀에 대하여 어떠한 해석을 하고 있는지 알아보자.

1. 아담의 에덴동산 추방에 대한 해석들

1) 윌밍턴 성경 연구 구약 p54.

"에덴동산에서 추방하심에서"(창 3:24) "여호와 하나님이 에덴동산에서 그 사람을 내어 보내어"

에덴동산에서 아담을 추방하심은 심판이라기보다는 하나의 자비로운 조치이다. 창세기 3장 22절에서 말씀하신 바와 같이 하나님은 인류가 생명나무를 먹고 영생하는 것을 방지하기 위하여 이렇게 조치하셨다. 히틀러는 그의 56회 생일을 맞은 며칠 후에 자살했다. 그는 총살, 폭력, 교수형, 화장, 가스 살인 등 말로는 이루 다할 수 없는 무서운 고문 또는 살육 방법을 동원하여 문자 그대로 수백만의 사람들을 학살한 행위에 대한 책임이 있다. 만약 이 나치의 괴물이 500년 또는 5000년을 살았다고 하면 어떻게 되었겠는가? 그가 영생한다면 얼마나 세상이 황폐케 되었겠는가? 바로 이것이 하나님께서 아담과 하와를 동산에서 쫓아내신 이유이다."

2) 아담아 네가 어디 있느냐. 하용조. p237

"구원을 위한 에덴동산 추방. 생명나무를 숨기는 유일한 방법은 에덴동산을 폐쇄하는 것이었습니다. 하나님은 할 수 없이 에덴동산을 폐쇄시키시고 기가 막힌 심정을 가지고 아담과 하와를 에덴동산에서 쫓아내야만 하셨던 것입니다. 에덴동산에서 아담과 하와를 쫓아내신 것은 아담과 하와를 저주하려는 것이 아니라 구원하고 고치기 위한 아버지의 사랑이었습니다. - 중략 - 하나님은 죄를 지어 멸망과 진노를 받아 죽을 수밖에 없는 사랑하는 아담과 하와를 구원하시기 위하여 에덴동산에서 쫓아내셨습니다."

3) 무지개가 구름 사이에 있으리라. 하용조 p.11-12.

"아담과 하와가 에덴동산에서 추방되어 쫓겨난 세상은 공중권세를 잡은 사탄이 지배하는 곳이요. 땅은 죄로 인해 저주를 받아 가시와 엉겅퀴를 내는 곳이었습니다. 아담과 하와가 에덴동산에서 추방된 것은 마치 행복하게 살던 어떤 사람이 죄를 지어서 모든 자유를 박탈당하고 먹고 싶은 것도 못 먹고 가고 싶은 곳도 마음대로 갈 수 없는 교도소에 들어간 것과 같습니다."

4) 성서대백과사전 4권 p.815

"2:7절에는 하나님께서 사람을 흙으로 지으시되 생기를 그 코에 불어 넣으심으로 창조하신 것이 나와 있고 8절, 15절 이하와 16절 17절에는 하나님이 사람을 에덴동산에 두시고 그 곳에서 사람과 언약을 맺으시사 동산의 모든 실과를 따먹되 선악을 알게 하는 나무의 실과는 먹지 말라고 하신 것이 나와 있는데, 이는 사람의 하나님에 대한 순종의 의무에 대한 것이었다. - 중략 - 3장 1~5절에는 뱀이 꼬이는 교활한 거짓말로 인하여 사람이 타락하는 상태에 대한 것이 나와 있는데 뱀은 하나님의 완전함을 의심케 하고 사람의 자존심에 호소하여 유혹하였다. 하와가 먼저 뱀의 유혹하는 말에 넘어가 범죄하고 그 뒤로 아담도 가담하므로 범죄 했다. 그런데 이들 두 사람이 범죄 한 뒤 에덴동산에서 추방되기 전에 하나님의 낯을 피하여 동산 나무 사이에 숨음으로써 스스로를 정죄하였다는 사실은 중요한 의미가 있을 것이다."

5) 성서대백과 사전 5권 p.409

"이 동산에 대한 그 후의 내력. 처음에는 그룹들이 사람의 출입을 막기 위해 그 동산의 동쪽에 배치되었었다고 기억되었음에 틀림없다. 가인의 거주 장소가 그 동산의 동쪽에 있었다는 것도 역시 전승 상의 문제였다. 거기서부터 모든 것은 침묵 속에 싸여졌다. 노아 홍수 때까지 그 동산이 계속 존재되었으며 여호와의 임재가 사람에게 나타나는 장소이었을 가능성이 항상 있었다."

6) 성경 인물 강해 6권 p.271

범죄로 인한 교제 단절. 아담이 하나님께 불순종했기 때문에 더 이상 하나님을 기쁘시게 할 수 없었습니다. 범죄와 더불어 그들에게 찾아온 것은 양심의 가책입니다. 그래서 하나님을 보는 것이 두려웠고 결국 하나님을 피할 수밖에 없었습니다. 또한 아담이 양심의 가책을 숨기기 위해 하나님께 핑계를 둘러대는 것을 볼 수 있습니다. 그는 정직과 회개를 통해 교제를 회복시킬 수 있었음에도 그것을 포기한 것입니다. 그 결과로 복된 동산에서 추방되었습니다. 에덴동산을 다스리며 지키는 자리에서 밀려나 이제는 수고하고 이마에 땀이 흐르도록 땅을 갈아야만 하게 되었습니다. 이제는 회복이 불가능한 상태가 되었는데 화염검으로 무장한 그룹들이 지키기 때문입니다."

7) 창세기 강해 . 아더 핑크 . p.50

"이같이 하나님이 그 사람을 쫓아내시고 에덴동산 동쪽에 그룹들과 두루 도는 불칼을 두어 생명나무의 길을 지키게 하시니라(창 3:24). 이것은 최초의 죄에 대한 신적 유죄 판결의 절정이었다. 판결은 제일 먼저 뱀에게, 다음으로 여자에게, 그리고 마지막으로 남자에게 선언되었다. 하나님이 긍휼 가운데 아담과 하와에게 보배로운 약속을 주신 연후에, 그들은 낙원으로부터 쫓겨났다."

8) 그랜드 종합주석 1권 p.216

"생명나무. 에덴동산의 중앙에 위치한 생명나무는 다음 두 가지 의미를 지닌다. 즉 ① 자연적인 의미에서. 생명나무의 실과는 하나님의 말씀 그대로 만일 인간이 계속적으로 따먹게 될 때, 인간의 육적 생명을 강건케 함으로써 삶을 영존시키는 특별한 나무이다. 이러한 사실은 인간 타락 후 하나님께서 즉각 아담과 하와를 에덴동산에서 추방한 이유가 그들이 생명나무 실과를 따먹고 영생할까 우려했기 때문이라는 사실."

3:23 에덴동산에서 - 내어 보내어. p.236

"하나님께서는 범죄 한 인간이 생명나무 실과를 따먹고 영생하지 못하도록 낙원에서 추방하였다. 결국 죄는 인간을 하나님께로부터 단절시키는 결과를 초래했다. 그리고 생명의 참 근원되시는 하나님과의 교제단절은 실상 '죽음'을 의미한다. 하지만 사랑과 긍휼의 하나님은 인간이 행한 대로 갚으시겠다고 약속하신 '행위 언약'(2:17)을 따라 인간에게 죽음을 선고하고 직접적인 교제는 단절했지만 영원히 그 관계를 청산하신 것은 아니었다. 이러한 사실은 범죄 후 주어진 여인의 후손 언약(15절)과 가죽옷 사건의 의미(21절) 속에서 뚜렷이 찾아 볼 수 있다."

9) 호크마 종합 주석 구약 1권 p.171.

"3장 24절 쫓아내시고: 강권적인 힘을 사용하여 밖으로 몰아내거나 다른 곳으로 추방시키는 것을 뜻한다. 그런데 이처럼 하나님께서 타락한 아담과 하와를 황급히 에덴동산 밖으로 쫓아내신 것은 단순한 형벌의 의미만이 아니라 심오한 구원사적 의미를 지니고 있다. 왜냐하면 하나님과의 교제가 단절된 비참한 상태에서 만일 인간이 동산의 생명과실을 따먹게 된다면 그것은 육체적 고통이나 죽음 이상의 형벌이 되기 때문이다. 따라서 하나님께서는 일단 아담과 하와를 급히 동산으로부터 쫓아내신 후 새로운 구속 사역을 계획하셨던 것이다."

10) 위즈덤 종합 강해. 기독지혜사. 1 창세기 p.14

"이어서 본문은 하나님께서 타락한 인간들로 하여금 생명나무의 열매를 먹지 못하게 금지하고 계심을 보여준다. 이는 인간과 하나님과의 정상적인 관계가 완전히 폐쇄되었음을 암시하는 말이다. 또 한편으로는 하나님과 인간 사이의 깨어진 관계를 영원히 지속시키지 않겠다는, 구속을 위한 하나의 강열한 의지를 드러내는 표현이라고도 할 수 있다. 그러므로 에덴동산에서 인간을 추방하신 것은 타락한 인간에 대한 필연적인 조치이기도 하지만 동시에 인간을 구속하시고자 하는 하나님 계획의 첫 출발이라 할 수 있다.

따라서 저주받은 상태로 지속되는 영원한 삶은 하나의 심판이요 저주라 할 수 있다. 그러나 다른 측면에서 볼 때 낙원에서의 추방은 구속사역을 위해 하나님께서 내린 섭리의 시작이자 인간에 대한 하나님 사랑의 또 다른 면이라 할 수 있다."

11) 벌코프 조직신학 (상) p.441

"이 변화에는 거주지의 변화가 필연적으로 초래된다. 인간은 낙원으로부터 추방되지 않으면 안 되었다. 왜냐하면 낙원은 하나님과 교제하는 장소로 표현할 뿐만 아니라 인간이 하나님께 신실하게 순종하는 생활을 계속할 때 인간에게 베풀기로 약속한 더 충만한 생명과 복의 상징이었기 때문이다. 그는 생명나무에 접근하는 것도 금지 당했다. 왜냐하면 그 나무는 행위언약 안에 약속된 생명의 상징이었기 때문이다."

위에서 보는 바와 같이 지금까지의 모든 해석자들은 아담과 하와가 하나님의 명령에 불순종하여 선악을 알게 하는 나무의 실과를 따먹은 후에 에덴동산에서 즉시 추방당하고 동시에 생명나무의 실과를 더 이상 따먹지 못하게 하는 조치가 취해짐으로 사실상 에덴동산은 폐쇄되었다고 결론을 내리고 있다.

이와 같은 해석은 위의 성경구절만을 보면 너무나 당연하고 명백한 사실처럼 받아들여질 수 있다. 영국의 시인이자 사상가이며 혁명가였던 존 밀턴은 1667년에 이 내용을 주제로 '실낙원'을 썼다. 밀턴의 실낙원을 모르는 사람은 거의 없을 것으로 생각된다. 이처럼 아담이 죄를 짓고 에덴동산에서 추방되었다고 하는 주장은 성경이 기록된 이후 모든 사람의 머릿속에 자리 잡고 있었다고 해도 과언이 아닐 것이다.

그러나 그렇게만 보기에는 너무나 많은 의문점들이 대두되고 있다. 뿐만 아니라 하나님의 사랑과 섭리에 대하여 오해를 불러일으킬 수 있는 단편적인 해석으로 볼 수 있다. 에덴에서의 아담 추방은 인류에게 내려진 사망과 관련하여 아주 중요한 단서를 제공하기 때문에 명확한 해석을 하는 것이 성경의 어느 말씀보다 중요하다. 올바른 성경 해석은 한 나무만을 보는 것이 아니라 숲과 산 전체를 보아야 가능하다. 성경 해석자들이 모두 이 말을 잘 알고 있다. 그럼에도 불구하고 위의 구절을 해석함에 있어서는 그 말씀(3:22~24)이 뚜렷하게 그 의미를 보여주고 있어 이 구절 자체만으로 모든 결론을 내리고 있는 것이다.

그러나 이 구절의 말씀을 정확하게 그 의미를 파악하려면 이 구절만을 놓고 해석하는 것이 아니라 노아의 홍수 후, 아브라함이 등장하기 전, 즉 창세기 11장까지를 자세히 들여다보아야만 하나님께서 모세를 통하여 우리에게 주신 말씀의 뜻을 바로 알 수 있을 것이라고 생각한다. 이제 그 의문점들을 살펴봄으로써 과연 아담의 범죄 후 그가 에덴동산에서 즉각 추방되고 또 에덴동산이 폐쇄되었는지 이제부터 하나씩 심도 있게 살펴보기로 한다.

2. 이러한 해석의 결과가 나타나는 여러 가지 의문점들

1) 아담과 하와가 에덴동산에서 추방당하는 장면의 언급이 전혀 없다.

창세기 4장 8~16절을 보면 아담의 첫째 아들인 가인이 동생 아벨을 죽이고 추방당하는 장면이 나와 있다. 가인이 하나 밖에 없는 동생 아벨, 그것도 이 지구상에 형제 단 둘이었는데, 그 동생을 죽이는 인류 최초의 살인 사건을 저지른 것이다.

인간의 측면에서 보면 아담이 선악과를 먹은 죄보다 더 끔찍하고 무서운 죄라 할 수 있다. 그러나 하나님 편에서 보면 가인의 죄는 단 한 사람만을 죽이는 범죄이지만 아담의 죄는 인류 최초의 원죄이며 온 인류를 사망에 빠뜨리는 아주 큰 죄악이었다. 그런데 가인이 범죄 후 추방당하는 장면에서 하나님과 가인의 대화에 이어 가인이 추방당한 후 거주한 장소까지 자세히 밝히고 있는 반면, 아담의 추방에 대하여는 단 한 마디의 언급도 없다는 점이다. 아담은 가인에 비해 훨씬 더 중요한 인물이다. 하나님이 직접 만드신 인류 최초의 사람이요, 그 코에 하나님이 생기를 불어넣어 살게 하신 하나님의 형상대로 지음 받은 사람이다. 뿐만 아니라 하나님의 대리자로서 에덴동산을 관리하고 다스리는 책무를 부여받은 사람이다. 그럼에도 불구하고 왜 아담이 에덴에서 추방당하는 장면이 묘사되지 않고 있는 것일까?

성경은 구속사를 기록한 책이다. 아담이 에덴에서 쫓겨났다면 그 상황을 반드시 기록되었어야 하며 그 후 그가 살았던 장소에 대해서도 밝히는 것이 필요하다. 가인이 쫓겨난 후 놋 땅에 살았다는 것을 밝힌 것처럼. 그런데 가인에 대하여는 자세히 묘사하면서도 아담의 추방에 대하여 단 한 마디의 언급도 없다는 것은 아담과 하와가 에덴에서 추방되지 않았기 때문에 기록이 없는 것으로 생각해 볼 수 있다. 아담은 온 인류의 조상이기에 그가 추방당한 후 살았던 곳이 매우 중요한 의미를 갖는 것은 너무나 당연한 이치이다. 그러나 창세기의 저자 모세는 아담과 하와가 쫓겨나는 장면에 대하여 아무런 언급을 하지 않고 있다. 이 사실은 바로 아담과 하와가 에덴동산에서 추방당한 적이 없다는 것을 대변해 주고 있는 것이다.

2) 가인이 추방당하기 전까지는 하나님과 대면하여 살았다.

"주께서 오늘 이 지면에서 나를 쫓아내시온즉 내가 주의 낯을 뵈옵지 못하리니"(4:14a).

에덴동산은 하나님의 임재의 장소이자 사람과 대화를 나누며 교제하는 장소로 묘사되고 있다(3:8). 만약 아담이 에덴에서 쫓겨났다면 아담과 하나님과의 교제는 자연적으로 단절되었을 것이다. 왜냐하면 창세기 3장 22절~24절이 모든 사람들의 주장과 같이 아담과 하와의 추방에 해당되는 내용이라면 아담과 하와는 이미 에덴동산에서 쫓겨나 하나님을 대면할 수 없는 상태에 있었고 더구나 하나님과 인간의 영적 교제의 매개체인 생명나무의 길은 차단되었기 때문이다.

아담과 하와가 하나님과의 관계가 단절된 상태에서 그들의 장남 가인이 하나님 앞에서 다시 쫓겨난다고 하는 것은 있을 수 없는 일이다. 다시 말하면 아담과 하와가 이미 에덴동산에서 추방되어 생명나무의 열매를 더 이상 먹을 수 없는 상태였다면 그들의 아들 가인이 하나님과 대면하여 대화를 하는 것이 불가능하다는 것이다. 당시에 하나님과의 영적교제의 매체는 생명나무의 실과가 유일한 수단이었다. 그런데 가인이 추방당하는 상황에서 이 후에는 더 이상 하나님의 얼굴을 뵈옵지 못할 것이라고 하여 지금까지는 하나님과 대면하여 대화를 나누며 살아왔음을 말해주고 있다. 그렇다면 가인이 동생 아벨을 죽이기 전에 살았던 장소는 어디인가? 아마도 그 곳은 하나님의 임재가 있었던 에덴동산이었을 가능성이 크다.

어떤 해석자들은 아담이 에덴에서 하나님으로부터 추방당한 곳이 에덴의 동쪽이었을 것으로 보고 있다(아더핑크의 창세기 강해 p.64 참조). 그렇다면 가인이 추방당하기 전에 살았던 곳이 에덴의 동쪽이라는 말인데, 가인이 에덴의 동편에서 동생 아벨을 죽인 후 다시 에덴의 동편으로 쫓겨났다고(4:16) 하는 것은 이해하기 어려운 표현이다.

"무지개가 구름 사이에 있으리라"에서 하용조 목사는 이 내용을 이렇게 설명하고 있다. '셋도 아들을 낳고 그 이름을 에노스라 하였으며 그때에 사람들이 비로소 여호와의 이름을 불렀더라.'

에노스 때에 여호와의 이름을 불렀습니다. 가인의 후예는 여호와의 이름을 부르지 못하고 하나님을 떠나 에덴에서 동쪽으로 멀리 갔지만 하나님의 사람은 에덴으로 돌아옵니다. 그리고 여호와의 이름을 부릅니다."p.53

위의 글에서 두 가지 이상한 점을 발견할 수 있다. 하나는 아담과 하와가 에덴의 동쪽으로 쫓겨나 살았는데 가인은 거기서 죄를 짓고 에덴의 반대편인 동쪽으로 더 멀리 갔다는 것이다. 에덴에서 추방당한다면 그 외의 지역은 모두 똑같이 하나님과 영적인 교제가 끊어진 곳인데 물리적인 거리가 조금 더 멀어지는 것이 무슨 의미가 있다는 말인가?

위의 책 p.63에서 하용조 목사는 또 이렇게 쓰고 있다. "에덴동산에서는 하나님과 동행할 수 있었지만 그 곳에서 쫓겨난 사람은 하나님과 동행할 수 없었습니다."라고 하여 앞뒤가 맞지 않은 표현을 하고 있다. 이는 아담과 하와의 추방을 전제로 하기 때문에 자연적으로 드러나는 모순된 결과이다. 완전히 에덴으로 들어와 있지 않다면 아무리 에덴에 가까이 있다고 해도 그것은 영적으로 아무 의미가 없는 것이다. 그리고 다른 하나는 하나님의 사람이 에덴으로 돌아온다는 말이다. 만약 아담과 하와가 에덴에서 쫓겨났다면, 이는 그들이 원해서 에덴의 밖으로 나간 것이 아니고 강제적으로 추방당한 것이다.

그리고 다시 생명나무의 길을 지켜 그 실과를 먹지 못하도록 하였는데 어떻게 에덴으로 돌아올 수 있다는 말인가? 가인 역시 동생 아벨을 죽인 죄로 자기가 살던 곳에서 쫓겨나 에덴의 동쪽 놋 땅에 살게 되었다. 다시 말해서 가인이 자신의 의지로 에덴으로 돌아올 수 없다는 말이다. 이는 오직 하나님의 용서만으로 가능한 것이다. 그러므로 하나님은 아담과 하와에게 가죽옷을 지어 입히시고 에덴에서의 삶을 허용하신 것이다.

3) 가인이 추방당하기 전에 살았던 곳은 어디일까?

"주께서 오늘 이 지면에서 나를 쫓아내시온즉 내가 주의 낯을 뵈옵지 못하리니"(4:14a).

가인이 말한 이 지면에 대하여 음미해 보자. 이 지면이라고 말하는 것을 보면 '이 지면'은 무언가 중요한 곳임을 암시하고 있다. 다시 말하면 '이 지면'이라는 말은 아담과 하와가 추방당하여 살고 있는, 에덴에 비하여 열악한, 그 어떤 곳을 그렇게 표현하지 않았을 것이기 때문이다. 또한 '이 지면'은 가인이 현재 살고 있던 곳에서 쫓겨나 장차 살게 될 새로운 땅에 비하여 훨씬 더 좋은 땅이라는 의미를 내포하고 있다. 당시에는 에덴동산과 그 밖의 지역의 구분 외에는 제3의 지역이 없었다.

따라서 '이 지면'은 지금 가인이 하나님과 대화를 하고 있는 '하나님의 임재의 장소'를 가리키는 것이다. 그 곳은 바로 에덴동산밖에 없다. 아담과 하와가 에덴동산에서 쫓겨났다면 가인은 현재 그 부모와 함께 에덴이 아닌 그 어딘가에 살고 있었을 터인데 그 곳을 '이 지면'으로 중요한 의미를 부여할 아무런 근거가 없다. 아담이 이미 에덴에서 추방당했다면 가인을 다시 다른 장소로 추방당한다는 것도 이상한 일이다. 즉 에덴이 아닌 다른 땅들을 더 좋다거나 더 나쁘다는 식으로 평가할 아무런 근거가 없다는 것이다.

그리고 16절에는 "가인이 여호와의 앞을 떠나 나가 에덴 동편 놋 땅에 거하였더니"라고 기록하고 있어 '이 지면'과 '여호와의 앞'은 동일한 곳으로 에덴동산일 가능성이 매우 높다. 더구나 바로 이어 에덴의 동쪽이라고 하여 에덴을 언급한 것을 보면 '이 지면'은 에덴동산을 말하는 것으로 보아야 한다. 그러므로 가인이 동생 아벨을 죽이고 추방당하기 전에는 그 부모와 함께 에덴동산에 살았을 것으로 추정할 수 있다.

4) 생명나무의 길을 완벽하게 지키는 방법은 그 나무를 없애는 것인데 그렇게 하지 않고 그 나무로 통하는 길을 지키게 하셨다.

아담과 하와가 범죄 한 후 하나님은 그들이 더 이상 생명나무의 실과를 따먹지 못하게 하기 위하여 그룹들과 두루 도는 화염검을 두어 그 나무를 지키게 하셨다.

죄를 지은 인간이 생명나무의 실과를 먹지 못하게 하는 방법 중 가장 쉽고 안전한 것은 그 나무 자체를 없애버리는 것이다. 그렇게 하면 아무리 사람이 그 열매를 따먹으려 해도 그것은 불가능하다. 애써 나무를 지키지 않아도 된다. 그러나 하나님은 그 방법을 사용하지 않으셨다. 왜 그렇게 하셨을까? 거기에는 무언가 합당한 이유가 있었기에 그렇게 하신 것이 아닐까?

그 때에 이 땅에는 아담과 하와 두 사람뿐이었는데 그들에게 이 열매를 먹지 못하게 한다면 더 이상 그 나무를 필요로 하는 사람은 아무도 없다. 그렇다면 그들에게 생명나무의 실과를 따먹지 못하게 하는 완벽한 방법은 그 나무 자체를 아예 없애버리는 것이 될 것이다. 이 방법은 아주 쉽고도 완벽한 것이다.

그러나 하나님께서 생명나무를 없애지 않고 지키게 하신 것을 보면 누구에겐가 이 나무가 필요했던 것으로 보인다. 아담과 하와를 비롯하여 셋으로 이어지는 경건한 자들을 위하여 생명나무가 계속하여 필요한 것은 아니었을까 하는 의문점을 제기하지 않을 수 없다. 이 생명나무의 열매는 사람의 생명을 연장시키는데 특별한 기능을 가진 한편 하나님과의 영적인 교제를 이어주는 신령한 나무였다. 창세기 6장 3절에서 "나의 신이 영원히 사람과 함께 하지 아니하리니"라고 말씀하신 데서 하나님의 신이 사람과 함께해 오신 방법은 이 생명나무 외에는 그 어느 근거도 발견할 수 없다. 그 당시에는 이 생명나무만이 하나님의 신이 사람과 함께할 수 있는 유일한 방법이요 통로였다. 따라서 이 생명나무는 노아 때의 홍수심판이 있기까지 존재했던 것으로 보아야 한다.

5) 생명나무의 길을 지키는데 왜 에덴의 동편을 지켰을까?

이 부분은 아담과 하와가 에덴에서 추방당하지 않았을 것이라는 의문점을 야기 시키는 가장 중요한 단서를 제공한다.

사실 내가 처음으로 이 문제를 깊이 생각하게 된 것이 바로 이 '에덴동산 동편'이라는 곳에서부터 시작되었다. 하나님은 생명나무의 길을 지키는데 에덴의 동편에 그룹들과 화염검을 배치하였다. 생명나무는 동산 어디에서도 쉽게 보고 접근이 용이하도록 동산 중앙에 위치해 있었다(창 2:9). 아담과 하와가 에덴동산에서 추방을 당했다면 그 곳이 어디인지 알 수 없다. 이에 대한 기록이 전혀 없기 때문이다. 이처럼 아담과 하와가 쫓겨난 곳이 어디인지 모른다면 생명나무를 지키기 위해서는 나무를 중심으로 사면팔방을 지키는 것이 당연하다. 그런데 하나님은 왜 에덴의 동편만을 지키게 하셨을까? 에덴의 동편에는 누가 살았는가?

에덴의 동쪽 놋 땅에는 가인이 살았다. 그렇다면 생명나무의 길을 지킨 것은 에덴에서 쫓겨난 가인과 그 후예들에 대한 조치였다고 추정할 수 있다. 가인과 그의 후손들은 놋 땅에서 하나님과 관계가 끊어진 채 살아갔다. 따라서 그 곳은 죄악이 날로 늘어가는 무서운 세상으로 변해갔다. 그러므로 하나님은 그들이 생명나무의 실과를 따먹을 수 없도록 에덴의 동편 길을 지키게 하신 것이다. 즉 생명나무의 실과를 따먹으려고 놋 땅에서 에덴으로 들어오는 길을 차단한 것이다.

6) 사람과 함께 해 오신 하나님의 신(성령)

> "여호와께서 가라사대 나의 신이 영원히 사람과 함께 하지 아니하리니 이는 그들이 육체가 됨이라 그러나 그들의 날은 일백이십 년이 되리라 하시니라"(창 6:3).

에덴동산에서 아담의 범죄가 있은 후 많은 세월이 흘러 땅위에 사람이 번성하게 되었다. 이에 앞서 5장 32절에는 "노아가 오백세 된 후에 셈과 함과 야벳을 낳았더라"라고 기록되어 있어 얼마의 세월이 지났는지 계산이 가능하다.

노아가 장남 셈을 낳은 때가 그의 나이 503세였다(11장 10절 참조). 그리고 함과 야벳을 낳았으니, 6장 3절의 시기는 대략 노아가 510세 쯤 되었을 때일 것이다. 이를 아담으로부터 환산하면 약 1570년의 긴 시간이 지난 후였다.

이 때 사람들은 하나님에게 큰 실망을 안겨 드렸다. 2절에 나와 있는 바와 같이 하나님의 아들들이 사람의 딸들의 아름다움을 보고 자기들의 좋아하는 모든 자로 아내를 삼았기 때문이다. 그러므로 이제는 더 이상 나의 신이 사람과 함께 하지 아니하리라고 독백하는 형식으로 말씀하셨다. 이 때 하나님께서 느끼시는 인간에 대한 실망은 에덴에서 아담이 선악과를 먹은 사건보다 훨씬 더 컸다. 다음에 다시 언급 하겠지만 3장 8-19절의 아담이 하나님의 명령을 어기고 선악과를 먹은 후 나무사이에 숨었을 때, 아담과 하와를 대하는 하나님의 말씀은 너무나 평온한 상태인 것처럼 느껴진다.

여기에서 보는 바와 같이 아담의 범죄 후, 무려 1600년에 가까운 긴 세월을 하나님의 아들들에게 하나님의 신이 함께 해 왔음을 알 수 있다. 그들이 육체가 되었다는 것은 다시 말하면 지금까지는 그들이 영적인 삶을 유지해 왔다는 증거이다. 아담이 에덴에서 쫓겨나 하나님과의 관계가 끊어졌다면 그 후예들에게 어떻게 하나님의 신이 함께하며 영적으로 경건하게 사는 것이 가능할 수 있었겠는가? 그들에게 하나님의 신이 함께 해 온 방법은 바로 생명나무였다. 아담, 셋으로부터 노아에까지 이르는 계보의 자녀들에게 생명나무의 열매를 먹게 함으로써 하나님의 신이 그들과 함께 하셨던 것이다. 그러므로 에덴동산은 1600여 년 동안 폐쇄되지 않았었고 노아 때의 대홍수로 인하여 사라지게 될 때까지 존속되어 왔던 것으로 보아야 한다.

7) 6장 2절에서 말하는 하나님의 아들들은 누구인가?

"사람이 땅 위에 번성하기 시작할 때에 그들에게서 딸들이 나니 하나님의 아들들이 사람의 딸들의 아름다움을 보고 자기들의 좋아하는 모든 자로 아내를 삼는지라"(창 6:1~2).

여기에서 사람의 딸들은 에덴의 동편 놋 땅에 살았던 가인의 후예들이라는 데에 이의를 제기할 사람은 아무도 없을 것이다. 그렇다면 하나님의 아들들은 누구를 말하는 것일까? 어떤 이들은 이를 천사들로 해석한다. 그 근거로 욥기 1장 6절 등을 든다. "하루는 하나님의 아들들이 와서 여호와 앞에 섰고 사단도 그들 가운데 왔는지라"

여기서는 하나님의 아들들이 천사들임은 분명 맞다. 그러나 성경에서 어떤 한 곳에서 쓰인 단어를 다른 곳에 그대로 적용 해석하는 것은 대단히 위험한 발상이다. 천사들이 사람과 결혼을 한다는 것은 있을 수 없는 일이다. "부활 때에는 장가도 아니 가고 시집도 아니 가고 하늘에 있는 천사들과 같으니라"(마 22:30). 예수님의 말씀과 같이 천사는 결혼을 하지 않는다. 천사는 영적인 존재인데 어떻게 육신의 여자와 결혼하여 지상에서 살 수 있다는 말인가? 이는 불가능한 일이다.

또한 하나님의 말씀 자체가 하나님의 아들들이 천사가 아님을 입증해 주고 있다. "나의 신이 영원히 사람과 함께 하지 아니하리니 이는 그들이 육체가 됨이라"(6:3). 여기에서 '사람'은 6장 1절의 '사람'과 다르다. 6장 1절에서 말하는 사람은 가인의 후예들을 가리키지만 3절의 '사람'은 육체가 되어버린 '하나님의 아들'을 말한다. 육체가 되었다고 하는 것은 하나님을 떠나 육신적으로만 사는 하나님의 아들들의 삶을 이렇게 표현한 것이다.

여기에서 하나님의 아들들이 천사가 아니라 사람이라는 사실이 명백해진다. 그렇다면 하나님의 아들들은 갑자기 어디에서 나온 것일까? 지금까지 아담과 하와가 에덴에서 쫓겨났다는 것을 기정사실로 받아들였기에 이 '하나님의 아들들'을 천사들로 해석하는 사람까지 있게 된 것이다. 그러나 여기의 하나님의 아들들을 에덴동산에 살고 있었던 셋의 후예들로 생각한다면 모든 것은 자연스럽게 해석이 가능하다. 지금까지 대부분의 학자들은 하나님의 아들들에 대하여 위와 같은 해석을 하고 있다. 그러므로 아담과 하와는 그들의 범죄에도 불구하고 하나님의 용서하심으로 에덴동산에서의 삶이 허용되었다고 볼 수 있고, 셋으로 이어지는 후예들을 '하나님의 아들들로' 부르고 있는 것이다, 그러나 그들이 오랜 세월이 지난 뒤 가인의 후예들과 결혼함으로써 하나님을 떠나 사람의 보기에 좋은 대로 방탕하고 죄로 오염된 삶을 살았다는 것이다.

이처럼 1절과 3절에서 같은 '사람'을 기록하고 있지만 그 의미가 아주 다른 것처럼 성경에는 이러한 기술들이 많이 있다. 한 예를 들면 마태복음 13장 38절의 '밭'과 44절의 '밭'이다. 39절의 밭은 예수님의 말씀처럼 세상을 말하지만 44절의 밭은 감추인 보화를 발견한 사람의 육체를 의미한다(이에 대한 자세한 해석을 나는 전에 발간한 '감추인 보화'에서 밝힌 바 있다).

위에서 말한 것처럼 칼빈을 비롯하여 많은 학자들이 하나님의 아들들을 아담의 셋째 아들 셋으로부터 노아에 이르기까지 이어져 내려오는 경건한 셋의 후예들로 보고 있다. 그렇다면 과연 그들은 어디에 살았으며 어떻게 하나님과 교제하며 하나님의 신이 함께 할 수 있었을까? 아담이 에덴에서 추방당하여 하나님과 교제가 단절된 지역에서 살았다면 이러한 일은 일어나지 않았을 것이다.

이와 같이 경건한 하나님의 아들들이 육신을 따라 사는 자들의 딸들의 아름다움만을 보고 혼인하는 것을 하나님은 절대로 용납지 않으신다. 신명기 7장 1~4절 말씀을 보자.

"네 하나님 여호와께서 너를 인도하사 네가 가서 얻을 땅으로 들이시고 네 앞에서 여러 민족 헷 족속과 기르가스 족속과 아모리 족속과 가나안 족속과 브리스 족속과 히위 족속과 여부스 족속 곧 너보다 많고 힘이 있는 일곱 족속을 쫓아내실 때에 네 하나님 여호와께서 그들을 네게 붙여 너로 치게 하시리니 그 때에 너는 그들을 진멸할 것이라 그들과 무슨 언약도 말 것이요 그들을 불쌍히 여기지도 말 것이며 또 그들과 혼인하지 말지니 네 딸을 그 아들에게 주지 말 것이요 그 딸로 네 며느리를 삼지 말 것은 그가 네 아들을 유혹하여 그로 여호와를 떠나고 다른 신들을 섬기게 하므로 여호와께서 너희에게 진노하사 갑자기 너희를 멸하실 것임이니라"

하나님은 이스라엘 백성들이 가나안 땅에 들어갔을 때, 이방민족과의 혼인과 문화교류로 인하여 그들이 하나님을 떠나 이방 신들을 섬기게 될 것을 우려 하여 이방족속들을 모두 진멸하라고 명하셨다. 하나님의 섭리를 이해하지 못하는 사람들이 '진멸'이라는 말을 보면서 하나님은 참 잔인한 분이라고 생각할 수 있다. 이처럼 하나님은 잡혼을 싫어하신다. 그러나 이스라엘은 그렇게 하지 못함으로서 사사기와 열왕기에서 보는 것처럼 하나님으로부터 많은 징계와 채찍을 받아야만 했다.

솔로몬의 경우를 보면 더욱 명확히 이를 입증해 주고 있다.

그는 하나님의 은혜를 입어 전무후무한 지혜의 사람이 되었는가 하면 예루살렘에 최초로 하나님의 성전을 건축한 사람이었다. 그럼에도 불구하고 그가 말년에 이방 여인들을 후궁으로 맞아들임으로 인하여 그들의 신을 섬기게 되는 죄를 범하였다. 이 때문에 다윗 왕국이 불과 3대 만에 유다와 이스라엘로 갈라지는 엄청난 비극을 초래하게 되었다. 아담도 자신이 직접 선악과를 따서 먹은 것이 아니라 하와가 따 주어서 받아먹었다. 즉 아담이 변명한 것처럼 여자로 인하여 죄를 짓게 된 것이다. 위에서 살펴본 바와 같이 믿음의 자녀들이 육신을 좇아 배우자를 택하는 것은 하나님께서 가장 싫어하시는 것 중의 하나이다.

에덴동산에서 살았을 것으로 거의 확실시 되는 하나님의 아들들이 가인의 후예들의 딸들과 서로 결혼을 하게 됨으로 하나님의 진노가 극에 달하게 된 것은 너무나 당연한 것이다. 그러나 노아의 가족만은 그렇게 하지 않았다. 노아와 세 아들 모두 하나님의 딸들과 결혼함으로 홍수 때에 그의 가족 여덟 명만 살아남을 수 있었다. 그러므로 오늘 이 시대를 사는 하나님의 자녀들은 결혼을 함에 있어 이 말씀을 마음속 깊이 새겨야 할 것이다.

8) 여자의 후손의 씨를 보존하려면 아담과 그 후손에게 에덴동산에서의 거주가 허용되어야만 했다.

"내가 너로 여자와 원수가 되게 하고 너의 후손도 여자의 후손과 원수가 되게 하리니 여자의 후손은 네 머리를 상하게 할 것이요 너는 그의 발꿈치를 상하게 할 것이라 하시고"(창 3:15).

이 말씀은 아담과 하와가 범죄 한 후에 뱀에게 내려진 저주이자 아담에게는 메시야를 보내주겠다는 구원의 약속이었다. 그러므로 4장 1절에는 아담이 장남 가인을 낳고 "내가 여호와로 말미암아 득남 하였다"라고 하였다. 그리고 가인이 동생 아벨을 죽이고 추방당한 후에 셋을 낳았을 때에도 "하나님이 내게 가인의 죽인 아벨 대신에 다른 씨를 주셨다"(창 4:25)라고 하였다.

우리가 잘 아는 대로 아담, 셋, 에노스, 에녹, 노아, 아브라함, 다윗, 예수 그리스도로 이어지는 세계, 이것이 곧 여자의 후손의 족보이다. 이 족보의 씨를 보존하기 위해서는 비록 아담이 하나님의 명령을 거역하고 죄를 지었지만 그를 용서하는 일이 어쩌면 필연적이었을지도 모른다. 만약 에덴에서 아담과 하와를 내 보낸다면 그들과 하나님과의 영적인 관계가 끊어질 것이다. 그렇게 되면 여자의 후손의 씨를 이 세상에 태어나게 하는 것도 차질을 빚게 될 것이다. 하나님을 알지 못하는 부모에게서 사단의 머리를 상하게 할 믿음의 자녀가 태어날 수 없는 것은 자명한 이치이다. 그러므로 아담과 하와를 에덴동산에 계속 거주하게 함으로써 하나님과 영적인 교제를 유지하고 그들로 하여금 경건한 삶을 유지하게 하여 여자의 후손의 계보를 이어가게 하셨을 것이다.

9) 하나님은 사랑과 자비가 한이 없으신 분이다.

"여호와의 자비와 긍휼이 무궁하심으로 우리가 진멸되지 아니함이니다 이것이 아침마다 새로우니 주의 성실이 크도소이다"(애 3:22~23).

"그러나 주여 주는 긍휼히 여기시며 은혜를 베푸시며 노하기를 더디 하시며 인자와 진실이 풍성하신 하나님이시니"(시 86:15).

하나님은 상한 갈대를 꺾지 아니하며 꺼져가는 등불을 끄지 아니하시는 분이시다(사 43:3). 다윗이 충성스러운 장군 우리아의 아내를 범하고 그를 죽이는 죄를 저질렀을 때에도 하나님은 다윗의 죄를 용서해 주셨다(삼하 12:13). 물론 그 죄에 대한 벌을 내리긴 하셨지만 다윗을 아주 버리지는 않으셨다.

과연 하나님은 아담의 첫 번째이자 마지막이 된 그의 죄에 대하여 용서하지 않고 아담과 하와를 에덴동산 밖으로 내쫓으셨을까? 아담과 하와에 대하여 죄의 벌은 엄격하게 처리 하셨다. 사람에게 있어서 죽음이라는 형벌보다 더 무거운 벌을 없을 것이다. 이미 아담에게는 "너는 흙이니 흙으로 돌아갈 것이니라"라고 말씀하셨다. 창세기 2장 17절에서 "네가 그것을 먹는 날에는 정녕 죽으리라"고 하신 말씀대로 충분한 벌이 주어진 것이다. 그런데도 추가로 그를 추방하셨을까? 많은 성경 해석자들은 3장 22절에 기록된 하나님의 말씀과 같이 범죄한 인간이 생명나무의 열매를 먹고 영생하는 것은 더욱 큰 고통이 될 뿐이라고 하여 에덴동산 밖으로 쫓겨난 것을 당연한 조치라고 생각한다. 그러나 그를 용서하여 계속 생명나무의 실과를 먹으며 하나님과 교제하는 삶을 살게 할 수도 있다. 만약 하나님께서 우리의 범죄대로 처결하신다면 이 세상에 남아 있을 사람은 하나도 없을 것이다.

우리는 성경에서 죄인들에 대한 하나님의 용서와 사랑과 오래 참으심을 많은 곳에서 찾아볼 수 있지만 여기에 하나만 예를 들어 보기로 한다.

"그 후에 유다가 자기 형제에게서 내려가서 아둘람 사람 히라에게로 나아가니라 유다가 거기서 가나안 사람 수아라 라는 자의 딸을 보고 그를 취하여 동침하니"(창 38:1~2).

창세기 6장에서 하나님의 아들들이 사람의 딸들을 취할 때에 하나님의 진노하심을 보았다(창 6:2,4). 아브라함은 이 말씀을 잘 알고 있었을 것이다. 그러기에 그는 100세에 나은 독자 이삭이 이방여인과 결혼하는 것을 결단코 원치 않았다. "내가 너로 하늘의 하나님, 땅의 하나님이신 여호와를 가리켜 맹세하게 하노니 너는 나의 거하는 이 지방 가나안 족속의 딸 중에서 내 아들을 위하여 아내를 취하지 말고"(창 24:3). 우리는 여기에서 아브라함이 자신의 아들 이삭이 이방여인과 혼인하는 것을 얼마나 싫어했는지 알 수 있다.

이것이 바로 믿음의 사람들, 즉 하나님의 아들들에게 하나님께서 원하시는 결혼이다. 그런데 아브라함의 증손인 유다는 가나인 여인을 아내로 맞이했다. 이는 하나님의 뜻에 배치된다. 이것은 하나님의 뜻이 아니고 마귀의 뜻이었음에 틀림없다. 창세기 6장 2, 4절에서 보는 것처럼 말이다. 그러므로 그 결과는 아주 비참했다. 장자 엘과 둘째 아들 오난이 죽었고 유다는 부지중에 큰 며느리인 다말과 관계하여 베레스를 낳았다(창 38:3~40). 이것이 예수 그리스도의 족보다(마 1:3). 이 같은 일은 일반 사람들에게서도 찾기 힘든 불륜이며 수치스러운 일이다.

그런데 하나님은 열둘이나 되는 야곱의 아들들 중에 다른 통로를 이용하실 수 있었지만 이 족보를 그대로 받아 들이셨다. 요셉이 얼마나 믿음으로 살았으며 하나님과 동행하였는가는 성경이 잘 말해주고 있다. 그럼에도 불구하고 하나님은 요셉의 통로를 택하지도 않으셨다. 여기에는 하나님의 깊은 뜻이 담겨있다. 일반사람들의 가계에서도 찾기 어려운 불미스런 일을 용서하고 받아들이신 하나님의 사랑과 인내하심을 확인할 수 있다. 이와 같이 하나님은 인간들의 잘못을 용서하시고 오래 참으시고 받아들이시는 분이심을 알 수 있다. 그럼에도 불구하고 하나님의 형상대로 지은 최초의 인간, 하나님의 대리자로써 에덴동산에 살게 한 단 하나의 부부, 아담과 하와를 가죽옷을 지어 입히신 후에 에덴동산 밖으로 내쫓았다고 보는 것은 하나님의 섭리에 어긋나는 해석으로 보인다.

10) 아담의 죄는 가인과 같이 잔인한 죄가 아니었다.

아담의 죄는 하나님께 대한 불순종의 죄였기에 인간관계에 있어서는 아무런 문제가 없었다. 하나님께서만 허용하신다면 계속하여 에덴동산에서 생활한다 하여도 다른 사람들 – 그들은 모두 그의 자녀들이겠지만 – 에게 별다른 피해를 입히지 않는다는 것이다. 그러나 가인의 경우는 달랐다. 그는 인간에 대한 가장 잔인하고 무서운 살인죄를 저질렀고, 그것도 하나 밖에 없는 동생을 죽였기에 다른 사람에게 또 다시 죄를 저지를 수 있을 뿐만 아니라, 가인이 두려워한 것처럼 다른 사람이 그를 죽일 수도 있는 가능성이 있었다. 그렇게 되면 또 다른 살인사건을 불러일으킬 수 있기에 에덴에서의 추방이 불가피했던 것으로 추측할 수 있다. 실제로 가인의 후예들에게서 보는 것처럼 놋 땅에서는 또 다른 살인사건이 발생했다(창 4:23).

그러나 아담의 죄는 비록 온 인류를 사망에 이르게 하는 결과를 초래했지만 하나님이 아담을 용서하여 에덴에서 계속 살게 한다면 아무런 문제될 것이 없다. 그들을 용서하여 생명나무의 실과를 먹게 함으로써 얼마든지 경건한 삶을 영위할 수 있게 할 수 있었고, 또 그것이 인간 창조의 목적에도 부합된다(사 43:7).

11) "여호와 하나님이 그 사람을 내어 보내어"라고 하여 한 사람을 내보냈다는 것으로 해석된다.

창세기 1장 28, 29절에 보면 "하나님이 그들에게 복을 주시며 그들에게 이르시되 생육하고 번성하여 땅에 충만하라", "모든 나무를 너희에게 주노니 너희 식물이 되리라"라고 하여 하나님이 아담과 하와를 대할 때 항상 복수형을 사용하셨다는 점을 주의해 볼 필요가 있다. 뱀도 하와를 유혹할 때 복수형을 사용했다. "참으로 너희더러 동산 모든 나무의 실과를", "너희가 결코 죽지 아니 하리라", "너희가 그것을 먹는 날에는 너희 눈이 밝아" 또 3장 21절에는 "여호와 하나님이 아담과 그 아내를 위하여"라고 하여 언제나 두 사람을 의식하고 계셨다. 우리가 잘 아는 대로 히브리어와 헬라어는 문장을 기록할 때 단수와 복수의 구분을 아주 명확히 한다. 그런데 3장 22절에서 '이 사람'

이라고 하여 한 사람을 말하고 있고 또 25절에는 '그 사람을'이라고 하여 역시 단수형을 취하고 있다. 이어 26절에서 '그 사람을 쫓아내시고'로 기록함으로써 모든 곳에서 단수로 기록하고 있는 점은 추방당한 사람이 두 사람이 아니라 한 사람이라는 것을 입증해 준다. 그렇다면 에덴동산에 추방 당한 사람이 아담과 하와가 아니라 가인 한 사람을 지칭하는 것이 아니겠는가? 만약 아담과 하와 두 사람을 추방하셨다면 '여호와 하나님이 에덴동산에서 그들을 내어 보내어'라고 복수를 나타내는 표현을 사용하였을 것이다.

12) 창세기에 기록된 중요 인물들에 대하여 그 거주지를 밝히고 있는 점에 반하여 아담이 에덴에서 나왔다면 그 후의 거주지와 셋, 에녹, 므두셀라, 노아 등 그들이 살았던 장소에 대하여는 전혀 언급이 없다는 것이다.

가인은 "이 지면"에서 쫓겨난 후 에덴의 동편 놋 땅에 거하였다. 노아의 아들들 셈과 함과 야벳은 각각 "메사에서부터 스발로 가는 길의 동편 산"(11:30), "시날 땅의 바벨과 에렉과 악갓과 –"(11:10~12), "바닷가의 땅"(11:5)에 살았다고 기록하고 있다. 아브라함의 아버지 데라는 갈데아 우르에서 하란으로 이주 하여 살았다. 이 후 아브라함, 이삭, 이스마엘, 에서, 야곱 등 모든 인물들의 거주지가 나와 있는데 왜 아담으로부터 노아에 이르기까지는 그것을 기록하지 않았을까? 에녹은 죽음을 보지 않고 승천한 믿음의 사람이었다. 므두셀라는 세상에서 가장 오래 살았던 인물이다. 노아는 홍수 심판에서 살아남은 유일한 가장이다. 그리고 그는 구원의 방주를 제작하였다. 그런데 성경에서 이렇게 중요한 인물들에 대한 거주지를 전혀 언급하지 않은 것은 이상한 일이 아니가?

이로 미루어 볼 때, 그들은 에덴동산에서 살았을 것으로 보는 것이 옳다고 생각한다. 아담, 셋, 노아에 이르는 계보의 사람들은 에덴을 떠난 적이 없기 때문에 그들이 살았던 거주지를 언급하지 않은 것이라고 생각할 수밖에 없다. 뿐만 아니라 노아의 대홍수로부터 노아의 가족을 구원한 방주에 대해서도 그렇다. 온 땅이 물로 덮이게 되자 방주가 물에 떠다니다가 나중에 물이 감하여 머무른 곳이 아라랏 산이었다(창 8:4). 이처럼 방주가 착륙한 지점은 기록하면서 왜 방주를 만든 장소인 최초 출발지는 기록하고 있지 않는가? 이로 미루어 볼 때 노아가 방주를 만든 장소도 역시 에덴동산이었을 가능성이 크다. 그러므로 아담으로부터 노아에 이르는 이들은 모두 에덴동산에서 하나님과 동행하며 살았다고 보아야 한다.

13) 가인과 아벨이 하나님께 제사를 드리다.

> "그가 또 가인의 아우 아벨을 낳았는데 아벨은 양 치는 자이었고 가인은 농사하는 자이었더라 세월이 지난 후에 가인은 땅의 소산으로 제물을 삼아 여호와께 드렸고 아벨도 자기의 양의 첫 새끼와 그 기름으로 드렸더니"(창 4:2~4a).

여기에서 말하고자 하는 점은 아담의 두 아들 가인과 아벨이 하나님께 제사를 드렸다는 사실이다. 가인이 아벨을 죽인 후 쫓겨나기 전에 하나님께 한 말은 "주께서 오늘 이 지면에서 쫓아내시온즉 내가 주의 낯을 뵈옵지 못하리니"(창 4:14a)이다. 가인이 추방당한 후 에덴 동편 놋 땅에 거하였는데 그는 물론 그의 후손들이 하나님께 제사를 드린 흔적이 전혀 없다. 이는 가인뿐만 아니라 아브라함의 서자인 이스마엘이나 야곱의 형인 에서의 경우에도 마찬가지였다. 만약 아담과 하와가 에덴에서 쫓겨났다면 그의 두 아들이 하나님께 제사 드리는 일은 불가능하였을 것이다. 앞서 살펴 본 바와 같이 그들이 에덴에서 나온 순간 하나님과의 관계가 끊어졌을 것이기 때문이다. 그러나 가인과 아벨은 아주 자연스럽게 제사를 드렸다. 뿐만 아니라 4장 26절에는 셋의 아들이 에노스였는데 그들이 여호와의 이름을 불렀다고 적혀 있다. 이 말은 그들이 하나님께 예배를 드렸음을 의미한다.

아담과 하와가 가인을 낳고 여호와를 언급한 것과(창 4:1) 셋을 낳은 후 하나님의 은혜를 말한 점, 그리고 에녹은 삼백년 동안 하나님과 동행하였으며 노아는 하나님과 동행하여 살며 의인으로 인정받았다. 이와 같은 모든 내용을 종합해 보면 아담과 하와 그리고 추방당하기 전의 가인과 아벨이 에덴동산에 살았고, 이어 셋의 후예인 에녹과 노아에 이르기까지, 즉 홍수로 인하여 에덴동산이 없어질 때까지 그들은 에덴동산에서 하나님과 대면하고 교제하며 대화를 하고 살았을 것이다.

14) 아담과 하와에게 가죽옷을 지어 입히시다.

아담과 하와가 하나님의 말씀을 거역하고 뱀의 유혹에 빠져 선악과를 먹은 후 그들에게 처음 나타난 증상은 그들의 눈이 밝아진 것이다. 이는 육신적으로 시력이 더 좋아졌다는 말이 아니라 영적인 문제로 죄에 대하여 새롭게 눈을 뜨게 되었다는 것이다. 이로 인하여 자신들의 몸이 벗은 줄을 알고 무화가 잎을 엮어 치마를 입었다. 그렇다면 선악과를 먹기 전에는 아담과 하와가 자신들의 벗은 것을 몰랐다는 것인가? 그렇지 않다. 눈을 감고 있지 않은 이상 어떻게 자신들이 옷을 입지 않고 있다는 것을 모르겠는가?

그들이 맹인이 아닌 이상 이미 자신들이 벌거벗고 있다는 것을 잘 알고 있었다. 어떤 이는 이 상태를 아담과 하와가 지적으로 미숙한 상태인 것으로 판단한다. 예를 들면 어린 아이는 자신들의 벗은 것을 인식하지 않고 집안에서는 물론 밖에서도 아장아장 잘 돌아 다닌다. 아담과 하와가 바로 이러한 수준이었을 것이라고 생각한다. 그러나 그것은 잘못 알고 있는 것이다.

아담과 하와는 극히 정상적이었고, 특히 아담은 모든 동물들에게 즉각적으로 이름을 부여할 만큼 지혜로웠다. 또 어떤 이는 창조 당시에 아담과 하와의 몸은 순결하고 부드러운 빛에 감싸여 있었을 것이라고 한다. 마치 마가복음 17장 2절에서 예수님이 해보다 더 밝은 빛으로 변화되셨던 것처럼 말이다. 그러나 그들이 죄를 지음으로 하나님의 보호가 없어져 벌거벗은 것을 인식하게 되었다는 것이다. 그렇다면 예수님이 변화산에 오르시기 전에는 죄가 있어 그렇게 보이지 않았다는 말인가? 그렇지 않다. 그러면 아담과 하와가 벗은 것을 인식하지 못한 것을 어떻게 설명할 수 있을까? 아주 간단하고 쉬운 예를 들어보기로 한다.

공중목욕탕 안의 사람들을 보자. 그들은 서로 모르는 상태에서 옷을 모두 벗고 아무것도 자신들의 몸을 가린 것이 없지만 옷을 벗었다는 것을 인식하거나 전혀 부끄러워하지 않는다. 그 곳은 당연히 옷을 벗는 것으로 알고 그것이 의식화 되지 않기 때문이다. 다시 말하면 목욕탕 안에서는 옷을 벗었다는 것에 대하여 무의식적으로 행동한다는 것이다. 그러나 만약 그 목욕탕에 화재가 일어나거나 여타의 위급상황이 발생하여 옷을 챙겨 입을 겨를도 없이 그들이 벗은 채로 밖으로 뛰쳐나왔다고 하면 그들은 당연히 벗은 것을 인식하고 부끄러워하게 될 것이다. 그리고 부부간의 관계를 생각해보자. 그들은 침실에서 옷을 벗고 있어도 전혀 부끄러워하지 않는다. 이것은 부부간의 지극히 정상적인 관계이기 때문이다.

아담과 하와가 벌거벗었으나 그것을 인식하거나 부끄러워하지 않은 것은 바로 이와 같은 이치였다. 아담과 하와가 에덴동산에서 하나님과만 교제하고 그 말씀에 순종하고 살 때에는 그들이 하나님과 바른 관계를 유지하고 있었기에, 그리고 자기들이 있어야 할 자리, 곧 하나님 앞에 있었기에 벗은 것을 인식하지 못했다. 또한 전혀 부끄러움을 느끼지도 않았다. 그것은 당연한 것이었고 자연스런 현상이었다. 그러나 이제는 달랐다. 그들이 사단의 말을 듣고 그 말에 순종하여 선악과를 먹음으로 하나님을 의심하게 되었고 피하게 되고 두려워하게 되었다. 하나님과의 관계가 파괴된 것이다. 이제는 벗은 채로 하나님 앞에 서는 것이 부끄러운 행동으로 변해버렸다. 그러므로 당연히 자신들이 벗은 것을 알고 무화과나무 잎을 엮어 치마를 만들어 입어야 했다. 이것이 바로 죄의 결과이며 죄의 삯은 사망이라는 것을 증명해 준다(롬 6:23).

무화가 잎으로는 죄를 가릴 수 없다. 물로 씻어낼 수도 없다. 사람의 어떠한 선행으로도 죄가 없었던 것처럼 돌이킬 수 없다. 그는 이미 죽어있기 때문이다. 죽은 자가 자신을 구원하기 위해 어떠한 행위를 한다는 것은 불가능하다. 죽은 자는 자신의 어떤 가치 있는 것을 드려 자신의 생명을 구원할 수 없다. 이것이 바로 여자의 후손이 이 땅에 와야만 하는 이유이다. 그리고 그 첫 번째 예표로 가죽옷을 아담과 하와를 위하여 지어 입히신 것이다.

> "여호와 하나님이 아담과 그 아내를 위하여 가죽 옷을 지어 입히시니라"

이 말씀에서 우리가 눈여겨 보아야할 단어가 있다. 바로 '위하여'라는 말이다. 여호와 하나님이 가죽옷을 만들어 아담과 하와에게 입히신 것은 일차적으로는 그들을 용서하여 살리시고 장차 올 여자의 후손을 통해 구원하시겠다는 약속의 증표였다. 그리고 이 약속은 이차적으로 하나님 자신을 위한 것이었다.

우리는 이와 유사한 표현을 창세기 22장 8절에서 또 찾아 볼 수 있다. "아브라함이 가로되 아들아 번제할 어린 양은 하나님이 자기를 위하여 친히 준비하시리라" 여기의 어린 양은 바로 가죽 옷의 주체인 예수 그리스도를 의미한다. 세례 요한은 예수님을 보고 "보라 세상 죄를 지고 가는 하나님의 어린 양이로다"(요 1:29)라고 하였다. 하나님께서 독생자 예수 그리스도를 이 땅에 보내신 것은 일차적으로는 아담 안에서 사망의 늪에 빠진 죄인들을 구원하시기 위함이지만, 이차적으로는 구원 받은 자들로부터 영광을 받으시기 위함임을 우리는 알아야 한다. 생각해 보자. 죽었던 죄인을 살리는 것 자체는 하나님의 사랑을 나타내지만 그보다 더 큰 목적이 있다. 바로 하나님의 영광을 위한 것이다. "무릇 내 이름으로 일컫는 자 곧 내가 내 영광을 위하여 창조한 자를 오게 하라 그들을 내가 지었고 만들었느니라"(사 43:7).

호세아 선지자도 이와 비슷한 표현을 하였다.

> "내가 나를 위하여 저를 이 땅에 심고 긍휼히 여김을 받지 못하였던 자를 긍휼히 여기며 내 백성 아니었던 자에게 향하여 이르기를 너는 내 백성이라 하리니 저희는 이르기를 주는 내 하나님이라 하리라"(호 2:23).
>
> "내가 은 열다섯 개와 보리 한 호멜 반으로 나를 위하여 저를 사고"(호 3:2).
>
> "그러므로 너는 이스라엘 족속에게 이르기를 주 여호와의 말씀에 이스라엘 족속아 내가 이렇게 행함은 너희를 위함이 아니요 너희가 들어간 그 열국에서 더럽힌 나의 거룩한 이름을 위함이라"(겔 36:22).

죽은 자를 살리심은 재창조이다. 이는 하나님의 영광을 위하여 창조된 인간이 제 위치를 떠나 있을 때 그들을 다시 제자리로 돌리는 것이다. 하나님께서 아담과 하와에게 가죽옷을 지어 입히신 것은 그들의 죄를 용서하셨다는 증거이며 그들을 위한 것이지만, 그 내면에는 그들을 창조하신 목적과 같이 하나님께서 그들의 후손들을 인하여 영광을 받으시기를 원하신 것이다. 그럼에도 불구하고 그들에게 벌을 내리신 후에 다시 에덴동산 밖으로, 내쫓음으로 그들과 관계를 단절하겠다는 것은 이해할 수 없는 처사라 아니할 수 없다.

15) 아담과 하와의 실낙원에 대한 인용이 없는 점

성경의 기록에는 전에 있었던 사건이나 하나님의 말씀에 대하여 이를 인용하거나 예를 들어 사용한 부분이 많이 있다. 이러한 예는 특히 신약성경에서 두드러지게 나타난다. 이 표현 기법은 저자가 설명하고자 하는 내용을 효과적, 시각적으로 용이하게 묘사할 수 있기 때문이다.

노아의 대홍수, 홍해를 육지처럼 건넜던 출애굽 사건, 소돔과 고모라에 대한 심판 등, 큰 사건으로부터 시작하여 모세가 광야에서 놋뱀을 만들어 장대에 든 일, 요나가 큰 물고기 뱃속에서 밤낮 사흘을 있었던 사건 등 구약의 크고 작은 사건들이 신.구약 성경에 언급되지 않은 것은 거의 없다. 여기에 구체적으로 그 사례들을 나열해 보면 아래와 같다.

성경에 가장 많이 언급되는 말은 '느밧의 아들 여로보암의 길'이다

솔로몬이 노년에 이방여인으로 인하여 우상들을 섬기게 됨으로 하나님이 이스라엘 나라를 둘로 나누어 북 왕국 열 지파를 여로보암에게 주었는데 여로보암이 바로 우상을 만들어 숭배하고 하나님을 떠나 악행을 저질렀으므로

그의 행위가 무려 20여 회에 걸쳐 인용되는 불명예를 안게 되었다 (왕상 15:34; 16:2; 19, 26, 31; 왕하 3:4 등).

하나님의 천지 창조에 대하여는 요나서 1장 1절 외에 열 곳에서 이

를 언급하고 있다(히 1:3, 10; 사 43:5. 사 45:7; 욥 38:4; 시 33:6; 시 136:5; 행 14:15; 골 1:16; 계 4:11). 그리고 다음으로 많이 기록된 사람이 발람이다. 민수기 22, 23장에 나오는 발람의 행위에 대하여 다음의 구절들에서 인용하였다(신 23:4, 5; 수 24:9; 느 13:2; 미 6:2; 벧후 2:15; 유 11; 계 2:14).

그 외에 많은 사건이나 말씀들이 1~3회 정도 다루어지고 있다.

그 사례들을 보면 노아의 방주(벧전 3:20; 히 11:7), 노아의 홍수(벧후 2:5; 눅 17:26, 27), 소돔과 고모라에 대한 심판(롬 9:9; 습 2:9; 유 7), 요나의 표적(마 12:39~41; 마 16:4; 눅 11:29), 홍해 도하(히 11:29), 에녹의 승천(히 11:5), 기생 라합과 정탐군(히 11:31; 약 2:25), 롯의 처(눅 17:32), 문둥병자 나아만(눅 4:27), 아론의 금송아지(행 7:40, 41), 아브라함의 시험(창 22:1~; 히 11:17; 약 2:21), 요셉이 노예로 팔림(행 7:8), 엘리야 때의 가뭄(역 5:17, 18; 눅 4:25), 애굽의 대흉년(행 7:11), 모세의 놋뱀(요 14) 야곱의 출생(호 12:3a) 야곱이 얍복강 나루에서 천사와 씨름한 장면(호 12:3b4a). 등

끝으로 이 항목의 핵심이라 할 수 있는 가인과 아담의 범죄에 대하여 기록한 내용들을 보면 아담의 범죄에 대하여 네 군데, 가인의 악행에 대하여 세 곳에서 언급되었다. 먼저 아담이 선악과를 먹은 죄를 호세아 선지자는 특이하게 아담이 언약을 어겼다고 말하고 있고 나머지는 모두 바울 사도에 의해 로마서 5장 14절, 고린도전서 15장 22절, 디모데전서 2장 14절에 인용되었다. 그리고 가인에 대하여는 그가 동생 아벨을 죽인 사건을 요한일서 3장 12절에서, 가인과 아벨의 제사에 대하여 히브리서 11장 4절, 가인의 악행을 유다서 11절은 가인의 길로 묘사하였다.

위의 내용들을 살펴보면 구약시대에 일어났던 크고 작은 사건들이 모두 인용되거나 언급되고 있는 것을 알 수 있다. 그런데 아담의 범죄에 대하여는 네 곳에서 다루고 있지만, 아담이 에덴동산에서 추방당한 것에 대하여 신약의 어느 곳에서도 또 어떤 저자도 이를 말하지 않았다.

만약 아담과 하와가 에덴에서 쫓겨남으로 인하여 온 인류에게 실낙원의 비애를 안겨 주었다면 이는 성경의 어떤 사건과도 비교되지 않을 만큼 중대한 사건임에 틀림없을 것이다. 그럼에도 그 후에 성령의 감동을 받은 어떤 저자도 이에 대하여 전혀 언급하지 않았다는 사실은 이러한 일이 일어나지 않았다는 것을 반증하는 것이라 할 수 있다. 한편 가인이 에덴에서 추방당했다면 이는 가인 한 개인이 죄를 짓고 에덴에서 쫓겨난 것이기에 별로 중요한 사안이 아니다. 그러므로 이에 대하여 후에 언급되지 않는 것은 그렇게 이상하게 생각하지 않아도 될 것이다.

지금까지 열다섯 가지의 의문점들을 들어 아담과 하와가 에덴에서 추방당하지 않았을 것이라는 것을 피력하였다. 그러나 이것들보다 훨씬 더 중요한 내용이 두 개 더 있다. 마지막으로 이 의문점을 알아보기로 한다.

16) 아담과 하와가 하나님께 죄를 짓고 숨었을 때 하나님은 전혀 놀라거나 화내지 않으셨다. 또한 크게 실망하시지도 않으셨다. 왜 그리 하셨을까?

"그들이 날이 서늘할 때에 동산에 거니시는 여호와 하나님의 음성을 듣고 동산 나무 사이에 숨은지라 여호와 하나님이 아담을 부르시며 그에게 이르시되 네가 어디 있느냐 가로되 내가 동산에서 하나님의 소리를 듣고 내가 벗었으므로 두려워하여 숨었나이다. 가라사대 누가 너의 벗었음을 네게 고하였느냐 내가 너더러 먹지 말라 명한 그 나무 실과를 네가 먹었느냐"(창 3:8~11).

위의 말씀은 아담과 하와가 선악과를 먹고 그들이 벗었음을 알고 무화과 잎으로 치마를 만들어 입고 두려워서 숨었을 때, 하나님께서 아담을 불러 대화를 나누는 장면이다. 이 구절을 자세히 살펴보면, 아담은 두려워 떨고 있는 반면 하나님은 지극히 평정심을 유지하시면서 마치 미리 써 놓은 판결문을 읽어 내려가는 모습을 연상케 한다. 에덴에 동산을 창설하시고 자신의 형상대로 지은 사람을 거기에 두시며 자신의 대리자로써 모든 것을 다스리고 관리하도록 하셨는데, 이처럼 중대한 죄를 지은 사건에도 불구하고 전혀 동요가 없는 하나님의 모습을 엿볼 수 있다. 반면 창세기 6장 3, 6, 7절을 보면 하나님의 아들들이 사람의 딸들을 취하여 혼인하는 것을 보고 하나님은 극도로 노하셨다. 잡혼의 결과는 하나님을 떠나 이방신을 섬기는 죄로 이어지기 때문에 하나님께서 엄중히 금하는 제도이다.

그러나 아담의 죄는 직접 하나님을 거역하고 자신이 하나님처럼 되려고 했던 행위로, 하나님의 아들들의 죄와 비교할 때 훨씬 더 중대한 범죄였다. 그럼에도 하나님은 전혀 놀라거나 화를 내지 않으셨다. 어떻게 이런 일이 가능한 것일까? 그러나 그것은 전혀 놀라운 일이 아니다. 왜냐하면 하나님은 이미 모든 것을 알고 계셨기 때문이다. 아담이 정녕 죽으리라는 엄명에도 불구하고 그 금단의 열매를 따먹을 것을 하나님은 이미 알고 계셨다는 말이다. 동산 중앙에 그 나무를 두신 것은 이미 창세전에 세우신 하나님의 작정가운데 그리스도 예수 안에서 죄인들을 구원하시려는 예정이었다.

"곧 창세전에 그리스도 안에서 우리를 택하사"(엡 1:4a) "하나님이 우리를 구원하사 거룩하신 부르심으로 부르심은 우리의 행위대로 하심이 아니요 오직 자기 뜻과 영원한 때 전부터 그리스도 예수 안에서 우리에게 주신 은혜대로 하심이라"(딤후 1:9).

물론 아담에게는 완전한 자유의지에 따라 모든 일을 행할 수 있는 자유가 주어졌지만 인간이 하나님의 예정을 벗어날 수는 없다. 그러므로 하나님이 에덴동산에 선악을 알게 하는 나무를 두셨을 때 아담이 그 열매를 먹는 것은 이미 정해진 수순이었고 그것은 시간의 문제였다. 그 죄의 벌로 온 인류에게 사망이 왔는데(고전 15:22). 또 다시 에덴에서 추방하는 벌을 추가하는 것은 아담에게 너무나 가혹한 것이요 하나님 편에서 보더라도 에덴을 창설하신 뜻에 부합하지 않을 것으로 생각할 수 있다.

17) 마지막으로 가장 중요한 한 가지는, 만약 하나님이 에덴에서 아담을 추방하셨다면 이는 하나님이 마귀에게 완전히 패배한 결과로 인정될 것이다.

어떤 이는 그의 저서에 이렇게 쓰고 있다.

"태초에 하나님이 천지를 창조 하실 때 땅이 혼돈하고 공허하며 흑암이 깊음 위에 있고 하나님의 신은 수면 위에 운행 하셨습니다. 이

때 하나님은 수천억 개 별들 중에 지구를 택하셔서 사람이 살 수 있도록 성령님을 보내주셨습니다"(p.54).

이 글을 보면 하나님께서 넓고 넓은 우주속의 수천억 개의 천체 중에서 지구를 택하여 생명체가 살 수 있도록 하신 것이 말할 수 없는 큰 은혜인 것처럼 생각할 수 있다. 그러나 이 말은 전혀 맞지 않는 말이다. 태초에 하나님이 천지를 창조하셨는데 지구를 가장 먼저 창조하셨다. 바로 첫째 날이었다. 그리고 이 지구에 밤과 낮을 구분하게 하기 위하여, 빛과 어두움을 구분하기 위하여, 그리고 만유인력과 징조와 사시와 연한을 이루게 하기 위하여 해와 달과 별들을 만드셨는데 이는 넷째 날이었다. 다시 말하면 수천억 개의 별들 중에 지구를 택하신 것이 아니라, 지구를 가장 먼저 만들고 그리고 이 지구를 위해서 수천억 개의 별들을 만드신 것이다. 그러므로 이 지구는 우주의 중심이요 핵심이다.

그리고 에덴동산은 하나님이 자기의 형상대로 만드신 최초의 인간, 하나님의 대리자로서 아담을 에덴에 두셨다. 그러므로 이 에덴은 이 지구의 핵심이요, 전 우주의 핵심이라 할 수 있다. 하나님 창조 사역의 최대 관심 지역이었고, 역작이었고, 하나님의 동산이었다. 그런데 이 에덴동산의 주인공이 마귀의 유혹으로 죄를 범하고 그 곳에서 추방당한다면 이것은 하나님이 마귀에게 완전히 패배한 것이라고 밖에는 다른 할 말이 없다. 이는 영화나 연극에서 주인공이 그의 무대에서 다시 돌아오지 못할 곳으로 완전히 사라져버린 것과 다름없기 때문이다. 그렇게 된다면 이 영화나 연극은 거기서 끝나버리는 것이 아니고 무엇이겠는가? 이처럼 아담과 하와가 에덴에서 추방되었다면, 그것도 에덴동산이 창설된 후 며칠이 지나지 않아 이러한 조치가 취해졌다면 이것은 바로 마귀가 원하는 최대의 승리였을 것이다.

마귀가 아담과 하와를 유혹하여 죄를 짓게 함으로써 하나님과 인간과의 관계를 완전히 파괴하려 했던 목적이 달성된 것이 아니고 무엇이겠는가?

이 우주 공간에서 단 한 곳 하나님의 아름다운 정원이었던 에덴이 만들어 진 지 불과 며칠 만에 그 주인이 추방당하고 폐쇄되어 버렸다면 이것은 아무리 생각해도 이해할 수 없는 결과라고 할 것이다. 만약 그렇게 되었다면 이것은 마귀와의 싸움에서 하나님의 완전한 패배로 끝나버린 것이라고 인정할 수밖에 없다. 마귀에게 패배할 만큼 하나님은 그렇게 능력이 약하신 분이 아니시다. 또한 그렇게 인내와 자비가 부족하신 분도 아니시며 그렇게 지혜가 부족한 분은 더 더욱 아니시다.

그러므로 마귀의 유혹으로 인하여 실패한 아담을 에덴동산에서 내보내는 것은 하나님의 작정에 전혀 어울리지 않는 처사라 할 수 있다.

3. 결 론

이상의 모든 요소들을 종합해 볼 때 아담과 하와가 에덴에서 쫓겨났다고 보는 것은 그릇된 해석임에 틀림없다. 이와 같은 해석은 바로 창세기 3장 22~24절의 말씀 때문이다.

"여호와 하나님이 가라사대 보라 이 사람이 선악을 아는 일에 우리 중 하나같이 되었으니 그가 그 손을 들어 생명나무 실과도 따먹고 영생할까 하노라 하시고 여호와 하나님이 에덴동산에서 그 사람을 내어 보내어 그의 근본 된 토지를 갈게 하시니라 이같이 하나님이 그 사람을 쫓아내시고 에덴동산 동편에 그룹들과 두루 도는 화염검을 두어 생명나무의 길을 지키게 하시니라"

이 말씀은 아담이 범죄 한 직후에 하신 것이다. 그 때에 이 땅위에 사람은 아담과 하와밖에 없었다. 세 번째 사람인 가인은 아직 태어나지도 않았다. 그러기에 성경 연구가들은 에덴동산에서 쫓겨난 사람이 의심할 여지없이 바로 아담이라고 단정해 버렸고, 에덴에서 추방당한 자가 가인이라는 생각은 추호도 하지 않았다. 그 때에 가인이 아직 태어나지 않았다고 하여 가인이 그 사람이 될 수 없다고 하는 것은 인간의 생각이다.

아주 흥미로운 반전을 노리기 위해서 이와 같은 서술 기법이 쓰이기도 한다. 그러나 성경의 기록은 하나님의 말씀이기에 이러한 기술이 얼마든지 가능하다. 하나님은 없는 것을 있는 것같이 부르시는 분이시다(롬 4:17). 가인이 아벨을 죽이고 그 땅에서 쫓겨날 때 가인은 "나를 만나는 자가 나를 죽이겠나이다"라고 말하였는데 그 때에 이 땅위에는 아담과 하와 그리고 가인 자신 외에 다른 사람은 단 한 명도 없었다. 그럼에도 마치 많은 사람들이 있는 것처럼 먼 훗날의 일을 미리 앞당겨 말하고 있다.

또한 4장 17절에 가인이 놋 땅에 거하여 아내와 동침하여 에녹을 낳았다고 기록되어 있다. 그러나 이 역시 가인이 추방당한 후 150년 이상 지나야 가능한 일인데 마치 그 다음날 아내와 함께한 것처럼 말하고 있다. 그리고 이어 4장 24절까지는 가인의 후예들, 즉 그의 6세손인 라멕의 출생과 그의 생애를 기록하였고, 바로 다음 25절에는 셋의 출생을 기록하고 있다. 그러나 셋의 출생은 가인이 그의 아내를 맞이한 것보다 적어도 150년 이상 먼저 일어난 일이다. 왜냐하면 아담이 130세에 셋을 낳고 그 후에 800년을 지내며 자녀를 낳았는데, 그 딸 중의 한 명이 자라서 가인의 아내가 되었을 것이기 때문이다. 이와 같이 하나님은 시간과 공간을 초월하여 계신 분이시다. 그러므로 가인이 아직 태어나지 않았음에도 바로 뒤에 4장 14절의 가인의 사건을 미리 앞당겨 기록하는 것이 하나님께는 얼마든지 가능한 것이다. 그러나 우리는 이 글을 읽을 때 그렇게 해석하는 것을 아예 시도조차 하지 않았다.

나는 이 구절과 그 내용의 형태가 비슷한, 보다 더 적합한 말씀이 있을 것으로 확신하고 그 구절을 찾게 해달라고 하나님께 기도하기 시작했다.

"너희는 여호와의 책을 자세히 읽어 보라 이것들이 하나도 빠진 것이 없고 하나도 그 짝이 없는 것이 없으리니 이는 여호와의 입이 이를 명하셨고 그의 신이 이것들을 모으셨음이라"(사 34:16).

나는 이 말씀에 의지하여 지난 번 '감추인 보화' 중에서 '밤중에 찾아온 친구'에 짝이 되는 기도의 예를 알기 위해 기도하였는데 불과 2~3분 만에 하나님께서 답을 주셨다. 그러나 이번에는 무려 여섯 달이나 지나서야 나는 그 말씀을 찾아냈다. 바로 창세기 48장 22절 말씀이었다.

> "이스라엘이 또 요셉에게 이르되 나는 죽으나 하나님이 너희와 함께 계시사 너희를 인도하여 너희 조상의 땅으로 돌아가게 하시려니와 내가 네게 네 형제보다 일부분을 더 주었나니 이는 내가 내 칼과 활로 아모리 족속의 손에서 빼앗은 것이니라"(창 48:21~22).

이 말씀은 이스라엘(야곱)이 애굽 땅에서 임종이 임박했을 때 요셉에게 축복한 내용이다. 그런데 이 구절에서 우리는 이상한 점을 발견할 수 있다. 이스라엘 백성이 출애굽하여 가나안 땅에 들어간 것은 이 때로부터 무려 450년 이상 지난 후의 사건인데 야곱은 마치 이미 지난 일, 즉 과거의 일처럼 말하고 있다는 것이다(수 11:23 참조). 그때로부터 410여 년이 지나 출애굽을 하였고 그 후에도 40여 년이 지나서 여호수아에 의해 정복된 가나안 땅을 마치 지금 애굽에 있는 – 애굽에 온지 17년 밖에 되지 않은 – 야곱 자신이 과거에 취한 것처럼 말할 뿐 아니라 이미 요셉 – 그 두 아들 므낫세와 에브라임 – 에게 나누어 준 것처럼 기록하고 있다. 그러나 이 분배사업은 여호수아에 의해 행해진 것이었다. 가인의 경우에는 불과 20여 년 후의 일을 앞당겨 기록하고 있지만 야곱에 있어서는 무려 450년이 넘는 장래 일을 과거사처럼 쓰고 있다. 더욱이 이 두 곳의 표현 기법이 한 저자인 모세에 의해서 같은 창세기에 사용되었다는 사실은 3장 23절에 추방당한 사람이 아담이 아니라 가인이라는 위의 주장을 한층 더 확고하게 뒷받침해주고 있다고 보아야 한다.

또 하나의 예를 들어보기로 한다. 창세기 9장 28, 29절에는 홍수 심판으로부터 살아남은 노아의 마지막 죽음에 대하여 기록하고 있다. "홍수 후에 노아가 삼백오십 년을 지내었고 향년이 구백오십 세에 죽었더라". 이어 창세기 10장은 노아의 후손들에 대하여 온 장을 할애하여 자세히 서술하였다. 이어서 11장에 바벨탑 사건에 대하여 1~9절까지 기록하였다. 이 사건이 창세기 10장의 기록보다 먼저 일어났다는 것은 누구나 알고 있는 사실이다. 그럼에도 불구하고 바벨탑 사건이 일어난 것은 창세기 9장 29절의 노아의 죽음으로부터 수백 년 후의 일로 추정하기 쉽다. 이 책의 마지막 부분에 자세히 밝히겠지만, 바벨탑 사건이 있었을 때에 노아는 살아 있었고(당시 노아의 나이 702세) 이 후에도 248 년이나 더 살았다. 성경의 기록순서만 보면 노아의 사후에 바벨탑 사건이 일어났던 것처럼 보이지만 실상은 그 반대이다. 이 말씀들을 보면 가인이 아직 태어나기 전에 에덴동산에서 하나님이 그를 쫓아냈다고 하는 것은 얼마든지 가능한 기술이라 할 수 있다.

이제 결론을 맺는다면, 아담과 하와는 선악과를 먹은 후 벌을 받았지만 에덴동산에서 추방당하지 않았다. 에덴동산은 아담과 하와가 범죄 한 후 그 곳에서 쫓겨남으로 창설된 지 얼마 되지 않아 폐쇄된 것이 아니다. 만약 그렇게 되었다면 이 우주의 핵심인 지구에, 그리고 그 중심에 에덴을 창설하시고 하나님의 형상을 따라 만드신 사람을 그 곳에 두어 다스리며 지키게 하시고 또 생육하여 번성하라고 명하신 하나님의 말씀은 완전히 실패작이 되어 버리고 만다. 하나님께서 사람들과 교제하며 찬송과 영광 받기를 원하셨던(사 43:7, 21) 에덴동산이 불과 수일, 또는 수개월 후에 그 동산이 폐쇄되어 버린 것이라 할 수 있다. 이는 하나님의 계획하신 사업이 완전히 실패로 끝나버린 싱거운 이야기가 아닐 수 없다.

하나님은 아담과 하와가 선악과를 따먹고 죽음에 이르는 죄를 지었지만 그들을 용서 하셨다. 물론 그 후예들, 즉 오늘날 이 지구상의 인간들을 죽음에 빠뜨리게 한 것은 부인할 수 없는 사실이다(창 2:17; 3:19; 고전 15:22).

그리하여 아담과 하와 부부를 에덴동산에서 계속하여 살 수 있게 하심은 물론 더 나아가 생명나무의 열매를 먹고 영생을 누리며 하나님과 계속 교제할 수 있도록 허용하신 것이다. 그러므로 에덴동산은 노아 때의 홍수로 인하여 멸실될 때까지 1656년 동안 존속되었던 것이다. 즉 아담과 하와는 물론 그의 아들 셋, 그리고 에노스, 에녹, 라맥, 노아에 이르기까지, 그리고 노아의 아들 셈이 98세가 될 때까지, 인류 역사상 가장 긴 수명인 969세까지 살았던 므두셀라가 죽을 때까지 그들은 모두 에덴동산에서 하나님과 대면하여 살았을 것이다. 그러므로 에덴동산에서 쫓겨난 자는 가인이었다. 가인이 쫓겨난 후에 에덴의 동쪽에 살았고, 하나님께서는 생명나무의 길을 지키기 위하여 에덴의 동편 길을 차단하셨던 것이다.

Part 6

가인은 왜 동생 아벨을 죽였는가

"아담이 그 아내 하와와 동침하매 하와가 잉태하여 가인을 낳고 이르되 내가 여호와로 말미암아 득남하였다 하니라 그가 또 가인의 아우 아벨을 낳았는데 아벨은 양치는 자이었고 가인은 농사하는 자이었더라 세월이 지난 후에 가인은 땅의 소산으로 제물을 삼아 여호와께 드렸고 아벨은 자기도 양의 첫 새끼와 그 기름으로 드렸더니 여호와께서 아벨과 그 제물은 열납하셨으나 가인과 그 제물은 열납하지 아니하신지라 가인이 심히 분하여 안색이 변하니 여호와께서 가인에게 이르시되 네가 분하여 함은 어찜이며 안색이 변함은 어찜이뇨 네가 선을 행하면 어찌 낯을 들지 못하겠느냐 선을 행치 아니 하면 죄가 문에 엎드리느니라 죄의 소원은 네게 있으나 너는 죄를 다스릴지니라 가인이 그 아우 아벨에게 고하니라 그 후 그들이 들에 있을 때에 가인이 그 아우 아벨을 쳐죽이니라"(창 4:1~8).

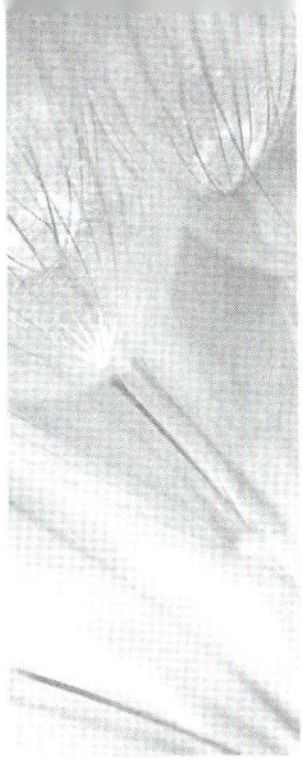

아담과 하와는 하나님께서 직접 흙으로 만드셨다. 그러므로 가인은 이 세상에 부모에게서 태어난 첫 번째 사람이었다. 그리고 아벨은 이 세상에 하나밖에 없는 동생이었다. 그런데 얼마의 세월이 흐른 뒤 가인은 동생 아벨을 들판으로 불러내어 그 곳에서 아벨을 죽였다. 아벨은 형 가인이 자기를 죽이리라고 꿈에도 생각지 못했을 것이다. 그러므로 순식간에 일방적인 살인사건이 발생한 것이다. 앞에서 살펴본 바와 같이 가인과 아벨이 하나님께 제사를 드릴 수 있었던 곳, 가인이 추방당하기 전까지 살았던 곳, 바로 에덴동산 안에서 사건이 일어난 것으로 볼 수 있다. 그리고 가인은 '이 지면', '주의 낯을 뵈올 수 있었던 곳'에서 에덴의 동편으로 쫓겨나 놋 땅에 살았다. 그러면 왜 가인은 아벨을 죽였는지 자세한 내막을 추적해 보자.

여러분의 이해를 돕기 위하여 먼저 이 구절에 대한 여러 해석들을 소개한다.

1. 가인과 아벨의 제사, 그리고 가인의 살인사건에 대한 시각

1) 성서 대백과 1권, 기독지혜사. p.64

"가인은 땅의 소산으로 제물을 삼아 하나님께 제사 드렸으나 하나님은 이를 거절하시고 받지 않으셨다. 신약성경 요한1서 3장 12절에는 가인이 '악한 자에 속하여'라고 기록되어 있다. 동생 아벨이 양의 첫 새끼와 그 기름으로 하나님께 드린 제사가 열납이 되자 가인은 심히 분을 내었으며 나중에 둘만 있을 때 아벨을 돌로 쳐서 죽이고 말았다."

여기에서는 이 사건에 대한 평가를 하지 않고 단지 성경에 나와 있는 사실을 거의 그대로를 기록하고 있다. 가인이 동생 아벨을 죽이게 된 동기가 자신의 제사는 하나님께 열납 되지 않은 반면 동생 아벨의 제사만 받아드려지게 되자 이에 분을 품고 동생을 죽였다고 한다.

2) 성경 인물 강해 1권, 일호사. p.126

"가인은 동생 아벨을 쳐죽임으로써 인류 최초의 살인자가 되었습니다. 가인이 동생 아벨을 죽인 사건은 여호와 하나님께 제사를 드릴 때 하나님께서 아벨의 제사는 흠향하시고 가인의 제사는 받지 않으신 사실에서 연유되었습니다. 가인은 자신의 제사가 하나님께 열납되지 못하고 동생의 제사만 하나님께서 받으셨다는 사실로 인해 분노하였고 동생에 대한 질투를 느꼈습니다. 그래서 가인은 사람들의 눈을 피하여 아벨을 몰래 쳐죽였습니다."

이 책 역시 위의 백과사전과 거의 비슷하게 사실만을 기록한 것을 알 수 있다. 여기서도 역시 가인의 살인 동기를 제사의 결과로 돌리고 있다. 이로 인해 분노와 질투로 아벨을 죽였다고 서술하고 있다.

3) 창세기 강해, 아더 핑크, 크리스챤 다이제스트. p.65

"이제 가인과 아벨이 여호와께 가지고 나온 제물의 성격과 하나님이 가인의 제물은 받지 않고 아벨의 제물만 받으신 이유를 생각해 보도록 하자. 바로 이것이 우리가 본 장에서 배워야 할 가장 중요한 사실이다. 우리의 관심의 초점은 단순히 가인과 아벨 두 사람에게가 아니라 그들이 드린 제물들 사이의 차이에 맞추어져야 한다. 본문 가운데 가인이 자연적이며 도덕적인 관점에서 아벨보다 더 악한 사람이었음을 암시하는 것은 아무 것도 없다.

가인은 불신자도 아니었고 무신론자도 아니었다. 그는 기꺼이 하나님의 존재를 인정했으며 자기 나름대로의 방식으로 하나님께 예배를 드렸다. 그는 땅의 소산으로 제물을 삼아 여호와께 가져왔다(6절). 여기에서 우리는 세 가지를 주목할 필요가 있다. 첫째로, 그의 제물은 피 없는 제물이었다. '피 흘림이 없은즉 사함이 없느니라'(히 9:22). 둘째로, 그의 제물은 그 자신의 수고와 열매로 만들어진 것이었다. 그것은 자신의 노력의 산물이었으며 한 마디로 그 자신의 손으로 행한 공로였다. 셋째로, 그는 창세기 3장 17절에 기록된 신적 관심 즉 '땅이 저주를 받은' 사실을 대수롭지 않게 여기면서 '땅의 열매'를 가져왔다. 반면 아벨은 '양의 첫 새끼와 그 기름'을 가져옴으로써 생명이 취하여지고 피가 흘려져야만 하는 원리를 지켰다."

아더 핑크의 주장에 대하여 잘못된 점들을 짚어보면,

첫째, 그는 가인이 아벨보다 도덕적으로 더 악한 사람이었다는 증거가 없다고 말하는데, 이는 하나님의 말씀을 완전히 무시해 버리는 처사다. 즉 7절에 '네가 선을 행하면 어찌 낯을 들지 못하겠느냐 선을 행치 아니하면 죄가 문에 엎드리느니라 죄의 소원은 네게 있으나 너는 죄를 다스릴지니라' 이 말씀은 하나님께서 가인에게 하신 말씀이다. 이보다 더 어떻게 가인의 악한 상태를 표현해야 하는가? 가인의 마음과 행위는 악했다. 따라서 가인이 제사를 드릴 때 제물만 받지 않으신 것이 아니라 가인도 받지 않으셨다.

로마서 12장 1절 말씀처럼 하나님이 기뻐하시는 거룩한 산제사를 드려야 하는데 가인의 행위는 그렇지 못했다. 둘째, 가인이 저주받은 땅의 소산으로, 그리고 자신의 손으로 수고한 열매를 드렸다고 하였는데, 그렇다면 아벨은 양을 저주받은 땅의 풀을 먹여 키우지 않았으며 또한 자신의 수고로 양을 키우지 않았는가? 이는 한 마디로 논할 가치가 없는 그릇된 주장이다. 마지막으로 가인의 제물은 피 흘림이 없는 제사였기 때문에 하나님이 받지 않으셨다고 하였는데, 그렇다면 가인이 양의 피와 기름으로 제사를 드렸다면 하나님이 받으셨겠는가? 이것도 역시 잘못된 해석이다. 그러므로 가인이 아벨을 살해한 죄에 대하여 우리는 아터 핑크에게서 그 어떤 유익한 정보도 얻을 수 없다. 다시 말해서 모든 주장이 다 잘못된 것임을 알 수 있다.

4) 무지개가 구름 사이에 있으리라, 하용조, 두란노. p.19

"가인과 아벨이 어떻게 예배를 드렸는지 성경에서 설명하고 있지 않기 때문에 우리가 알 수 없습니다. 그러나 우리가 분명히 알 수 있는 것은 아벨은 믿음으로 예배드렸고 가인은 종교의식과 형식으로 예배드렸다는 것입니다."

"가인이 드린 곡식 제물은 마치 무화과 나뭇잎을 드린 것과 같았습니다. 그래서 아담과 하와가 죄를 짓고 무화과 나뭇잎으로 수치를 가리려 했지만 결코 그 수치가 가려지지 않았던 것처럼 가인이 드리는 예배는 가인의 죄를 감출 수 없었습니다. 그러므로 가인은 죄를 지은 그대로 제사에 나아간 것입니다. 그러나 아벨은 양의 첫 새끼를 드렸습니다. 하나님이 아담과 하와가 두르고 있던 나뭇잎을 거두시고 동물을 죽여 가죽옷을 지어 입히심으로 말미암아 아담과 하와의 죄를 가리워 주신 것처럼 양의 제사는 양이 죽음으로 피 흘린 제사였습니다. 이 피는 죄를 가리워 주었습니다."(위의 책 p.20)

"가인은 자기의 제물이 열납되지 않은 것을 알았습니다. 그래서 분이 나고 안색이 변하였습니다. 이처럼 예배가 받아들여지지 않은 사람은 얼굴에 분이 드러나고 마음이 불편해지며, 원망과 불평을 하고 작은 일에도 화를 냅니다."(위의 책 p.23)

이 글을 읽어보면 무슨 말을 하고 있는 것인지 쉽게 이해가 잘 되지 않는다. 이 역시 가인과 아벨의 제사에 대하여 주목하고 있다. 아벨은 믿음의 제사를 드렸지만 가인은 잘못된 제사를 드렸다는 것이다. 이 역시 가인과 아벨에 대하여 우리가 알고 있는 것 이상의 그 어떤 새로운 내용을 다루고 있지 않고 있다.

이처럼 위에서 살펴본 바와 같이 가인과 아벨의 제사에 대하여 그리고 가인의 죄에 대한 해석들이 성경에 기록된 내용 외에 근본적인 답을 제공하지 못함을 보았다. 이 외에도 몇 권의 저서들을 보았지만 거의 대동소이한 해석들을 내놓고 있으므로 그만 접기로 하고 이제 이 사건에 대한 나의 견해를 적어보기로 한다.

2. 아담과 하와가 가인을 낳다

창세기 3장 24절에 이어 바로 4장 1절에서 "아담과 하와가 동침하매"라고 기록한 것으로 보아 아담과 하와가 하나님께 범죄 한 후 얼마 지나지 않아 그들이 동침한 것으로 보인다. 그들은 선악과를 먹은 후 뱀에게 내려진 저주에서 말씀하신 여자의 후손을 빨리 낳고 싶었을 것이다. 뱀이 그들을 유혹하여 선악과를 따먹게 한 때는 에덴동산 창설 후 바로 다음날이었을 가능성도 완전히 배제할 수는 없다. 위에 예를 들었던 '윌밍턴 성경연구'에서는 이 내용을 이렇게 적고 있다.

"아담과 하와는 얼마동안 에덴동산에 있었나? 창세기 4장 1절에 보면 '아담이 그 아내 하와와 동침하매 -" 하는 말이 있다. 이것은 성교

(性交)를 의미한다. 이 말이 처음으로 언급된 것으로 보아 그들은 에덴동산에서 아주 짧은 기간, 아마 몇 시간 내지 며칠 정도를 보낸 것 같다."

윌밍턴은 아담과 하와가 에덴동산에서 쫓겨난 것을 전재로 아주 짧은 기간 동안 그들이 그 곳에 머물렀을 것이라고 말하고 있다. 그러나 앞에서 설명한 바와 같이 그들은 에덴에서 추방당하지 않았을 것이라고 하였다. 뱀의 유혹으로 그들이 죄를 범한 후 하나님으로부터 용서를 받고 새롭게 삶을 시작하는 첫 걸음이 후손을 낳아 복수를 하고픈 마음이었을 것이다.

어쨌든 마귀의 입장에서 보면 하나님을 대적하도록 인간을 유혹하는데 시간을 지체할 아무런 이유가 없기 때문이다. 뱀이 하와를 유혹한 사건은 에덴동산 창설 후 그렇게 오랜 시간이 지나지 않아서 이루어졌을 것이다. 그렇다면 우리는 여기에서 흥미 있는 가정을 해 볼 수 있다. 즉 아담과 하와와 가인, 이 세 사람의 나이가 같을 수도 있다는 것이다. 아담과 하와는 하나님께서 만드신 그 순간에 성인이 되었지만 나이는 한 살이 된다. 한 살의 성인, 이것은 아담과 하와에게만 가능한 것이다. 그리고 한 살의 부부가 동침하여 바로 아들을 낳았다면 그들 셋이 모두 한 살로 나이가 같게 된다. 이것은 별로 중요한 것은 아니지만 흥미 있는 일임에는 틀림없다.

아무튼 아담과 하와가 동침하매 하와가 잉태하여 첫 아들 가인을 낳았다.

이 때 아담과 하와가 느끼는 기쁨의 감격은 오늘날 첫 아들을 낳은 부모들이 느끼는 감정과는 너무나 크게 달랐을 것이다. 인류 최초로 아이를 낳았으니 신기하고, 놀랍고, 기쁘고, 또 하나님의 은혜에 감사하는 마음으로 가득했을 것이다. 이 세상에서 처음으로 자신을 닮은 아들을 낳은 것이다.

그들이 흙으로 돌아가리라는 사형선고를 받은 후 자신들의 대를 이어갈 첫 아들을 낳았으니 어찌 기쁘고 즐겁지 않았겠는가? 바로 뱀의 머리를 상하게 할 여자의 후손으로서의 아들을 낳았다고 생각하였을 것이다. 그러므로 그들은 가인을 낳고 "여호와로 말미암아 득남하였다"고 하였다. 이때 그들의 행복감은 말로 형용키 어려울 정도로 컸을 것이다.

그리고 이어 가인의 동생 아벨을 낳았다. 그러나 아벨을 낳았을 때 그들은 아무런 반응을 나타내지 않았다. "그가 또 가인의 아우 아벨을 낳았는데"라고만 기록되어 있다. 아담과 하와는 아벨보다 장남 가인을 더 사랑하였을 것임을 위의 성경말씀에서 쉽게 확인할 수 있다. 이는 세상의 모든 부모들이 가지는 공통적인 마음일 것이다. 이것이 또한 장남이 가지는 장자권이다.

세월이 흘러 가인과 아벨이 자라서 하나님께 제사를 드리게 되었다.

3. 장자권이 바뀌다

하나님께서 가인의 제물을 받지 않으신 것은 저주받은 땅의 소산물이기 때문이 아니요, 피 없는 제물이어서도 아니다. 이는 가인의 행위가 선하지 못했기 때문이었다.

> "네가 선을 행하면 어찌 낯을 들지 못하겠느냐 선을 행치 아니하면 죄가 문에 엎드리느니라 죄의 소원은 네게 있으나 너는 죄를 다스릴지니라"(창 4:7).

하나님이 가인에게 하신 말씀을 보면 제사를 드리기 이전에 이미 가인의 행위가 선하지 못했음을 알 수 있다. 또한 죄를 짓고자 하는 충동으로 가득한 가인의 마음상태를 잘 나타내주고 있다. 그러므로 하나님께서는 가인과 그 제물을 받지 않으셨다. 그렇다면 가인의 행위가 어떻게 선하지 못했으며 왜 그랬을까? 나는 이에 대한 답을 4장 25절에서 찾을 수 있었다. "아담이 다시 아내와 동침하매 그가 아들을 낳아 그 이름을 셋이라 하였으니 이는 하나님이 내게 가인의 죽인 아벨 대신에 다른 씨를 주셨다 함이며" 무심코 그냥 지나칠 수 있는 말씀이다. 이 구절은 가인이 범죄하고 쫓겨난 후 가인의 후예들에 대하여 기술하고 나서 마지막으로 4장 끝 부분에 기록되어 있기 때문이다. 가인의 범죄와는 아무런 연관이 없는 것처럼 가인의 후예들을 기록하고 나서 지나가는 말처럼 기록하고 있는 구절이다. 그러나 이 한 구절이 가인의 악행에 아주 중요한 단서를 제공하고 있다.

바로 '가인의 죽인 아벨 대신에 다른 씨를 주셨다'고 말한 이 부분이다. 아담과 하와는 처음에 가인을 아벨보다 더 사랑하였을 것이라고 앞에서 말한 바 있는데 이는 4장 1, 2절에 근거하여 가인의 출생과 아벨의 출생 때에 아담과 하와의 태도에서도 나타난다. 그들은 장남 가인이 여자의 후손을 낳을 씨라고 생각하였을 것이다. 그런데 4장 25절에 보면 그 씨가 가인에서 아벨로 바꾸어진 것을 알 수 있다. 아담은 가인이 아벨을 죽이기 전에 이미 아벨을 그 '씨'로 생각하고 있었음에 틀림없다. 왜냐하면 가인이 아벨을 죽이기 직전에 가인을 그 씨로 생각했다면 이런 표현을 하지 않았을 것이기 때문이다. 그러기에 셋을 낳았을 때 아벨 대신에 다른 씨를 주셨다고 말한 것이다. 이것은 매우 중요한 사건을 야기 시키는 계기가 되기에 충분하며 또한 가인이 죄악을 저지르게 되는 원인을 제공하게 되었을 것이다.

이는 마치 에서의 장자권이 야곱에게 넘어간 것과 유사한 사건이다. 에서는 팥죽 한 그릇에 야곱에게 장자권을 팔았지만 후에 이 일로 인하여 야곱을 죽이려 한다. "에서가 야곱을 미워하여 심중에 이르기를 아버지를 곡할 때게 가까왔은즉 내가 내 아우 야곱을 죽이리라 하였더니"(창 27:41). 역시 이것은 마귀가 에서에게 심어준 악한 마음이었을 것이다. "네 형의 분노가 풀려 네가 자기에게 행한 것을 잊어버리거든 내가 곧 보내어 너를 거기서 불러 오리라 어찌 하루에 너희 둘을 잃으랴"(27:45). 한 번에 둘을 다 잃게 만드는 방법, 즉 야곱을 죽이려는 살인범죄를 마귀는 에서에게 교사하고 있다. 가인으로 하여금 아벨을 죽이게 함으로써 그 형제 둘을 한 번에 제거하려는 술책, 똑같은 방법을 되풀이 해 사용하는 것이 마귀의 소행임을 알 수 있다. 그러나 야곱의 경우에는 어머니 리브가가 현명하게 대처함으로써 에서의 위험으로부터 야곱의 생명을 구할 수 있었다.

야곱은 어머니 리브가의 말대로 밧단아람으로 도망하여 외삼촌의 집으로 피신한 것이다. 그리고 20년 후 그가 돌아올 때에 역시 에서가 야곱을 죽이려고 무려 400인이나 되는 무리를 이끌고 나왔지만 야곱이 얍복강 나루에서 경야하여 기도함으로 하나님이 에서의 마음을 바꾸게 하여 화를 면할 수 있었다.

이렇게 장자권이 가인에게서 아벨에게로 넘어간 이유는 무엇일까? 왜 아담과 하와는 처음 가인을 '씨'로 생각하였는데 그것이 아벨로 바꾸어졌을까? 아무런 이유 없이 그들이 그렇게 하지는 않았을 것이다. 가인이 동생 아벨을 사랑하고 부모의 말에 순종하며 살았다면 에덴동산에 존재한 단 하나의 가정, 이 네 명의 가족은 행복한 가정생활을 이어갔을 것이다. 아담과 하와가 가인의 행위에서 무언가 이상한 점을 발견하였기에 그들은 가인을 버리고 아우 아벨을 택하여 그 '씨'라고 생각하였을 것이다.

여기에서 우리가 생각할 수 있는 한 가지 가능성은 바로 마귀의 유혹이다. 마귀는 아담과 하와를 무너뜨린 후 하나님으로부터 저주를 받고 여자의 후손이 자신의 머리를 상하게 하리라는 예언의 말을 들었다. 그러므로 마귀에게는 이제 비상이 걸린 셈이다. 마귀는 하나님의 말씀의 능력을 잘 알고 있다. 그리고 말씀을 무서워한다(엡 6:17; 약 4:7). 그러므로 자기의 머리를 상하지 않으려면 어떻게든 여자의 후손이 태어나는 것을 막아야 하며 그 통로를 봉쇄해야만 했다. 사실 마귀는 이때로부터 예수님이 십자가를 지시기까지 계속하여 여자의 후손에 대한 공격을 멈추지 않았다. 그러므로 그 첫 번째 씨인 가인을 공격하리라는 것은 너무나 쉽게 예상할 수 있는 것이다. 마귀가 가인을 공격한다면 어떤 방법을 사용하였을까? 그것은 바로 가인의 손으로 아벨을 살해하게 만드는 방법을 택할 것이다. 그렇게 되면 자연히 그 부모는 가인을 버리게 될 것이고 또 아벨도 죽이는 한 번에 두 아들을 죽이는 목적을 달성할 수 있기 때문이다.

"가인아 네가 과연 장자가 맞느냐 그러나 네 부모는 너보다 네 동생 아벨을 더 사랑하지 않느냐 아벨을 죽여라 그렇지 않으면 장차 너의 장자권을 네 동생 아벨에게 빼앗길 것이다. 아벨이 없어지면 당연히 장자권은 너의 것이 될 것이다" 아마도 마귀는 이렇게 가인의 귀에 속삭이지 않았을까? 이 후 아벨을 바라보는 가인의 눈동자는 달라졌을 것이다. 바라볼수록 부모가 아벨을 더 편애하는 것 같고 또한 아벨의 모든 행동도 마음에 들지 않았을 것이다. 결국 그는 아벨을 미워하게 되고 악한 마음을 품게 되었을 것이다. 한 번 미워하는 마음을 품으면 그것은 점점 더 악한 방향으로 자라나게 된다. 마치 눈덩이가 불어나듯이 가인의 마음속을 완전히 악으로 채웠을 것이다. 그리고 이러한 마음상태는 행동으로 표출되어 밖으로 드러나게 된다.

"네가 선을 행하면 어찌 낯을 들지 못하겠느냐 선을 행치 아니하면 죄가 문에 엎드리느니라 죄의 소원은 네게 있으나 너는 죄를 다스릴지니라"(창 4:7).

하나님께서 가인에게 하신 이 말씀은 바로 이미 가인의 마음속에 들어와 있는 죄성을 지적하신 것이다. 이렇게 변해버린 가인을 바라보던 아담과 하와는 결국 가인을 버리고 아벨을 '씨'로 생각하게 되었을 것이다. 이것이 바로 가인에게서 아벨에게로 장자권이 넘어간 경위이리라. 부모의 마음을 알아차린 가인은 자신이 부모에게서 버림받은 소외감으로 더욱 그 행위가 악해졌을 것이다. 그 후 세월이 흘러 가인과 아벨이 각각 하나님께 제사를 드리게 된다. 모든 사람들이 가인이 피 없는 제사, 잘못된 제사를 드렸기에 하나님께 그의 제사가 열납 되지 않았고 이로 인하여 가인이 동생 아벨을 죽였다고 한다. 그러나 성경은 여러 곳에서 제사 이전에 사람이 순종의 제사를 드려야 한다고 말하고 있다.

"사무엘이 가로되 여호와께서 번제와 다른 제사를 그 목소리 순종하는 것을 좋아하심 같이 좋아하시겠나이까 순종이 제사보다 낫고 듣는 것이 수양의 기름보다 나으니"(삼상 15:22).

"주는 제사를 즐겨 아니하시나니 그렇지 않으면 내가 드렸을 것이라 주는 번제를 기뻐 아니하시나이다 하나님의 구하시는 제사는 상한 심령이라 하나님이여 상하고 통회하는 마음을 주께서 멸시치 아니하시리이다"(시 51:16, 17).

"여호와께서 말씀하시되 너희의 무수한 제물이 내게 무엇이 유익하뇨 나는 수양의 번제와 살진 짐승의 기름에 배불렀고 나는 수송아지나 어린 양이나 수염소의 피를 기뻐하지 아니하노라 너희가 내 앞에 보이러 오니 그것을 누가 너희에게 요구하였느뇨 내 마당만 밟을 뿐이니라 헛된 제물을 다시 가져오지 말라 분향은 나의 가증히 여기는 바요 월삭과 안식일과 대회로 모이는 것도 그러하니 성회와 아울러 악을 행하는 것을 내가 견디지 못하겠노라"(사 1:11~13).

이 외에도 이와 같은 내용의 말씀이 많이 있지만 마지막으로 미가서의 말씀을 들어 끝내기로 한다.

"내가 무엇을 가지고 여호와 앞에 나아가며 높으신 하나님께 경배할까 내가 번제물 일 년 된 송아지를 가지고 그 앞에 나아갈까 여호와께서 천천의 수양이나 만만의 강수 같은 기름을 기뻐하실까 내 허물을 위하여 내 맏아들을 내 영혼의 죄를 인하여 내 몸의 열매를 드릴까 사람아 주께서 선한 것이 무엇임을 내게 보이셨나니 여호와께서 내게 구하시는 것이 오직 공의를 행하며 인자를 사랑하며 겸손히 네 하나님과 함께 행하는 것이 아니냐"(6:6~8).

이 말씀들에서 보는 것처럼 하나님께서는 제사 이전에 이미 그 사람의 마음을 보고 계신다. 이것이 하나님께 드려지는 진정한 영적예배이다.

4. 가인과 아벨이 하나님께 제사를 드리다

아담과 하와가 아들을 낳으므로 단란한 가정이 이루어졌다. 가인과 아벨이 자라서 각각 하나님께 제사를 드렸다. 아담과 하와가 에덴에서 쫓겨나 하나님과의 관계가 단절되었다면 이와 같이 그들의 아들들이 하나님께 제사를 드리는 일은 없었을 것이다. 가인과 아벨은 자라면서 부모로부터 하나님에 대한 이야기를 들었을 것이다. 생명나무와 그들이 따먹은 선악과, 그로 인하여 내려진 형벌, 그리고 하나님께서 자신들에게 가죽옷을 지어 입히신 일 등 모든 것을 들음으로 하나님에 대하여 알고 있을 뿐만 아니라 직접 하나님과 대화도 하며 살았다.

가인의 제사가 열납되지 않았을 때 하나님과 가인이 나눈 대화가 이를 입증해 준다. 그러므로 그들은 하나님의 존재를 알고 하나님께 제사를 드리게 되었을 것이다. 가인은 땅의 소산으로 제물을 삼아 여호와께 드렸고 아벨은 양의 그 기름으로 드렸는데 여호와께서는 아벨과 그 제물은 열납하셨으나 가인과 그 제물은 열납하지 않으셨다.

어떤 연구자는, 가인은 저주 받은 땅의 소산으로 제물을 삼아 드렸기에 하나님이 받지 않으시고 아벨은 피 있는 제사를 드림으로 열납하셨다고 주장한다. 그러나 이 주장은 전혀 맞지 않는 것임을 바로 알 수 있다. 3장 17절에 "땅은 너로 인하여 저주를 받고" 이 말씀을 근거로 저주 받은 땅의 소산으로 제물을 드렸다고 하는데, 그러면 3장 14절의 "네가 모든 육축과 들의 모든 짐승보다 더욱 자주를 받아"라고 기록한 것은 어떻게 설명할 수 있는가? 아담의 범죄는 땅 뿐만 아니라 육축과 짐승도 저주를 받게 만들었다(롬 8:22).

그리고 "율법을 좇아 거의 모든 물건이 피로써 정결케 되나니 피 흘림이 없은즉 사함이 없느니라"(히 9:22). 이 말씀을 근거로 하여 가인의 제물을 비난하는데 이 율법은 가인의 제사보다 2600여 년 후에 모세에 의하여 주어진 것이다. 그렇게 말한다면 만약 가인이 피의 제사를 드렸다면 하나님이 가인의 제사를 열납하셨을까? 또 어떤 이는 가인은 농사꾼이고 동생 아벨은 목축을 했기에 가인이 동생 아벨에게서 양을 빌려야만 했는데 자존심을 버리지 못하여 그렇게 하지 않고 농산물로 제물을 드렸기에 하나님으로부터 제사가 거절되었다고 말한다.

그러나 하나님께서 아벨과 그 제물은 열납하셨지만 가인과 그 제물을 열납하지 않으셨다고 말씀하셨다. 하나님은 제물만을 보시는 것이 아니라 먼저 사람을 보신다. '아벨과 그 제물', '가인과 그 제물'이라고 하여 제물보다 사람을 먼저 보신다는 것인데, 이 말씀은 제물보다 그 제물을 드리는 자의 모든 삶을 제사에 앞서 확인하신다는 것이다. "그러므로 예물을 제단에 드리다가 거기서 네 형제에게 원망들을 만한 일이 있는 줄 생각나거든 예물을 제단 앞에 두고 먼저 가서 형제와 화목하고 그 후에 와서 예물을 드리라"(마 5:23~24).

예수님의 말씀을 보면 제사를 드리는 자의 예물보다 그의 하나님과 사람에 대한 관계가 더욱 중요하다는 것을 알 수 있다. "이것을 인하여 나도 하나님과 사람을 대하여 항상 양심에 거리낌이 없도록 힘쓰노라"(행 24:16). 사도 바울이 로마에 가기 전 가이사랴에 억류되어 있을 때 벨릭스 총독과 자기를 고소하던 자들에게 한 말이다.

예수님은 사마리아 여인과의 대화에서 "하나님은 영이시니 예배하는 자가 신령과 진정으로 예배할지니라"라고 하심으로 우리가 영적인 예배를 드려야 함을 말씀하셨다. 그렇다면 영적인 예배는 어떻게 드리는 것이 옳은 것인가? 바울 사도는 로마서에서 이에 대하여 아주 명확히 밝히고 있다.

> "그러므로 형제들아 내가 하나님의 모든 자비하심으로 너희를 권하노니 너희 몸을 하나님이 기뻐하시는 거룩한 산제사로 드리라 이는 너희의 드릴 영적예배니라"(롬 12:1).

제사는 죄를 씻기 위한 의식이다. 죄를 짓고 그 죄의 사함을 받기 위해 제사를 드리는 것보다 죄를 짓지 않는 것을 하나님은 더 좋아 하신다.

"내가 일어나 아버지께 가서 이르기를 아버지여 내가 하늘과 아버지께 죄를 얻었사오니 지금부터는 아버지의 아들이라 일컬음을 감당치 못하겠나이다 나를 품군의 하나로 보소서 하리라 하고"(눅 15:18~19). 하나님은 이처럼 마음속 깊은 곳으로부터 통회하는 자를 기뻐 받으신다. 이보다 처음부터 죄를 짓지 않았으면 하나님은 더욱 기뻐하실 것이다.

만약에 가인이 양의 피로 하나님께 제사를 드렸다 하더라도 그 제사가 열납되지 않았을 것은 자명한 사실일 것이다. 가인의 행위는 악했다. 그는 마음속에 악을 품고 있었다. 그러므로 하나님께서 가인에게 "죄의 소원은 네게 있으나 너는 죄를 다스릴지니라"라고 말씀 하셨다.

하나님은 사람이 먼저 변화되기를 원하시고 하나님의 말씀대로 살기를 바라고 계신다. 하나님의 품을 떠난 자들이 하나님의 형상을 회복하기를 원하신다는 말이다. 그런데 자신은 죄 가운데 그대로 행하면서 제사를 드려 복 받기를 원한다면 이는 기복신앙이요 우상숭배나 다름없다. 모든 우상숭배자들은 그렇게 살고 있다.

5. 가인이 동생 아벨을 죽이다

가인은 자신이 부모로부터 장자됨을 인정받지 못하고 동생 아벨에게 자기의 지위를 빼앗긴데다 하나님으로부터도 인정을 받지 못하게 되자 마지막 선택을 하게 된다. 동생 아벨을 들판으로 유인하여 돌이나 농기구 등을 사용하여 내리침으로 인류 최초의 살인 사건을 저지르게 된다. 이 세상에 단 둘 밖에 없는 형제, 사랑만 하기에도 부족할 사이였다. 시편기자는 형제우애에 대하여 이렇게 기술하고 있다.

> "형제가 연합하여 동거함이 어찌 그리 아름다운고 머리에 있는 보배로운 기름이 수염 곧 아론의 수염에 흘러서 그 옷깃까지 내림같고 헐몬의 이슬이 시온의 산들에 내림 같도다 거기서 여호와께서 복을 명하셨나니 곧 영생이로다"(시 133:1~3).

이 얼마나 아름답고 복스러운 말씀인가? 그런데 가인은 동생 아벨을 사랑하기는커녕 잔인하게 죽였다. 그것도 동생이 아무런 잘못을 저지르지 않았는데 가인은 아벨을 끔찍하게 흉기를 사용하여 살인을 한 것이다. 이것이 바로 인간이 악을 알아버린 결과로 빚어진 비극이다. 악이 이미 사람의 마음속에 자리를 잡은 것이다. 마귀는 이로써 한 번에 가인과 아벨 두 사람을 제거하는 성과를 올렸다. 마귀는 오늘도 우리에게 형제를 미워하는 마음을 불어 넣기에 안간 힘을 쏟고 있다. "형제를 미워하는 자마다 살인하는 자니" 그러므로 예수님은 하나님께 예물을 드리다가 거기서 형제에게 원망들을 만한 일이 생각나거든 예물을 제단 앞에 두고 먼저 가서 형제와 화목하고 그 후에 예물을 드리라고 말씀하신다.

마귀는 이처럼 자기의 뜻이 이루어진 것으로 생각하겠지만 어두움은 결코 빛을 이길 수 없다. 하나님은 아담과 하와에게 다시 셋을 낳게 하심으로 마귀의 흉계를 물리치셨다. 이에 아담과 하와는 하나님이 아벨대신 다른 씨를 주셨다하여 셋째 아들을 낳고 그 이름을 '주어진 자'라는 뜻의 셋이라 하였다.

6. 하나님이 가인을 쫓아내다

가인이 아벨을 살해한 죄는 끔찍하고 잔인한 행위였다. "살인하지 말지니라"(출 20:13). 비록 이 율법이 주어지기 전이라 할지라도 하나님의 형상대로 지음 받은 사람의 생명을 빼앗는 것은 큰 죄악임을 그는 알고 있었을 것이다. 이 당시에는 육식을 하지 않음으로 짐승을 죽이는 일도 없었을 것이다. 아담이 하나님의 금령에도 불구하고 정녕 죽으리라는 하나님의 말씀보다 죽지 않는다는 마귀의 말에 순종하여 선악과를 먹음으로 말미암아 악이 인간의 마음속에 들어 왔고, 이로 인하여 하나님과의 관계는 끊어지게 되었다. 이것이 곧 사망이다.

그러나 하나님은 아담과 하와를 용서하셨다. 물론 그들이 하나님의 말씀대로 죽음에 이르는 벌은 피할 수 없었다. 하나님이 이처럼 아담을 용서하여 에덴동산에 계속 살게 하신 이유와 또한 그에 따른 증거들은 이미 살펴본 바와 같다. 그러나 마귀의 공세는 거기서 끝나지 앉았다. 바로 가인을 유혹하여 아벨을 죽이게 함으로 여자의 후손으로 이어갈 씨의 통로를 끊으려 하였다. 하나님은 이렇게 끔찍한 살인죄를 저지른 가인을 더 이상 에덴동산에 머무르게 하는 것을 용납할 수 없게 되었다. 가인을 계속 그 곳에 살도록 허용한다면 또 다른 살인사건들을 저지를 것이기 때문이다 그러므로 에덴을 지키기 위해 하나님은 가인을 그 곳에서 추방하지 않을 수 없었다.

가인은 지금까지 자기가 살던 곳에서 쫓겨나게 된다. '이 지면', 즉 에덴에서 쫓겨나 에덴 동편 놋 땅에 거주하였다. 그리고 하나님은 에덴의 동편 길에 그룹들과 두루 도는 화염검으로 생명나무의 길을 지키게 하셨다.

Part 7

죽음을 보지 않고 승천한 에녹

"야렛은 일백육십이 세에 에녹을 낳았고 에녹을 낳은 후 팔백 년을 지내며 자녀를 낳았으며 그가 구백육십이 세를 향수하고 죽었더라 에녹은 육십오 세에 므두셀라를 낳았고 므두셀라를 낳은 후 삼백 년을 하나님과 동행하며 자녀를 낳았으며 그가 삼백육십오 세를 향수하였더라 에녹이 하나님과 동행하더니 하나님이 그를 데려가시므로 세상에 있지 아니 하였더라"(창 5:18~24).

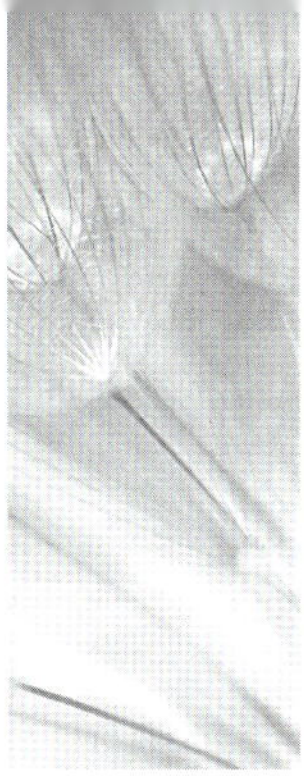

창세기 5장은, 인류의 시조인 아담의 타락에 뒤이은 가인의 살인과 에덴에서의 추방, 그리고 하나님을 떠난 가인과 그 후손들의 세속적인 삶과 죄악상을 기록한 4장에 이어, 셋으로부터 시작되는 하나님의 새로운 역사가 담긴 내용을 기술하고 있다.

아담, 셋 노아로 이어지는 10명의 계보를 이름, 후계자를 낳은 나이, 이후의 여생, 마지막 향수한 나이의 순으로 마치 운율형식의 문장으로 써내려갔다. 그런데 아담의 7세손 에녹에 이르러는 그가 삼백년을 하나님과 동행한 것과 나아가 하나님이 그를 데려가시므로 세상에 있지 아니 하였다고 특이한 기록을 하고 있다.

에녹의 생애는 다른 사람들에 비하여 분명히 여러 가지 차이점이 있다. 죽음을 보지 않고 하늘에 올라간다는 것은 보통 사람으로서는 상상도 할 수 없는 일이다. 이에 에녹의 생애와 그의 믿음에 대하여 보다 자세히 알아보기로 하자.

1. 아담의 모양과 형상

3절에 보면 "아담이 일백삼십 세에 자기 모양 곧 자기 형상과 같은 아들을 낳아 이름을 셋이라 하였고"라는 말씀이 기록되어 있다. 여기에서 '자기 모양 곧 자기 형상'을 어떻게 해석할 것인가 하는 문제가 대두된다.

성경을 읽을 때마다 나는 이 구절을 어떻게 해석해야 하나 하고 고민해 왔다. 그러다가 에녹의 믿음을 기록하면서 나의 머릿속을 스치고 지나가는 것이 있었다. 여기에 내가 생각해 낸 내용을 기록하기 전에 먼저 지금까지 이 구절을 해석한 사람들의 견해를 알아보기로 한다.

아더 핑크 창세기 강해 p.84

"우리는 창세기 5장 앞부분의 두 구절을 주의 깊게 비교해 볼 필요가 있다. '하나님이 사람을 창조하실 때에 하나님의 모양대로 지으시되(1절). 그리고 또 한 구절은 3절이다. '아담이 자기의 모양 곧 자기의 형상과 같은 아들을 낳아'. 죄로 말미암아 아담은 하나님의 형상을 잃었으며, 그의 본성은 부패하였다. 타락한 부모로부터 오직 타락한 자식만이 나올 수 있을 뿐이다. 셋은 죄인인 아버지의 모양을 따라 태어났으며, 우리 모두의 조상인 노아는 셋의 직계 후손이었다."

무지개가 구름 사이에 있으리라. 하용조. p.59

"아담이 백이십 세에 셋째 아들인 '셋'을 낳았는데, 자기의 모양과 같은 아들을 낳았다고 했습니다. 인간은 하나님의 형상대로 지음 받은 존재입니다. 만일 아담이 죄를 짓지 않고 자녀를 낳았다면 그 자녀들은 하나님의 모양과 형상대로 태어났을 것입니다. 그러나 아담이 죄를 짓고 난 후부터 그 자녀들은 하나님의 형상과 모양이 아닌 사람의 모양과 죄인의 형상으로 태어났습니다. 이로 말미암아 전 인류가 죄 가운데 태어나게 되는 무서운 결과를 우리는 볼 수 있습니다."

그랜드 종합주석 2권 창세기. p. 262

"5:3. 자기 모양 곧 자기 형상과 같은 아들. 본래 아담은 하나님의 형상과 모양을 따라 거룩하고 고상하게 지음 받았다(1:26~27). 하지만 타락으로 말미암아 그러한 형상과 모양이 훼손되고 말았다. 그 결과 아담은 자신처럼 훼손된 아들을 낳을 수밖에 없었다(Matthew, Henry). 곧 죄에 빠지기 쉬운 연약한 인간으로서, 결국에는 죽어야 할 운명(3:19)을 지닌 존재를 낳을 수밖에 없었던 것이다."

호크마 종합주석. 1권 창세기. p.200

"모양. 원어 '첼렘'(צלם)은 원래 성질이나 성격상에 있어서의 유사성 또는 환영(幻影), 그림자. 착각 등을 뜻하는 말이다(시 39:6.) 여기선 형상(히,테무트)이란 말과 교호적(交互的)으로 사용되었다(1:26). 한편 아담은 타락 후 필연적 죽음을 선고받은 존재이다(3:19). 그가 자기 모양과 같은 아들을 낳았다는 것은 곧 죽음이란 죄책(罪責)이 후손에게 전

가되었다는 의미가 된다(롬 5:12).

위에서 보는 것처럼 모든 해석들이 한결같이 부정적인 해석들을 하고 있으며 그 내용은 거의 비슷하다. 즉 아담이 자기의 형상대로 낳은 아들 셋은 죄인의 모양을 유전 받아 태어났다는 것이다. 즉 죽을 수밖에 없는 죄인의 모습으로 그리고 있다. 그러나 나는 이 구절을 그렇게 해석하는 것은 하나님의 뜻이 아니라고 생각한다. 왜 그런지 이제 그 이유를 살펴보기로 한다.

1) 아담이 비록 죄를 지었지만 하나님으로부터 용서를 받았다.

우리는 아담 안에서 죽은 자들이다(고전 15:22). 여기에서 죽음이라고 하는 것은 영적인 사망을 말한다. 즉 생명의 근원되시는 하나님으로부터 완전히 끊어져 하나님을 알지 못하고 죄와 사망 가운데 사는 사람이라는 말이다. 이 근거를 우리는 창세기 2장 17절에서 찾을 수 있다. '네가 그 실과를 먹는 날에는 정녕 죽으리라' 하나님의 말씀이다. 그러나 마귀는 거짓말을 한다. '너희가 결코 죽지 아니하리라 너희가 그것을 먹는 날에는 너희 눈이 밝아 하나님과 같이 되어'

그런데 그 열매를 먹은 아담의 육신은 죽지 않았다. 이렇게 보면 마귀의 말이 맞는 것 같다. 그리고 '하나님과 같이 되어'라는 말이 아담의 후손들에게 이루어졌다. 우리가 전도를 해 보면 이 사실을 실감할 수 있다. 사망 안에 있는 자들은 자신이 하나님이다. 하나님을 전혀 알지 못한다. 그러므로 하나님을 받아들이지 않는다. 이것이 바로 하나님께서 말씀하신 '정녕 죽으리라' 하는 말씀이 이루어진 것이다.

그러나 우리가 예수를 믿으면 죽었던 자가 다시 살아난다(요 5:24). "너희가 아들인 고로 하나님이 그 아들의 영을 우리 마음 가운데 보내사 아바 아버지라 부르게 하셨느니라"(갈 4:6). 우리가 예수를 믿으면 하나님이 우리에게 성령을 주셔서 하나님을 알게 되고 아버지라 부르게 된다는 말이다.

그렇다면 아담의 경우는 어떠한가? 그가 선악과를 먹은 후 하나님을 전혀 모르게 되고 자신이 하나님처럼 되었는가? 그렇지 않다. 만약 그가 죄를 짓고 하나님으로부터 용서를 받지 못한 채 추방당하였다면 오랜 세월이 지난 후 그렇게 되었을 수도 있다. 그러나 하나님은 아담을 용서 하셨다. 가죽옷을 지어 입히신 사실이 그것을 말해 준다. 그리고 아담은 계속하여 생명나무 열매를 먹고 영적인 능력을 부여받았다. 아담이 이후에 다시 죄를 지은 것을 성경 그 어디에서도 찾아볼 수 없다. 이렇게 영적으로 살았던 아담이 셋을 낳았는데 그 아들이 죄인의 모습으로 그려진다는 것은 전혀 이치에 맞지 않는다. 그러므로 여기에서 '자기 형상'이라고 하는 것은 믿음의 아들을 낳았다는 의미이다. 우리는 열왕기서에서 이러한 예를 많이 볼 수 있다. 믿음으로 살았던 왕이 믿음의 자녀를 낳은 경우를 말이다.

2) 창세기 4장과 5장의 비교에서

창세기 4장은 마지막 25, 26절을 제외하고 8~24절까지 살인죄를 짓고 에덴동산에서 쫓겨난 가인과 그의 후예들의 이야기를 기록하고 있다. 그들은 생명나무의 열매를 먹을 수 없었다. 놋 땅에서 에덴으로 가는 서편 길을(에덴에서 보았을 때는 동편 길) 하나님께서 지키게 하셨기 때문이다. 따라서 그들은 영적으로 살 수 없었다. 하나님과 교제가 단절된 채(4:14) 죄를 지으며 사람의 아들들로(6:2) 살아갔다.

그런데 5장은 4장과 완전히 다르다. 5장은 아담으로부터 노아에 이르는 하나님의 아들들(6:2)의 계보이다. 아담의 아들 셋은 여호와의 이름을 불렀다. 에녹과 노아는 하나님과 동행했다. 에녹은 죽음을 보지 않고 승천한 처음 사람이었다. 5장에는 사람들이 하나님께는 물론 사람에게도 범죄 하는 것을 기록한 흔적이 없다. 5장에 기록된 사람들은 모두 믿음으로 살았다. 그런데 아담이 낳은 아들 셋을 죄인의 모양으로 태어났다고 하는 것은 위의 모든 내용들과 전혀 어울리지 않는 그릇된 해석임에 틀림없다.

3) 셋은 사단의 머리를 상하게 할 여자의 후손 '씨'였다.

아담은 뱀에게 속아 선악과를 먹은 후 온 인류가 사망에 이르게 된 것을 뒤늦게 깨닫고 후회하였을 것이다. 하나님께서 가죽옷을 지어 입히시며 자기의 죄를 덮어 주셨을 때, 그는 사단의 머리를 상하게 할 여자의 후손에 대하여 생각을 하게 되었다. 복수를 하고 싶었을 것이다. 그러므로 가인을 낳았을 때 가인을 여자의 후손을 낳을 씨로 생각하였음에 틀림없다.

그래서 하와는 가인을 낳고 "내가 여호와로 말미암아 득남하였다"라고 하였다. 그러므로 이어 아벨을 낳았을 때는 아무런 말을 하지 않았다. 그러나 가인과 아벨이 자라서 갈등하게 되었을 때 앞에서 살펴본 바와 같이 아벨을 그 '씨로' 생각을 바꾸었다(4:25). 가인이 아벨을 죽이는 살인 사건이 났을 때 아담과 하와의 심정은 어떠했을까? 그들은 이 사건이 자기들이 지은 죄의 결과임을 깨달았을 것이다. 마치 다윗이 아들 압살롬의 반란을 피하여 도망할 때 자신이 지은 죄로 인함임을 알았던 것처럼.

아벨이 죽임을 당하고 가인이 추방당한 후 일백이십여 년의 인고의 세월이 지나 아담이 셋을 낳았을 때 "하나님이 내게 가인의 죽인 아벨 대신에 다른 씨를 주셨다"고 하여 셋을 여자의 후손, 즉 사단의 머리를 상하게 할 씨라고 생각하였다.

예수님의 수제자인 베드로는 한때 예수님을 부인하는 죄를 저질렀다.

"베드로가 대답하여 가로되 다 주를 버릴지라도 나는 언제든지 버리지 않겠나이다 예수께서 가라사대 내가 진실로 네게 이르노니 오늘 밤 닭 울기 전에 네가 세 번 나를 부인하리라 베드로가 이르되 내가 주와 함께 죽을지언정 주를 부인하지 않겠나이다"(마 26:33~35). 이렇게 호언장담하던 베드로는 막상 예수님이 잡히셨을 때 멀찍이 뒤를 좇았다(마 26:58). 이는 자신이 체포될 것을 두려워하는 공포심이 베드로의 마음을 지배하였기 때문이었으리라. 결국 그는 예수님의 말씀처럼 닭이 울기 전에 세 번이나 예수님을 모른다고 부인했다. 그러나 사도행전 4장에서의 베드로는 성령이 충만하여 전혀 죽음을 두려워하지 않는 당당한 모습이었다(행 4:4~21).

아담도 이와 같은 상태에 있었을 것으로 생각된다. 그러므로 그가 셋을 낳았을 때 사망의 저주를 받은 죄인의 형상으로서가 아니라 생명과 소망의 씨의 형상으로 낳은 아들이었다. 이렇게 하나님과 교제하며 믿음이 충만한 상태에서 낳은 셋을 죄인의 모양으로 낳았다고 하는 것은 잘못된 해석이다.

셋은 아담으로부터 노아에 이르는 예수 그리스도의 족보를 잇는 거룩한 씨였다. 그리고 이것은 어디까지나 그리스도 안에서 죄인들을 구원하시려는 하나님의 뜻이었다.

그러므로 이 계보에서 에녹과 같은 후손이 나온 것이다. 그리고 후에는 대홍수 심판에도 유일하게 살아남는, 하나님께 은혜를 입은 노아를 후손으로 배출하기도 하였다.

2. 죽었더라

아담, 셋, 노아에 이르는 계보를 기록한 5장에 새롭게 등장하는 단어가 '죽었더라'이다. 인류의 시조인 아담의 죽음(5:5)으로부터 시작하여 노아의 아버지 라멕의 죽음(5:31)까지 8명의 죽음을 말하고 있다. 10명의 인물 중에 에녹은 죽음을 보지 않고 하나님께로 데려감을 당했고 노아의 죽음은 9장 끝에 나와 있는데, 문제는 '죽음'이라고 기록된 이 단어를 바라보는 시각이다. 아주 오래 전부터 나는 이에 대한 해석들을 보아 왔는데 나 역시 그들의 주장에 동의해 왔었다. 그러나 이 글을 쓰면서 다른 생각을 하게 되었다.

그러면 먼저 '죽었더라'고 하는 말을 어떻게 해석하고 있는지 살펴보자.

하용조. 무지개가 구름 사이에 있으리라. p.60

"인간은 결국 죽는 존재, 우리가 아담의 계보에서 발견하는 단 한 가지 놀라운 사실은 아담이 930세를 살았다고 할지라도 결국 죽었다는 것입니다. 백년을 살다가 죽은 것이나 천년을 살다 죽은 것이나 모두 동일한 것입니다. 여기서 우리는 죄를 지은 인간은 반드시 죽게 되어 있다는 사실을 알 수 있습니다."

호크마 종합주석 1권 창세기 p. 262

"죽음으로 끝맺는 아담의 일생, 본문은 그 생애의 기원을 하나님께 두고 있던 아담이(눅 3:38) 하나님의 말씀을 거역함으로써, 그의 생의 모든 영역을 지배한 죄에 의해 마침내 쓰러지고 마는 슬픈 죽음의 장면이 기록되어 있다. 실로 그의 죽음은 '흙으로 돌아갈 것(3:19)이라는 하나님의 선언에 근거하고 있는바 오고 오는 모든 그의 후예들이 겪어야할 불순종의 결과요 저주의 시작이었다."

그랜드 종합주석 1권 창세기 p. 263

"셋 후손의 계보, 최초 인간 아담의 죽음을 다룬 앞 단락 1-5절에 이어지는 본문은 하나님께서 택한 가계인 셋과 그의 후손들의 계보가 대홍수 심판이 있었던 노아 홍수 때까지 기록되어 있다. 즉 본문은 하나님의 거룩한 구속사적 경륜을 좇아 아벨 대신에 주어진 씨(4:35), 곧 셋 계열의 족보가 기록된 부분이다. - 중략 - 결국에는 하나님께서 이들을 통해 구속 역사의 경륜을 이끌어 가시겠다는 뜻이 반영된 것으로 볼 수 있다. 그러나 이러한 경건한 셋 계열의 인물들도 인류 시조 아담의 타락으로 이 땅에 들어오게 된 죽음을 피할 수는 없었다. 그러나 죽음이 지배하는 이 세상에서 끊임없이 후손들이 태어나는 것은 생명의 주이신 하나님께서 죄를 범한 인간을 엄정히 심판하시되 동시에 그들에게 영원한 삶에 대한 소망을 주심을 알 수 있다."

이상에서 보듯이 아담으로부터 노아에 이르는 계보에 나타난 죽음에 대하여 하나 같이, 이는 아담의 죄로 인하여 초래된 심판이라고 말하고 있다.

그러면 과연 이들의 죽음이 아담의 죄에 대한 벌로 들어온 결과물인지 검토해 보기로 하자.

부활에 대한 사두개인들과의 논쟁에서 예수님은 이렇게 말씀하셨다.

"나는 아브라함의 하나님이요 이삭의 하나님이요 야곱의 하나님이로라 하신 것을 읽어보지 못하였느냐 하나님은 죽은 자의 하나님이 아니요 산 자의 하나님이시니라"(마 22:32).

이 말씀에 의하면 아브라함과 이삭과 야곱이 모두 살아 있다는 것이다. 물론 그것은 이 땅위에서가 아니라 하늘나라에서 그렇다는 말이다. 그런데 성경은 이들의 죽음을 모두 정확하게 기록하고 있다.

"아브라함이 향년이 일백칠십오 세라 수가 높고 나이 많아 기운이 진하여 죽어 자기 열조에게로 돌아가매 그 아들 이삭과 이스마엘이 그를 마므레 앞 헷 족속 소할의 아들 에브론의 밭에 있는 막벨라굴에 장사하였으니"(창 25:7~9).

"이삭의 나이 일백팔십 세라 이삭이 나이 많고 늙어 기운이 진하매 죽어 자기 열조에게로 돌아가니 그 아들 에서와 야곱이 그를 장사하였더라"(창 35:28~29).

"야곱이 아들에게 명하기를 마치고 그 발을 침상에 거두고 기운이 진하여 그 열조에게로 돌아갔더라"(창 49:33).

이와 같이 아브라함과 이삭과 야곱이 그 육신은 죽어 장사되었지만 하늘나라에서 그들이 살아있음을 예수님이 증거하셨다. 또한 모세와 엘리야 경우도 마찬가지다.

"엿새 후에 예수께서 베드로와 야고보와 그 형제 요한을 데리시고 따로 높은 산에 올라 가셨더니 저희 앞에서 변형되사 그 얼굴이 해 같이 빛나며 옷이 빛과 같이 희어졌더라 때에 모세와 엘리야가 예수로 더불어 말씀하시는 것이 저희에게 보이거늘"(마 17:1~3).

엘리야는 에녹처럼 산 채로 하늘로 올라갔지만 모세는 출애굽 후 요단을 건너지 못하고 모압 땅에서 죽었다(신 34:5-7).

그렇다면 창세기 5장에 기록된 아담, 셋, 에노스, 게난, 마할랄렐, 야렛, 므두셀라, 라멕의 죽음도 이들과 같다고 할 수 있다. 그들은 살아 있을 때 하나님과 함께 하였고, 또 죽어서 하늘나라에서 살아 있다면 그들 육신의 죽음은 죄의 벌로 저주 받은 죽음이 아니라 그들의 생명이 이 땅에서 하늘나라로 옮겨진 것뿐이다. 본 장에 기록된 계보의 사람들은 에덴동산에서 생명나무의 열매를 먹으며 하나님과 영적으로 교제하며 살아 왔다. 나는 또한 이들의 죽음이 창세기 2장 17절과 3장 19절에 의한 죽음이 아니라, 하나님께서 그들에게 준 수명을 다 누린 것으로 말한 바 있다. 그러므로 여기에서 말하는 '죽었더라'는 벌과 저주의 죽음이 아니라 에녹처럼 그들의 생명이 지상에서 영원한 하늘나라로 옮겨지는 하나의 복된 과정으로 보아야 한다.

3. 하나님과 동행하다

창세기 5장 22절에 "에녹이 므두셀라를 낳은 후 삼백 년을 하나님과 동행하며 자녀를 낳았으며"라고 기록하고 있으며 또 24절에도 "에녹이 하나님과 동행하더니 하나님이 그를 데려가시므로 세상에 있지 아니 하였더라"라고 하여 에녹이 하나님과 동행한 사실을 강조하고 있다.

우리가 이 구절들을 읽을 때 그냥 가볍게 지나쳐버릴 수 있는 말씀이다. 물론 하나님이 그를 데려가셨다는 말은 성경에 단 두 번 나오는 것이기에 관심을 갖게 되겠지만, 하나님과 동행했다는 부분은 고개를 한 번 끄덕이는 정도로 지나칠 것이라는 말이다. 하나님과의 동행, 그것도 삼백 년 동안을 하나님과 동행하였다는 것은 성경 어디에서도 찾아볼 수 없는 믿음의 증표이다.

에스겔 선지자는 믿음이 좋은 선지자 세 사람을 기록하고 있다.

"인자야 가령 어느 나라가 불법하여 내게 범죄하므로 내가 손을 그 위에 펴서 그 의뢰하는 양식을 끊어 기근을 내려서 사람과 짐승을 그 나라에서 끊는다 하자 비록 노아, 다니엘, 욥 이 세 사람이 거기 있을지라도 그들은 자기의 의로 자기의 생명만 건지리라 나 주 여호와의 말이니라"(겔 14:13~14).

그러나 나는 에녹의 믿음이 이들에 비하여 결코 더 약하다고 생각하지 않는다. 300년 동안 하나님과 동행한 사람, 그리고 죽음을 보지 않고 하나님께로 올라간 사람, 이러한 믿음의 소유자를 우리가 성경에서 찾아볼 수 없기 때문이다. 우리가 잘 아는 대로 에녹처럼 죽음을 보지 않고 승천한 사람이 엘리야다. 그러나 엘리야의 경우에는 한때 하나님과 동행하지 않은 것을 볼 수 있다. 이는 엘리야가 하나님을 배반했다는 말이 아니라 위기가 닥쳤을 때 하나님을 의지하지 않고 자신만의 힘으로 이를 극복하려 했다는 것이다. 바로 아합의 아내 이세벨에게서 협박을 받았을 때였다. 이 사건으로 인하여 그는 자신의 지위를 제자인 엘리사에게 물려주고 하늘로 올라가게 되었던 것이다.

'동행'이라는 말은 '함께 걷다'라는 의미이다. 이는 외형적으로 함께 걷는 것을 말하지 않는다. '동상이몽', '오월동주'라는 말이 있다. 겉으로는 함께 하는 것 같지만 속마음은 완전히 다른 사이를 두고 하는 말이다. 이렇게 함께하는 것을 동행이라 할 수 없다. 진정한 동행은 몸과 마음이 온전히 하나로 합하여 함께하는 것이다. 그러나 인간

관계에서의 동행은 거짓으로 위장해도 속여 넘길 수 있다. 하지만 하나님 앞에서는 그렇게 할 수 없다. 하나님은 겉으로 들어난 행위보다 속마음, 즉 심장을 감찰하시는 분이시기 때문이다(렘 11:20; 렘 17:10).

다니엘서 3장에는 다니엘의 세 친구 사드락, 메삭, 아벳느고가 느브갓네살 왕이 세운 금 신상에 절하지 않으므로 인하여 극렬히 타는 용광로 속으로 던져지는 이야기가 기록되어 있다.

그들은 포로로 잡혀와 있는 어려운 환경에서도 하나님에 대한 믿음을 굳게 지켰다. 그럼에도 불구하고 그들에게 불시험이 닥쳐왔다. 곧 우상에게 절하지 않으면 용광로 속에 들어가야 하는 생명을 건 시험이었다. 그러나 그들은 이 시험을 전혀 이상하게 생각하지 않았다. 당당하게 시험에 맞섰다. 평소 그들에 대하여 호의적이었던 느브갓네살 왕이 그들을 구원코자 다시 한 번 기회를 주겠다고 하였을 때에도 그들은 단호히 그 제의를 거절했다.

> "만일 그럴 것이면 왕이여 우리가 섬기는 우리 하나님이 우리를 극렬히 타는 풀무 가운데서 능히 건져내시겠고 왕의 손에서도 건져내시리이다 그리 아니하실지라도 왕이여 우리가 왕의 신들을 섬기지도 아니하고 왕의 세우신 금상에게 절하지도 아니할 줄을 아옵소서"(단 3:17~18).

결국 그들은 용광로에 던져졌다. 그러나 그곳에 하나님의 사자가 먼저 기다리고 있었다. 이것이 바로 하나님과의 진정한 동행이다.

또한 다니엘의 경우를 보자. 그의 대적들이 그를 고소하려 하여 틈을 엿보았지만 그에게서는 아무 그릇함도 아무 허물도 찾아내지 못했다(단 6:4).

이렇게 하나님 앞에 온전한 믿음으로 살아온 다니엘에게 사자 굴에 들어가야 하는 시험이 찾아온다. "다니엘이 이 조서에 어인이 찍힌 것을 알고도 자기 집에 돌아가서는 그 방의 예루살렘으로 향하여 열린 창에서 전에 행하던 대로 하루 세 번씩 무릎을 꿇고 기도하며 하나님께 감사하였더라"(단 6:10). 다니엘이 사자 굴에 던져졌을 때 하나님의 사자는 그곳에서 다니엘을 기다리고 있었다.

베드로의 믿음을 보자. 헤롯이 요한의 형제 야고보를 칼로 죽였을 때 유대인들이 이를 기뻐하는 것을 보고 베드로도 죽이려고 잡아 감옥에 가두었다. 베드로는 죽음을 앞에 두고도 깊은 잠에 빠져들어 하나님의 사자는 그의 옆구리를 쳐서 깨워야 했다. 그는 자신의 생명을 스스로 돌보지 않고 모든 것을 하나님께 맡겼던 것이다(행 12:1~7).

진정한 동행은 그곳이 어디가 되었든 간에 내가 있는 그곳에 하나님이 함께 계시고, 하나님이 계신 그 곳에 또한 내가 함께 있는 것이다. 에녹은 무려 300년 동안을 하나님과 동행했다. 이것이 바로 에녹의 위대한 믿음을 한 마디로 말해주는 표현인 것이다.

4. 에녹의 승천이 갖는 의미

"사랑은 언제까지든지 떨어지지 아니하나 예언도 폐하고 방언도 그치고 지식도 폐하리라 우리가 부분적으로 알고 부분적으로 예언하니 온전한 것이 올 때에는 부분적으로 하던 것이 폐하리라 내가 어렸을 때에는 말하는 것이 어린아이와 같고 깨닫는 것이 어린아이와 같고 생각하는 것이 어린아이와 같다가 장성한 사람이 되어서는 어린아이의 일을 버렸노라 우리가 이제는 거울로 보는 것같이 희미하나 그 때에는 얼굴과 얼굴을 대하여 볼 것이요 이제는 내가 부분적으로 아나 그 때에는 주께서 나를 아신 것같이 내가 온전히 알리라"(고전 13:8~12).

그리스도인들에게 있어 가장 궁금하고 흥미로운 질문 중의 하나가 바로 사후의 세계일 것이다. 바꾸어 말하면 죽음을 어떻게 받아들일 것인가? 하는 궁금증이 그만큼 크다는 말이 되겠다.

창세기 5장에 하나님의 아들들의 족보를 기술하면서 마지막으로 쓰인 단어가 '죽었더라'이다. 이 '죽었더라라'는 말이 계속되다가 에녹 때에 이르러 '하나님이 그를 데려가시므로 세상에 있지 아니하였다'라고 기록하고 있다. 모든 사람들은 이 죽음에 대하여 아담의 원죄로 인하여 주어진 벌이라고 말한다. 그러나 나는 이에 대하여 앞에서 다른 견해를 피력한 바 있다. 즉 창세기 2장 17절에서 정녕 죽으리라고 한 것은 육체적 죽음이 아니라 생명의 하나님과의 영원한 단절로부터 오는 사망을 의미한다고 했다.

그 증거는 아담과 하와가 그 금단의 실과를 먹었을 때 그들이 죽지 않고 살아 있었다는 것이다. 그렇다면 육신의 죽음을 어떻게 해석할 것인가? 하는 문제가 남는다. 사람들은 아담이 그 실과를 먹지 않았더라면 죽지 않고 영생하였을 것이라고 말한다. 그러나 나는 육신을 가진 존재가 영원히 죽지 않는다는 것이 가능한가? 라고 의문을 제기한 바 있다. 다만 에덴동산에서는 생명나무의 열매를 먹음으로 천년 가까운 생을 누릴 수 있었지만 언젠가는 죽어야 하는 것이 생명을 가진 피조물들의 피할 수 없는 운명일 것이다. 하나님께서 말씀하신 영생이란, 사람이 육신으로 있을 때에 하나님과 동행하다가 그 생명이 영원한 하늘나라로 옮겨지는 것을 의미하는 것이라고 나는 밝혔다.

그 증거로 예수님의 말씀들을 예로 들었다. "무릇 살아서 나를 믿는 자는 영원히 죽지 아니하리니"(요 11:25).

어쨌든 에녹은 이 죽음을 뛰어넘은 첫 사람이었다.

두 번째는 회리바람을 타고 승천한 엘리야이다(왕하 2:11). 그리고 세 번째는 우리의 모든 죄를 지고 십자가에 죽으셨다가 부활하신 예수 그리스도이다. 예수님은 죽음을 보지 않은 것이 아니라 죽음을 이겨 내셨다.

1) 영화된 육체

천국에서의 의식은 어떠한 상태일까? 그리고 몸은 어떠한 상태일까? 이 질문에 그 누구도 확답을 내놓을 수는 없다. 다만 바울 사도가 말한 것처럼 부분적으로 알고 있을 뿐이다. 그것들을 우리는 성경의 말씀을 통하여 확인할 수 있다. 부활하신 예수님은 처음 제자들이 있는 방에 오셨다.

"이 날 곧 안식 후 첫날 저녁 때에 제자들이 유대인들을 두려워하여 모인 곳에 문들을 닫았더니 예수께서 오사 가운데 서서 가라사대 너희에게 평강이 있을지어다 이 말씀을 하시고 손과 옆구리를 보이시니 제자들이 주를 보고 기뻐하더라"(요 20:19~20).

이 때 도마는 현장에 없었다. 다른 제자들이 그에게 우리가 주를 보았다고 말하였을 때 도마는 이렇게 말했다. "내가 그 손의 못 자국을 보며 내 손가락을 그 못 자국에 넣으며 내 손을 그 옆구리에 넣어 보지 않고는 믿지 아니하겠노라"(요 20:26).

그 후 여드레가 지나서 예수님은 도마가 제자들과 함께 있는 방에 다시 오셨다. "도마에게 이르시되 네 손가락을 이리 내밀어 내 손을 보고 네 손을 내밀어 내 옆구리에 넣어 보라 그리고 믿음 없는 자가 되지 말고 믿는 자가 되라"(요 20:27).

여기에서 우리는 두 가지 사실을 확인할 수 있다. 하나는 예수님이 닫힌 문을 통과하여 방으로 들어오셨다는 것이다. 그리고 다른 하나는 영화된 육신이었다. "내 손과 발을 보고 나인 줄 알라 영은 살과 뼈가 없으되 너희 보는 바와 같이 나는 있느니라"(눅 24:39).

이와 같이 에녹이 하늘로 올려가는 데는 그 몸이 영으로 변해야 한다. 그렇게 됨으로써 죄로 오염된 육신을 정화시킬 수 있다. 그리고 이 세상에서의 육신의 한계를 극복할 수 있게 된다. 즉 예수님과 같이 닫힌 문을 통과한다든지, 위로 올라갈 때 중력의 법칙을 벗어나 승천할 수 있게 될 것이다.

2) 온전한 의식 상태

하늘나라에서 우리의 의식은 어떤 상태일까? 마치 꿈을 꾸는 것과 같이 희미하고 불투명한 상태는 아닐까? 누가복음 16장 19~31절의 부자와 나사로의 이야기는 이에 대하여 단편적인 답을 제공한다.

이 이야기에 대하여 먼저 우리가 알아야 할 사실은 이 이야기는 비유가 아니라는 것이다. 예수님의 모든 비유를 보면 사람의 실명을 거론한 것은 단 하나도 없다. 그러나 여기에는 나사로라는 거지의 이름이 명시되어 있다. 그러므로 이것은 비유가 아니라 실화를 말씀하신 것으로 보아야 한다.

다시 말해 예수님이 알고 있었던 실제 사건을 예화로 말씀하신 것이다. 여기에서 부자의 의식 상태는 비록 그가 불 못 가운데 있었지만 아주 뚜렷하고 논리적인 사고를 하고 있음을 알 수 있다.

바울은 고린도전서 13장에서 우리가 지금은 부분적으로 아나 그 때에는 온전히 알 것이라고 하였다. 우리가 이 땅에서 알고 행하는 모든 것들은 사실상 온전하지 못하다. 모두가 다 부족한 상태에서 알고 행하고 살아간다.

'미네르바의 부엉이는 황혼이 깃들 무렵에 나래를 편다'라는 말이 있다.

미네르바는 그리스 로마 신화에 등장하는 지혜와 지성의 여신이며 부엉이는 그녀의 전령(사자)이다. 독일의 근대 철학을 집대성한 헤겔이 1821년에 쓴 '법철학' 서문에서 사용한 말이다. 그 후 마르크스가 '헤겔법철학 비판'을 내면서 다시 한 번 이 말을 사용하였다. 이 말의 의미는 모든 사회적 현상과 사건들은 그 시대의 끝 무렵이 되서야 정확하게 그 실체를 알 수 있다는 것이다. 이는 인간의 지혜와 지성이 항상 부족하고 불완전함을 대변하는 말이다.

지혜의 사람 솔로몬도 전도서에 이렇게 기록하였다.

"지혜자는 눈이 밝고 우매자는 어두움에 다니거니와 이들의 당하는 일이 일반인 줄을 내가 알았고 심중에 이르기를 우매자의 당한 것을 나도 당하리니 내가 어찌하여 지혜가 더하였던고 이에 내가 심중에 이르기를 이것도 헛되도다"(전 2:14~15).
"그 후에 본즉 내 손으로 한 모든 일과 수고한 모든 수고가 다 헛되어 바람을 잡으려는 것이라 해 아래서 무익한 것이로다"(전 2:11).

바람을 잡으려는 것이 얼마나 헛되고 어리석은 일인가? 이 땅에서 우리의 지혜와 지식은 불완전하고 부분적인 것이나 천국에 이를 때에는 온전한 것이 오리라는 것이다.

3) 하늘나라의 처소

"내 아버지 집에 거할 곳이 많도다 그렇지 않으면 너희에게 일렀으리라 내가 너희를 위하여 처소를 예비하러 가노니 가서 너희를 위하여 처소를 예비하면 내가 다시 와서 너희를 내게로 영접하여 나 있는 곳에 너희도 있게 하리라"(요 14:2~3).

사람이 살아가는데 제일 먼저 갖추어야 할 것이 집이다. 돌아갈 집이 없는 사람처럼 처량한 사람은 없다. 한국어로는 알맞은 표현이 없어 부득이 영어로 집에 대한 아름다움을 나타내 본다. 'There is no place like home.' 이 세상에 그 어떤 곳도 내 집보다 더 좋은 곳은 없다.

내가 하늘나라에 갔을 때 거처할 집이 없다면 얼마나 실망이 크겠는가?

이 땅위에 사는 날 동안 우리는 하늘나라에 정말 멋있고 아름다운 처소를 마련하는 믿음의 승리자가 되어야 하겠다. 우리 모두 에녹의 믿음을 본받아 하나님과 동행하는 삶을 살면 이러한 집이 우리를 기다리고 있지 않을까 확신한다.

4) 하늘에 보물을 쌓아두라

"너희를 위하여 보물을 땅에 쌓아두지 말라 거기는 좀과 동록이 해하며 도적이 구멍을 뚫고 도적질 하느니라 오직 너희를 위하여 보물을 하늘에 쌓아두라 거기는 좀이나 동록이 해하지 못하며 도적이 구멍을 뚫지도 못하고 도적질도 못하느니라 네 보물이 있는 그 곳에는 네 마음도 있느니라"(마 6:19~21).

위의 말씀을 모르는 기독교인은 아마 없을 것이다. 다만 이 말씀대로 이행하는 사람은 그렇게 많지 않다는 것이다. 이 말씀에서 우리는 세 가지를 유의하여 마음에 새겨야 한다.

그 첫번째는, 이 말씀이 예수님의 명령이라는 점이다. 예수님의 명령은 지켜도 되고 안 지켜도 되는 선택의 문제가 아니다.

두 번째는, '오직'이라는 단어이다. 이 말은 유일한 한 가지만을 강조 할 때 사용하는 부사이다. 부사는 우리가 잘 아는 대로 강조하고자 하는 단어 앞에 사용하여 그 뒤에 오는 단어의 의미를 강조하지만, 여기서는 문장 앞에 와서 문장 전체를 강조하고 있다. 그 이유는 너무나 명백하다. 그것은 내가 하늘나라에 가게 될 때 이 땅에 쌓아 둔 보물은 나와는 아무 상관이 없다는 것이다. 빈손으로 왔은즉 빈손으로 가는 것이 정해진 운명이기 때문이다.

이 땅에 살고 있는 동안 하늘에 보물을 쌓아두는 것이 이 땅의 보물을 하늘나라로 가져갈 수 있는 유일한 방법이다.

세 번째로 '너희를 위하여'이다. 우리가 헌금을 하거나 구제를 할 때에 이는 교회를 위하거나 하나님을 위하거나 가난한 자를 위함이 아니라 나 자신을 위함이라는 것이다. 이것은 바로 이 땅에 있는 보화를 하늘나라에 있는 나의 처소로 옮기는 것이기 때문이다.

Part 8

나의 신이 영원히 사람과 함께 하지 아니하리니

"사람이 땅위에 번성하기 시작할 때에 그들에게서 딸들이 나니 하나님의 아들들이 사람의 딸들의 아름다움을 보고 자기들의 좋아하는 모든 자로 아내를 삼는지라 여호와께서 가라사대 나의 신이 영원히 사람과 함께 하지 아니하리니 이는 그들이 육체가 됨이라 그러나 그들의 날은 일백 이십년이 되리라 하시니라 당시에 땅에 네피림이 있었고 그 후에도 하나님의 아들들이 사람의 딸들을 취하여 자식을 낳았으니 그들이 용사라 고대에 유명한 사람이었더라 여호와께서 사람의 죄악이 세상에 관영함과 그 마음의 생각의 모든 계획이 항상 악할 뿐임을 보시고 땅 위에 사람 지으셨음을 한탄하사 마음에 근심하시고 가라사대 나의 창조한 사람을 내가 지면에서 쓸어버리되 사람으로부터 육축과 기는 것과 공중의 새까지 그리하리니 내가 그것을 지었음을 한탄함이니라 하시니라 그러나 노아는 여호와께 은혜를 입었더라"(창 6:1~8).

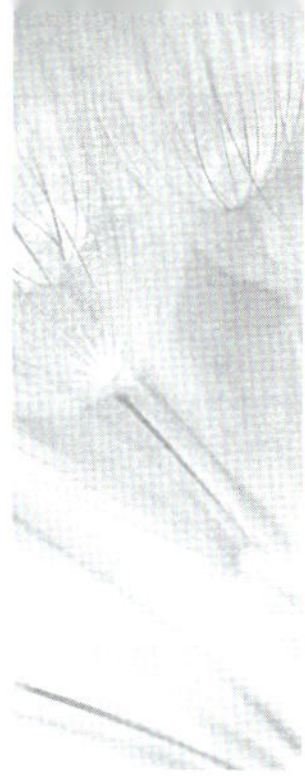

하나님이 가인을 에덴에서 추방함으로 이 땅위의 사람들의 삶의 형태가 두 갈래로 나뉘게 되었다. 바로 놋 땅에 거하는 가인의 후예와 에덴에 거하는 셋의 후예로 나뉜 것이다. 즉 사람의 아들들과 하나님의 아들들로 나뉘게 된 것이다. 이들의 삶의 방식은 시간이 흐름에 따라 점점 그 간격이 벌어지게 되었다. 마치 한 지점에서 작은 각으로 나누어진 두 선분이 거리가 멀어질수록 큰 간격으로 벌어지듯이, 이 두 집단의 사회상이 뚜렷하게 달라지게 된 것은 너무나 당연한 이치이다.

1 가인의 후예들

1) 성을 쌓다

가인은 에덴의 동편 놋 땅에 거하여 아들을 낳고 그 이름을 에녹이라 하였다. 그리고 그는 두려움을 이겨내려는 행동으로 제일 먼저 성을 쌓고 그 성을 에녹성이라 하였다. 성은 적의 침입으로부터 자신을 방어하는데 가장 든든한 방패가 된다. 고대나 중세의 거의 모든 지배자들은 이렇게 성을 쌓았다. 자기를 만나는 자가 자기를 죽일 것이라는 생각으로 가인은 두려움이 자신의 마음속을 지배할 때 제일 먼저 성을 쌓은 것이다. 이제 가인의 마음속에는 하나님이 없고 대신 자신의 힘만으로 세상을 살아가려는 인간이 되었다.

다윗은 시편 28편 8절에서 "여호와는 저희의 힘이시오 그 기름부음 받은 자의 구원의 산성이시로다" 그리고 또 시편 31편 3절에서는 "주는 나의 반석과 산성이시니 그러므로 주의 이름을 인하여 나를 인도하시고 지도하소서"라고 하였다. 하나님을 의지하는 자는 두려움이 오면 먼저 하나님을 찾는다. 하나님이 산성이 되어 자신을 지켜주시고 방패가 되시며 안전한 길로 인도하실 것을 믿는다. 사울의 위협을 피하여 도망 다닐 때 다윗은 온전히 하나님을 의지하여 살았다.

그러나 가인처럼 죄를 짓고 하나님의 앞을 떠나버린 자, 곧 육신에 사는 자는 위험이 닥칠 때 자신만을 의지하고 사람의 힘으로 문제를 해결하려 한다. 그들의 마음속에는 하나님이 없기 때문이다. 하나님의 형상대로 지음 받은 인간이 하나님을 떠나면 이 세상에서 그 어떤 동물보다 교활하고 잔인하고 무서운 존재가 되기 마련이다. 사람은 생각하는 존재이며 도구를 사용할 줄 아는 존재이기 때문이다. 이로 인하여 가인의 후예들은 모두 하나님을 모르는 죄악 된 길을 가게 되었다.

2) 세상문화의 번영

문화란 인간이 자연을 정복하고 다스리는 과정에서 이루어진 경험들의 축적이라 할 수 있다. 창세기 1장 26절과 28절에 "모든 것을 다스리게 하자", "그들에게 복을 주시며 그들에게 이르시되 생육하고 번성하여 땅에 충만하라 땅을 정복하라" 하신 말씀은 하나님께서 인간에게 문화명령을 내리신 것으로 보아야 한다.

이에는 언어, 관념, 신앙, 관습, 규범, 제도, 기술, 예술, 의례 등 다양한 내용을 포함한다. 문화 그 자체는 가치중립이다. 그러나 하나님을 떠난 인간에게는 필연적으로 마귀가 지배하는 가치 방향으로 기울어질 수밖에 없다.

가인은 동생 아벨을 죽이고 에덴의 동쪽 놋 땅으로 쫓겨났다. 왜 하나님께서는 아담은 용서하시어 에덴에서의 삶을 허용하시고 가인은 추방하셨을까? 그 이유는 죄를 범한 당사자들의 마음상태가 어떠하냐에 달려 있겠지만 그보다 더 중요한 것은 하나님의 절대적인 주권이다.

"토기장이가 진흙 한 덩어리로 하나는 귀히 쓸 그릇을 하나는 천히 쓸 그릇을 만드는 권이 없느냐"(롬 9:21).

이 말씀과 같이 하나님은 은혜 베풀 자에게 은혜를 베푸시고 긍휼히 여길 자에게 긍휼을 베푸시는 분이시다.

> "그런즉 하나님께서 하고자 하시는 자를 긍휼히 여기시고 하고자 하시는 자를 강퍅케 하시느니라"(롬 9:18).

가인은 자신의 제사가 열납되지 않은 원인을 자신에게서 찾지 않고 아벨과 하나님께로 돌렸다. 그의 마음은 강퍅해져서 하나님 앞을 떠났다. 그리고 그와 그의 후손들에게는 생명나무의 실과를 더 이상 먹을 수 없도록 에덴으로 향하는 길이 차단되었다. 그들은 인식하지 못하였겠지만 이 사실은 매우 중요한 의미를 가지고 있었다. 그들은 이제 하나님과의 영적인 관계가 단절된 채 육신적으로만 살아가는 존재가 되었다. 창세기 6장 3절에서 하나님의 아들들이 육체가 되었다고 하나님께서 한탄하셨는데, 놋 땅의 사람들은 이보다 1600여 년 전에 이미 육체가 되어 버렸다. 즉 하나님이 신이 함께 하지 않았다는 말이다(6:3). 하나님의 신이 함께 하지 않는 세상은 마귀가 지배하는 세상이다.

> "가로되 이 모든 권세와 그 영광을 내가 네게 주리라 이것은 내게 넘겨준 것이므로 나의 원하는 자에게 주노라"(눅 4:6).

이처럼 육체가 되어버린 인간은 마귀의 지배를 받을 수밖에 없다. 그러므로 요한은 우리에게 이렇게 경고한다.

"이 세상이나 세상에 있는 것들을 사랑치 말라 누구든지 세상을 사랑하면 아버지의 사랑이 그 속에 있지 아니하니 이는 세상에 있는 모든 것이 육신의 정욕과 안목의 정욕과 이생의 자랑이니 다 아버지께로 좇아 온 것이 아니요 세상으로 좇아 온 것이라"(요일 2:15~16).

가인의 후예들은 하나님을 떠나 세상문화를 번영시켜 나갔다. 그럼에도 가인의 후예들의 문화에서 우리가 알 수 있는 놀라운 사실이 하나 있다. 그 때에 벌써 악기를 만들고 동철로 된 날카로운 기계를 만들었다는 것이다. 고대 원시시대에는 미개한 문화생활을 하였을 것으로 생각해 온 것이 우리의 일반관념인데 그렇지 않다는 것을 보여주는 증거다.

어떤 이는 이러한 문화의 발달에 대하여 누가복음 16장 8절의 말씀을 적용하는 것을 보았다. "주인이 이 옳지 않은 청지기가 일을 지혜있게 하였으므로 칭찬하였으니 이 세대의 아들들이 자기 시대에 있어서는 빛의 아들들보다 더 지혜로움이니라" 이는 이 구절의 말씀을 잘 이해하지 못한 데서 나온 적용이다. 여기에서 '이 세대의 아들들의 자기 시대'라 함은 하나님을 모르는 자들이 하나님을 만났을 때(자기 시대 최고의 때) 빛의 아들들보다 일을 더 지혜롭게 처리한다는 의미이다.

이러한 문화의 형성은 전도서 12장 9, 10절 말씀을 떠올리게 한다.

"이미 있던 것이 후에 다시 있겠고 이미 한 일을 후에 다시 할찌라 해 아래는 새 것이 없나니 무엇을 가리켜 이르기를 보라 이것이 새 것이라 할 것이 있으랴 우리 오래 전 세대에도 이미 있었느니라"

그리고 또 하나의 특이한 것은 하나님의 명령을 떠난 결혼문화를 만들어 낸 것이다.

"이러므로 남자가 부모를 떠나 그 아내와 연합하여 둘이 한 몸을 이룰찌로다"(창 2:24).

하나님께서는 사람에게 일부일처제를 명하셨다. 그러나 가인의 후예들은 얼마 지나지 않아 일부다처제를 만들어 냈다. 이후 이러한 성문화는 동성애라는 타락의 길을 거듭하게 된다(창 19:5, 삿 19:22, 롬 1:26~27). 오늘날 동성결혼을 금하는 법을 위헌으로 규정하는 나라들이 하나 둘씩 늘어나고 있는 것을 보면서 하나님의 말씀을 다시 한 번 되새겨본다.

3) 죄와 타락

가인은 자신이 드린 제사가 열납되지 않자 하나님께 대하여 분노의 감정을 가졌다. 자신의 마음속에 가득한 죄의 유혹을 뿌리치지 못한 채, 그 원인을 하나님과 아벨과 그리고 부모에게로 돌렸다. 결국 그는 동생 아벨을 죽이고 하나님께 적대감을 가지고 에덴동산에서 추방당했다. 그에게는 회개할 수 있는 마음의 여유가 없었을 뿐 아니라 하나님 앞을 떠나는 것을 원했을지도 모른다. 그리하여 에덴의 동쪽 놋 땅에는 하나님을 떠난 세상이 이루어지게 되었다.

예레미야 선지자는 죄책에 대하여 이렇게 말하고 있다.

"그 때에 그들이 다시는 이르기를 아비가 신 포도를 먹었으므로 아들들의 이가 시다 하지 아니하겠고 신 포도를 먹는 자마다 그 이가 심같이 각기 자기 죄악으로만 죽으리라"(31:29~30).

이어 에스겔 선지자도 같은 의미의 말씀을 기록하였다.

"범죄하는 그 영혼은 죽을지라 아들은 아비의 죄악을 담당치 아니할 것이요 아비는 아들의 죄악을 담당치 아니하리니 의인의 의도 자기에게로 돌아가고 악인의 악도 자기에게로 돌아가리라"(18:20).

그런데 십계명을 보면 하나님께서 이와는 다른 말씀을 하신 것을 알 수 있다.

"너를 위하여 새긴 우상을 만들지 말고 또 위로 하늘에 있는 것이나 아래로 땅에 있는 것이나 땅 아래 물속에 있는 것의 아무 형상이든지 만들지 말며 그것들에게 절하지 말며 그것들을 섬기지 말라 나 여호와 너의 하나님은 질투하는 하나님인즉 나를 미워하는 자의 죄를 갚되 아비로부터 아들에게로 삼사 대까지 이르게 하거니와 나를 사랑하고 내 계명을 지키는 자에게는 천 대까지 은혜를 배푸느니라"(출 20:4~6).

이 말씀을 보면 한 조상의 믿음이 후손들에게 얼마나 중요한 영향을 미치는가를 알 수 있다. 가인이 하나님을 대적하고 떠난 곳에는 그 후손들에게서 하나님에 대한 믿음의 행위는 하나도 찾아볼 수 없다. 하나님을 버린 자들에게는 마귀가 지배하는 육신의 세계만 있을 뿐이다. 거기에는 필연적으로 죄가 뒤따른다. 그리고 죄는 점점 더 악해지고 만연해지기 마련이다.

4장에는 아담까지 포함하면 7대가 기록되어 있고 5장에는 10대가 나와 있다. 그런데 에덴동산에 살았던 하나님의 아들들은 생명나무의 열매를 먹을 수 있었기에 평균 912년의 수명을 누렸지만 놋 땅의 가인의 후예들은 그렇지 못했다. 따라서 그들의 수명은 상대적으로 더 짧았을 것이므로 5장 32절 이후 즉, 하나님의 아들들이 하나님을 실망시키는 잡혼을 할 때까지 놋 땅의 가인의 후손, 사람의 아들들은 15대 정도까지 내려갔을 것이다. 이때가 앞서 언급한 바와 같이 에덴동산이 창설된 때로부터 약 1600여 년이 지난 후였다. 그러므로 4장에는 라멕이 살인하는 장면까지만 나와 있지만 홍수 심판이 있기 전까지에는 라멕의 뒤를 이은 후손들이 적어도 7~8대 정도는 태어났을 것으로 보아야 한다. 그만큼의 세월이 더 흘러 갈수록 그들의 죄는 더 악독하고 관영하게 되었을 것이다. 6장에서 하나님의 아들들이 사람의 딸들을 취하여 아내로 삼는 것을 보시고 하나님께서 홍수심판을 결심하신 것을 보더라도 그 당시 놋 땅의 죄악상을 짐작할 수 있다.

2. 하나님의 아들들

아담과 하와가 범죄 후 에덴동산에서 추방되었다고 하는 것은 성경이 기록된 이래 지금까지의 모든 성경 연구가들의 일치된 주장이다. 이는 이미 앞에서 확인한 사실이다. 그리고 아담의 장남 가인도 아벨을 죽인 죄로 자기가 살던 곳에서 쫓겨났다. 그렇다면 가인의 후예들이나 셋의 후예들이 모두 에덴동산 밖의 지역에서 살았다고 보아야 한다. 이들 두 집단 사이에 어느 정도 거리가 이격되어 있었는지는 알 수 없지만 이들을 가로막고 있는 어떤 장치는 없었다. 성경에 이에 대하여 아무런 언급이 없기 때문이다. 이로 미루어 볼 때 이들 두 집단 사이에는 상호 왕래하는 것이 가능하였을 뿐만 아니라 문화의 교류도 이루어졌을 것이다. 그럼에도 불구하고 무려 1600여 년 동안이나 창세기 4장과 5장에 기술한 것과 같이 가인의 후예와 셋의 후예 간에 뚜렷이 차별화된 사회가 유지될 수 있었다는 것이 가능한 일인가?

여호수아가 인도하여 요단 건너 가나안 땅에 들어간 이스라엘은 하나님께서 경계하여 진멸하라고 하신 이방민족들을 남겨 두어 불과 몇십 년이 지나지 않아 우상들을 숭배하기 시작했다.

솔로몬의 경우는 이보다 더하다. 예루살렘에 하나님의 성전을 건축했던 그가 말년에 이방 여인들을 후궁으로 맞아들임으로 인하여 이방신들을 섬기게 되었다. 창세기 6장 2, 3절에서 하나님의 아들들이 사람의 딸들을 취하여 아내를 삼는 것을 보시고 극도의 노를 발하신 것도 이와 같은 이유에서였을 것이다.

이로 미루어 볼 때 아담은 에덴에서 추방당한 것이 아니라 에덴동산에 그대로 살고 있었다고 보아야 한다. 그러므로 놋 땅에 살았던 가인의 후예와 셋의 후예는 아주 다른 환경에서 살았던 것이다. 더구나 에덴동산에는 생명나무가 있어서 하나님과의 영적인 교제는 물론, 그들의 수명에도 결정적인 영향을 미쳤다. 그리고 놋 땅에서 에덴으로 가는 길은 차단되어 있었다.

창세기 4장을 보면 가인의 후예들이 하나님을 떠나 살아가는 생활상을 잘 묘사하고 있다. 이대로라면 인간의 역사는 완전히 하나님과의 관계가 끝나버리는 것처럼 암울하게 보일 수밖에 없었다. 그러나 4장의 끝 부분에 암흑 가운데서 한 줄기 빛을 보는 것처럼 새로운 세상이 열리는 것을 볼 수 있다. "아담이 다시 아내와 동침하매 그가 아들을 낳아 그 이름을 셋이라 하였으니 이는 하나님이 내게 가인의 죽인 아벨 대신에 다른 씨를 주셨다함이며 셋도 아들을 낳고 그 이름을 에노스라 하였으며 그 때에 사람들이 비로소 여호와의 이름을 불렀더라"(25, 26절).

이어 5장에서 다시 아담에서부터 시작하여 노아에 이르기까지 믿음의 사람들의 행적에 대하여 기록하고 있다. 이들을 6장 2절에서는 '하나님의 아들들'이라고 부르고 있다. 그러나 아더 핑크와 같은 이들은 하나님의 아들들을 천사들이라고 해석한다. 아담과 셋의 후예들이 에덴동산에 살지 않았다고 본다면 갑자기 하나님의 아들들이 어디에서 나올 수 있는가 하고 의문을 제기 할 수 있기 때문일 것이다.

하나님은 하나님의 영광을 위하여 거룩한 씨를 보존케 하셨다. 아담으로부터 노아에 이르는 계보의 아들들을 놋 땅의 가인의 자손들과는 완전히 다른 세상에 격리시켰다. 이들은 에덴동산에서 생명나무의 실과를 계속하여 먹음으로 하나님의 말씀에 순종하며 무려 1600여 년 동안 죄를 짓지 않고 살아왔다. 이들이 바로 하나님의 아들들이며 창세기 5장 1절부터 32절까지의 기록이 바로 하나님의 아들들의 역사다.

3. 하나님의 신(성령)이 사람과 함께 해 온 방법

"볼지어다 내가 문 밖에 서서 두드리노니 누구든지 내 음성을 듣고 문을 열면 내가 그에게로 들어가 그로 더불어 먹고 그는 나로 더불어 먹으리라"(계 3:20).

"너희가 하나님의 성전인 것과 하나님의 성령이 너희 안에 거하시는 것을 알지 못하느뇨"(고전 3:16).

위의 구절들은 보혜사 성령이 오셔서 우리 가운데 역사하는 모습을 나타낸 말씀이다. 예수님은 십자가를 지시기 전에, 그리고 부활하신 후에 제자들에게 보혜사 성령을 보내실 것을 약속하셨다.

"내가 아버지께로서 너희에게 보낼 보혜사 곧 아버지께로서 나오시는 진리의 성령이 오실 때에 그가 나를 증거하실 것이요"(요 15:26).

"볼찌어다 내가 내 아버지의 약속하신 것을 너희에게 보내리니 너희는 위로부터 능력을 입히울 때까지 이 성에 유하라 하시니라"(눅 24:49).

오순절에 이 보혜사 성령이 강림하셨다(행 2:1~4). 이 성령 강림 사건은 역사적 단 일회적인 사건이다. 이는 마치 예수님이 죄와 사망에서 인류를 구원하기 위해 육신의 몸으로 이 세상에 오신 것과 같은 역사적인 사실이며 또한 일회에 끝난 사건이라는 말이다. 보혜사 성령은 오순절 다락방에 강림하신 이후 끝날까지 이 땅에 머물러 계시면서 역사하실 것이다.

> "은사는 여러 가지나 성령은 같고 직임은 여러 가지나 주는 같으며 또 역사는 여러 가지나 모든 것을 모든 사람 가운데서 역사하시는 하나님은 같으니 각 사람에게 성령의 나타남을 주심은 유익하게 하려 하심이라 어떤 이에게는 성령으로 말미암아 지혜의 말씀을, 어떤 이에게는 같은 성령을 따라 지식의 말씀을, 다른 이에게는 같은 성령으로 믿음을, 어떤 이에게는 한 성령으로 병 고치는 은사를, 어떤 이에게는 능력 행함을, 어떤 이에게는 예언함을, 어떤 이에게는 영들 분별함을, 다른 이에게는 각종 방언 말함을, 어떤 이에게는 방언들 통역함을 주시나니 이 모든 일은 같은 한 성령이 행하사 그 뜻대로 각 사람에게 나눠 주시느니라"(고전 12:4~11).

그런데 찬송가 가사를 보면 이 사실을 잘 이해하지 못한 것처럼 느껴지는 부분들이 있다. 예를 들면 '성령이여 강림하사', '오늘도 내리어 줍소서' 등과 같이 마치 성령이 하늘로서 다시 강림하는 것처럼 묘사하는 가사이다. 또 어떤 이는 성령강림이 오순절에 처음 있었던 일이 아니라고 한다. 그 이유로 창세기 1장 2절의 '하나님의 신은 수면에 운행하시니라'라는 말씀을 들어 성령이 이미 창조 때에 지상에 계셨다는 것이다. 그렇게 말하면 예수님도 마리아에게서 태어나기 전 구약시대에 이미 여러 번 이 지상에 오신 것을 알 수 있는데 그렇다고 예수님의 이 땅에 오심을 구약시대로 말할 수는 없는 것이다.

창세기 1장 2절의 말씀은 며칠 동안 필요한 사역을 위해 운행하신 것이고 보혜사 성령은 한번 강림 하신 후 세상 끝 날까지 지상에서 사역할 것이기에 그 성격이 완전히 다르다. 보혜사 성령은 이 지상에 계시면서 기도와 회개, 은사 등 여러 분야에서 성도들을 도우시는 일을 한다. 그러나 창조 초기에 하나님의 신이 사람과 함께 해 오신 방법은 바로 생명나무를 통해서였다. 만약 지금까지 모든 성경 해석들이 주장한대로 아담의 범죄로 인하여 에덴동산이 폐쇄되고 생명나무의 길이 막혔다면 사람이 생명나무의 실과를 먹을 수 있었던 기간은 불과 수일에 지나지 않았을 것이다. 그러나 나는 생명나무는 에덴동산과 함께 노아의 홍수 때까지 존속되어 왔을 것이라는 점을 밝힌 바 있다. 그러니까 그 기간은 창조 때로부터 대홍수로 인하여 에덴동산이 멸실될 때가지 약 1600여 년이 된다. 이때 성령의 역사는 특별은혜가 아닌 일반은혜로서 주어진 것이었다. 그 근거가 바로 창세기 3장 22절 말씀이다. 즉 죄인이 손을 들어 그 열매를 따먹고 영생할 수 있다는 것이다. 하나님의 말씀처럼 홍수로 말미암아 생명나무가 사라지게 됨으로써 이제 이 나무의 열매를 통한 성령의 역사는 영원히 끝나게 되었을 것이다.

그렇다면 홍수 후로부터 보혜사 성령이 오시기까지는 성령의 역사는 전혀 없었는가? 그렇지 않다. 우리는 성경에서 그 증거를 찾을 수 있다.

"하나님의 신을 그에게 충만하게 하여 지혜와 총명과 지식과 여러 가지 재주로"(출 31:3).
"네게는 여호와의 신이 크게 임하리니 너도 그들과 함께 예언을 하고 변하여 새사람이 되리라"(삼상 10:6).
"사무엘이 기름 뿔을 취하여 그 형제 중에서 그에게 부었더니 이 날 이후로 다윗이 여호와의 신에게 크게 감동되니라"(삼상 16:13).

위에거 보는 것처럼 이 기간 동안에는 하나님께서 필요한 사람에게 직접 성령을 주어 하나님의 신에 감동케 하여 각종 은사를 주셨다. 모세와 여호수아, 사무엘, 이사야, 예레미야, 호세아 등 선지자들과 사사시대의 사사들, 그리고 제사장, 서기관, 왕 등의 많은 이들에게 성령을 주심으로 그들로 하나님의 일을 하게 하셨다.

4. 나의 신이 영원히 사람과 함께 하지 아니하리니

'나의 신이 영원히 사람과 함께 하지 아니하리니 이는 그들이 육체가 됨이라 그러나 그들의 날은 일백이십 년이 되리라' 이 문장을 자세히 음미해보면 '신이 함께 하지 않는' 것과 '그들의 날이 일백이십 년이 되리라'는 것이 상호 밀접한 연관을 가지고 있음을 알 수 있다. 그렇다면 이 두 가지를 함께 아우르는 것은 무엇일까? 그것은 바로 생명나무였다. 생명나무 열매는 앞에서 살펴본 바와 같이 바로 이 두 가지 기능을 한 것이다. 다시 말하면 이 열매를 먹음으로 하나님의 신이 함께 하여 하나님과 교제하게 하며, 말씀에 순종하게 하고, 또한 감사와 찬양과 영광을 돌리게 하는 동시에 육신의 수명을 연장시키는 기능을 한 것이다.

가인이 죄를 짓고 에덴의 동편 놋 땅으로 추방당했을 때 하나님은 그와 그 후손들이 생명나무 실과를 따먹지 못하도록 에덴의 동편 길을 지키게 하셨다. 그러나 아담과 하와는 물론 그의 후손, 즉 셋으로부터 노아에 이르는 하나님의 아들들에게는 에덴동산에 거주하면서 생명나무 열매를 먹도록 허용하셨다. 그런데 노아가 세 아들을 낳았을 때, - 노아의 나이 대략 510세 쯤 되었을 때 - 창세기 6장 2절의 말씀처럼 하나님의 아들들이 하나님을 실망시키는 가인의 후예들과 잡혼을 하게 된 것이다. 그러므로 '나의 신이 영원히 사람과 함께 하지 아니하리니'라고 하신 말씀은 생명나무를 없애 버리므로 하나님의 아들들이 더 이상 그 실과를 먹을 수 없게 하시겠다는 뜻이었다.

나는 앞에서 아담의 에덴동산 추방을 부인하면서 이 말을 한 적이 있다. 생명나무의 실과를 먹지 못하게 하는 가장 완전한 방법은 그것을 지키는 것이 아니라 나무 자체를 없애는 것이라고. 그러나 그 때는 에덴동산을 폐쇄하는 것도 아니었고 아담을 추방하는 것도 아니었다. 다만 가인이 생명나무 열매를 먹지 못하도록 놋 땅이 있는 에덴의 동편을 화염검과 그룹들로 지키게 하신 것이다. 그러나 이제는 달랐다. '나의 신이 사람과 함께 하지 않겠다'는 것은 생명나무를 없애버리겠다는 것이다. 이는 생명나무뿐만 아니라 에덴동산 전체, 아니 온 땅을 다 쓸어버리겠다는 무서운 심판의 의미가 그 속에 담겨 있었다.

5. 그들의 날은 일백이십 년이 되리라

'그러나 그들의 날은 일백이십 년이 되리라' 이 말을 두고 지금까지 모든 해석자들이 홍수 대 심판의 유예기간이라고 말한다. 즉 앞으로 일백이십 년이 지나면 대홍수 심판을 내리시겠다는 말이다. 나는 이에 대하여 전에 내놓은 '감추인 보화'에서 자세히 밝힌 바 있지만, 다시 여기에 간단히 언급하고자 한다. 기존의 연구들은 '일백이십 년'을 홍수 심판까지의 유예기간이라고 함으로써 이때에 하나님께서 노아에게 방주를 만들도록 명하셨다고 한다. 따라서 노아는 480세 때부터 방주를 만들기 시작했다고 주장한다. 그러나 나는 이 기간이 홍수 심판에 대한 유예기간이 아니라 홍수 심판 후에 짧아지게 될 인간의 수명이라고 확신한다. 왜 이러한 해석이 가능한 가에 대하여 하나씩 검토해 보기로 한다.

1) 하나님의 말씀이 그것을 증거하고 있다.

> "그러나 너와는 내가 내 언약을 세우리니 너는 네 아들들과 네 아내와 네 자부들과 함께 그 방주로 들어가고"(창 6:18).

이는 하나님께서 노아에게 방주 제작을 명하시며 하신 말씀이다. 하나님께서 이 말씀을 하실 때에 노아에게는 이미 세 아들이 있었을 뿐만 아니라 그 세 아들들이 모두 결혼하여 노아의 가족이 여덟 명이 되었을 때였다. 만약 노아가 480세에 방주를 만들기 시작했다면 이때는 노아가 장남 셈을 낳기 23년 전이다. 그렇다면 이때는 셈과 셈의 아내는 물론 그의 동생들, 즉 함과 야벳의 아내들까지 아무도 없었고 오직 노아의 부부만 있을 때이다. 이것은 노아의 가족 여덟 명에게 방주로 들어가라고 하신 하나님의 말씀과 전혀 맞지 않는다.

다만 이러한 상황이 나올 수 있는 유일한 경우가 하나 있다. 그것은 우리가 앞에서 보았던 가인의 추방과 같은 경우이다. 하나님께서는 전지전능하신 분이기에 노아가 480세 되었을 때에 앞으로 그에게 세 아들들이 태어날 것과 그들이 잡혼의 죄를 범하는 하나님의 아들들과는 다르게 사람의 딸들을 아내로 취하지 않을 것을 미리 알고 노아에게 방주를 만들도록 명하시며 그렇게 말씀하신 경우이다. 그렇지만 성경의 기록을 보면 그렇게 해석할 수 없다는 것을 쉽게 알 수 있다. 창세기 5장은 하나님의 아들들에 대한 계보를 기록하고 있다. 그 맨 마지막 32절에 '노아가 오백세 된 후에 셈과 함과 야벳을 낳았더라" 라고 쓰고 있다. 이때를 보다 정확히 말하면 노아의 나이 510세쯤 되었을 때이다. 창세기 5장에서는 사람들이 범죄하는 내용의 기록이 전혀 없다.

나는 어떤 책에서 이 구절을 근거로 노아가 오백세에 셈을 낳았다고 기록한 것을 보았다. 이것은 성경을 이 한 구절만 보고 그렇게 말한 것이다. 그러나 노아가 장남 셈을 낳았을 때가 503세였으니(창 7:6, 창 11:10, 창 7:11, 창 8:14 이 네 구절의 계산에 의함). 그의 두 동생들이 차례로 태어나려면 대략 노아의 나이를 510쯤으로 보는 것이 맞다. 5장1절에서 여기까지는 하나님의 아들들이 범죄한 흔적이 전혀 없다. 그들의 범죄는 6장에서 언급되기 시작했다. 만약 하나님께서 하나님의 아들들이 죄를 짓는 것을 보신 후 노아에게 방주를 제작하도록 말씀하신 때가 노아의 나이 480세였다면 이 기사는 창세기 5:32절 앞에 기록되었어야 한다. 이것은 전혀 앞뒤가 맞지 않는다. 하나님의 아들들의 범죄는 노아의 나이 510세 이후에 일어난 사건이다. 다시 말해서 하나님께서 노아에게 방주를 만들도록 말씀하신 때는 노아의 세 아들들은 물론 그 자부들까지 함께 있었을 때였다. 그러므로 일백이십 년이라는 기간은 홍수 심판에 대한 유예기간이 될 수 없고 방주를 제작한 기간도 될 수 없는 것이다.

2) '그러나 그들의 날은 일백이십 년이 되리라' 이 말씀의 해석에서

'나의 신이 영원히 사람과 함께 하지 아니하리니 이는 그들이 육체가 됨이라 그러나 그들의 날은 일백이십 년이 되리라' 이 말씀을 잘 음미해 보자.

여기에서 일백이십 년이라는 기간은 '나의 신'과 밀접한 관계가 있음을 알 수 있다. 만약 이 기간이 홍수심판에 대한 유예기간이었다면 이 말씀은 이렇게 기록되었을 것이다. '내가 홍수로 지면을 쓸어버리되 사람으로부터 육축과 기는 것과 공중의 새까지 그러하리니 그러나 그들의 날은 일백이십 년이 되리라' 즉 홍수심판을 언급한 후에 이 기간을 기록하였을 것이라는 말이다. 그런데 이 기간을 '나의 신'과 연관하여 기록하였다. 그렇다면 지금까지는 하나님의 신이 사람과 함께 하여 왔다는 말인데, 과연 하나님의 신은 어떠한 방법으로 사람과 함께 하셨을까? 그것은 이미 앞에서 여러 차례 언급했던 바와 같이 바로 '생명나무'였다. 이 생명나무는 하나님의 신이 함께 하는 매개체였고 동시에 사람의 수명과 직접 연관되어 있었다(창 3:22 참조). 그러므로 이 기간은 생명나무를 없앤 후에 인간들의 수명이 120년으로 짧아지게 될 것을 말씀하신 것이다.

3) 노아의 나이 계산에 의하여

앞에서 살펴본 바와 같이 만약 이 기간이 심판의 유예기간이었다면 노아의 나이 600세 때에 홍수가 있었으니 노아가 하나님으로부터 심판에 대한 경고와 방주제작 명을 받은 때는 노아의 나이 480세가 되어야 한다. 그러나 이때는 앞에서 본 바와 같이 노아가 그의 아들들을 낳기 30여 년 전이다.

창세기 5장 32절은 노아의 나이 510세쯤이었을 때였다. 바로 이어 창세기 6장은 하나님의 아들들의 범죄를 기록하고 있다. 그러나 이때에도 하나님은 홍수심판은 경고하지 않으셨다. 즉 6장 2절에서 일차적으로 하나님의 아들들이 사람의 딸들과 혼인하는 것을 보신 후 생명나무를 없애므로 말미암아 하나님의 신이 사람과 함께하지 않으리라고 말씀하셨다. 이 말씀을 유추 해석하면 생명나무를 없앤다는 것은 결국 홍수 심판을 의미하지만 직접 그렇게 말씀하지는 않으셨다.

그 이유는 바로 홍수 후 사람들의 수명과 관련하여 '나의 신' 즉 생명나무를 말씀하려 하셨기 때문이다. 그런데 그 후에 또 같은 사건이 발생한다. 바로 4절 말씀이다.

"당시에 땅에 네피림이 있었고 그 후에도 하나님의 아들들이 사람의 딸들을 취하여 자식을 낳았으니 그들이 용사라 고대에 유명한 사람이었더라"

이 말씀에서 '그 후에도'라는 기록에 이어 두 번째 하나님의 아들들이 사람의 딸들을 아내로 취하는 죄를 범하는 것을 명시하고 있다. 그러므로 2절과 4절 사이에는 약 30여 년의 세월이 흘렀을 것으로 보인다. 왜냐하면 2절은 5장 32절에 이어 기록된 말씀으로 노아의 나이 510세 때쯤으로 생각할 수 있다. 그러나 4절은 홍수심판 경고와 연관된 구절로 노아의 나이 540세 때쯤으로 보아야 한다. 그 때 노아의 세 아들들이 결혼한 상태였으니 그들이 태어난 때(5:32)로부터 최소한 30년 이상이 지났어야 한다.

위에서 보는 것처럼 3절과 4절의 사이에는 시차가 있음을 알 수 있다. 따라서 3절의 말씀은 2절에 이어 나온 말씀으로 생명나무와 홍수 후 사람의 수명에 관한 것이다. 이 구절은 홍수 심판과는 직접 관련이 없고 4절이 심판과 직접 관련 있는 구절이다. 그러므로 일백이십 년은 홍수심판의 유예기간이 아니다. 홍수 후에 사람이 살 수 있는 수명을 말씀 하신 것이다.

지금까지는 에덴에 있던 사람들이 생명나무의 열매를 먹고 900세 이상의 수명을 누렸다. 그러나 놋 땅에 살았던 가인의 후예들은 3장 22절의 말씀에 근거하여 이보다는 훨씬 적은 수명을 누렸을 것으로 추측된다. 홍수 후에는 생명나무가 없어진 것은 물론 기후와 환경, 식생활 문화의 변화로 인하여 사람의 수명이 급격하게 짧아지게 된 것이다.

Part 9

바벨탑 사건

"온 땅의 구음이 하나이요 언어가 하나이었더라 이에 그들이 동방으로 옮기다가 시날 평지를 만나 거기 거하고 서로 말하되 자, 벽돌을 만들어 견고히 굽자 하고 이에 벽돌로 돌을 대신하며 역청으로 진흙을 대신하고 또 말하되 자, 성과 대를 쌓아 대 꼭대기를 하늘에 닿게 하여 우리 이름을 내고 온 지면에 흩어짐을 면하자 하였더니 여호와께서 인생들의 쌓는 성과 대를 보시려고 강림하셨더라 여호와께서 가라사대 이 무리가 한 족속이요 언어도 하나이므로 이같이 시작하였으니 이후로는 그 경영하는 일을 금지할 수 없으리로다 자, 우리가 내려가서 거기서 그들의 언어를 혼잡케 하여 그들로 서로 알아듣지 못하게 하자 하시고 여호와께서 거기서 그들을 온 지면에 흩으신 고로 그들이 성 쌓기를 그쳤더라 그러므로 그 이름을 바벨이라 하니 이는 여호와께서 거기서 온 땅의 언어를 혼잡케 하셨음이라 여호와께서 거기서 그들을 온 지면에 흩으셨더라"(창 11:1-9).

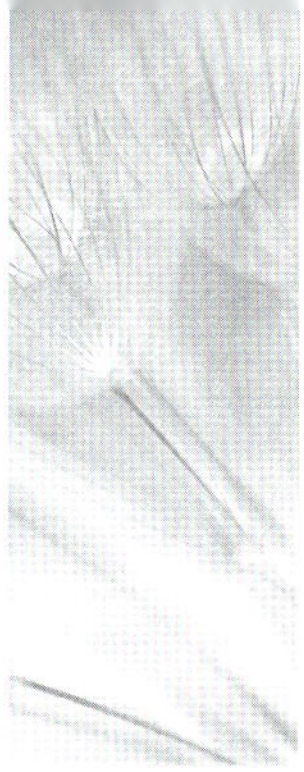

머리말에서 밝힌 것처럼 이제 창세기에서는 마지막으로 11장에 기록된 바벨탑 사건에 대하여 살펴봄으로써 창세기에 대한 연구는 마치기로 하겠다.

이 사건에 대한 진상을 알아보기 전에 먼저 독자 여러분 자신이 바벨탑 사건을 어떻게 해석하고 있는지 질문하고 싶다. 그것을 먼저 확인해 본 후에 이 글을 읽는 것이 더 흥미 있는 일이 될 것이라 생각하기 때문이다.

바벨탑이라는 말은 성경에 기록되어 있지 않다. 그러나 지금까지 거의 모든 사람들이 자연스럽게 이렇게 불러왔기에 여기에서도 그렇게 명명하기로 한다. 노아의 홍수 후 시날 평지에서는 과연 어떤 일이 벌어지고 있었을까? 나는 이 책을 쓰기 위하여 성경통독을 최단시간에 끝내는 경험을 하기도 했다. 1월 1일부터 시작하여 28일 만에 마쳤으니 거의 성경에 매달리다시피 한 셈이다. 그리고 창세기 1장에서부터 11장까지 이루 헤아릴 수 없을 정도로 많이 읽었다. 물론 이 연구를 위해 관련되는 다른 구절들을 읽은 것은 말할 것도 없지만, 그럼에도 불구하고 이 바벨탑 사건이 언제 발생했는지 알 수 없었다. 물론 대략적인 시기야 짐작으로 알 수 있었지만 정확한 시점을 확인할 수 없어 궁금증만 더해갔다.

그러다가 이 책을 거의 다 써 갈 무렵에야 그 정확한 시기를 찾아낼 수 있었다. 여러분도 경험하였겠지만 나의 경우에는 성경에서 의문점을 해결하는 답을 찾았을 때 그 기쁨은 말로 형용키 어려울 정도로 크게 느낀다. 특히 본 장에서 이에 대한 글을 써야하는 입장에서 풀리지 않는 문제를 안고 있었으니 한편으로는 답답하기 그지 없었다. 하나님께 매달려 기도하곤 하였는데 다행히 이곳에 그 모든 궁금한 점들을 기록할 수 있게 되어 더욱 기쁨을 감출 수가 없다. 왜냐하면 이 사건이 발생한 시기를 아는 것이 모든 의문점들을 해결하는 답을 제공하기 때문이다.

우리가 이 기사를 읽을 때에 노아의 홍수 후 많은 세월(적어도 몇 백 년 쯤)이 흐른 뒤에 이 바벨탑 사건이 발생하였을 것으로 생각하는 것이 보통이다. 그리고 홍수 후 방주에서 나온 사람이 여덟 명이었는데 그들이 세계 각 지방으로 흩어지는 시기에는 많은 인구 증가가 있었을 것으로 추측하기 쉽다. 특히 '혼잡'이라는 단어가 우리로 하여금 그렇게 생각하도록 하는 역할을 해왔다. 지금까지 모든 학자들도 홍수 후 많은 시간이 흐른 뒤 이 사건이 일어났을 것으로 생각하였기에 해석에 어려움을 겪었을 것이다. 그러나 실상은 그렇지 않다. 이제 이 사건의 자세한 내막을 하나씩 벗겨보기로 한다.

1. 바벨탑 사건은 언제 발생하였는가?

노아의 나이 600세 되던 해에 땅 위에 있는 모든 생명체들을 쓸어버리는 심판의 대홍수가 있었다. 그 때 노아의 장남 셈의 나이는 97세였다. 홍수는 무려 370일에 걸쳐 있었으므로 홍수가 끝나고 노아의 가족이 방주에서 나왔을 때 노아는 601세 그리고 셈은 98세였다. 이 때로 부터 101년이 지나 바벨탑 사건이 발생하게 된다. 이 시기를 다음의 성경구절에서 그 답을 알아내었다.

> "에벨은 두 아들을 낳고 하나의 이름을 벨렉이라 하였으니 그 때에 세상이 나뉘었음이요 벨렉의 아우의 이름은 욕단이며"(창 10:25).

이 말씀에서 벨렉(나뉨)이라는 이름이 그 단서를 알려주고 있다. 즉 에벨이 벨렉을 낳던 해에 바벨탑 사건으로 인하여 사람들이 세계 각처로 흩어져 살게 되었다는 말이다. 그러므로 에벨이 아들을 낳고 그 이름을 벨렉이라 하였다. 이 기사는 10장에 나와 있고 바벨탑 사건은 11장에 기록되어 있음으로 하여 자칫 흘러 넘겨버리기 쉬운 구절이다. 이 때 노아의 나이는 702세, 장남 셈의 나이는 199세, 그리고 노아의 현손이며 셈의 증손인 에벨의 나이는 34세였다. 이는 셈은 물론 그의 아버지인 믿음의 사람 노아도 이 사건이 있을 때에 살아 있었다는 것을 말해 준다.

노아의 홍수 때 모든 사람이 물로 말미암아 죽었는데 홍수 전 마지막으로 사망한 사람이 므두셀라였다. 그런데 성경의 기록으로만 보면 그 이후 단 한 사람도 죽지 않았을 때 바벨탑 사건이 일어난 것이다. 이것은 바벨탑 사건이 홍수 후 얼마 지나지 않아 발생하였음을 실감케 한다. 그러나 성경의 기록을 보면 노아가 죽은 후 오랜 세월이 흘러 이 사건이 일어난 것처럼 보인다. 노아의 사망에 관한 기사는 창세기 9장 29절에 나와 있고 바벨탑 사건은 창세기 11장에 기록되었기 때문이다.

실제로 그랜드 종합주석 연대표를 보면 노아의 죽음이 먼저 나와 있고 다음에 바벨탑 건축과 인류의 분산을 그 뒤에 기록하고 있다 (p.76). 그러나 실상은 이 사건 이후 노아는 248년, 셈은 401년을 더 살았다. 노아는 창세기 11장 16절에 그 출생을 기록하고 있는 벨렉보다 9년을, 그리고 11장 23절에 기록된 아브라함의 할아버지 나홀보다 8년을 더 살았다. 더욱 놀라운 사실은 아브라함이 소명을 받기 전, 즉 아브라함이 하란에 거할 때에 까지도 노아가 살아 있었고 아브라함이 57세 되던 해에 노아가 사망했다. 성경에 기록된 순서만을 보고 연대를 추측하는 것이 얼마나 옳지 않은 방법인가를 보여주는 좋은 예다.

홍수 때로부터 시작하여 바벨탑 사건 이후 최초로 죽은 사람은 공교롭게도 나뉨이라는 의미의 이름으로 바벨탑 사건이 있었던 해에 태어난 벨렉이었다. 그는 바벨탑 사건이 있었던 해에 태어나 239년을 살았다. 그렇다면 노아와 셈도 이 사건에 가담하였었는가? 하는 의문점이 남는다. 이 문제는 다음에서 확인해 보기로 한다.

2. 이 사건이 있을 때에 인구는 얼마 정도였을까?

앞에서도 언급하였지만 바벨탑 사건이 일어난 때는 홍수가 끝난 때로부터 101년 밖에 지나지 않았다. 그렇다면 그들이 시날 평지에서 성과 대를 쌓을 때에 사람의 수효는 얼마나 되었을까?

영국의 신학자 아더 핑크는 그의 창세기 강해에서 창세기 10장 8~10절을 근거로 바벨탑을 쌓을 당시에 니므롯이 거대한 제국의 왕으로써 모든 일을 지휘하였다고 하였다(p145). 뿐만 아니라 니므롯을 처음 나타난 적그리스도라고 하였다. 그리고 그의 야망은 세계를 하나로 통일 정복하는 것이라 하였다(p147). 과연 그의 주장대로 니므롯은 거대한 제국을 건설하였던 것일까? 거대한 제국이라 함은 그 나라의 힘은 어떻든 간에 우선 인구가 많아야 한다. 또 넓은 지역을 장악하여 지배하여야 한다.

그런데 창세기 10장 6~8절을 보면 니므롯은 함의 손자였다. 즉 노아의 증손이 되는 것이다. 그리고 노아의 장남 셈의 계보로 보더라도 같은 결과가 나온다. 벨렉은 셈의 5대손이요 노아의 6대손이다. 그러나 에벨이 벨렉을 낳았을 때에 이 사건이 일어났으므로 실제로는 노아의 5대손 에벨(그의 나이 34세) 때로 보는 것이 맞다. 그러므로 장남 셈의 계보로 보면 둘째 아들 계보의 니므롯보다 1대가 더 내려간 셈이다.

그렇다면 홍수 후에 이 땅에는 노아의 가족 여덟 명 뿐이었는데 그로부터 101년이 지난 후, 즉 노아의 증손 때에 사람의 수가 수십만 또는 수백만 명으로 불어날 수 있었을까? 그렇지 않다. 출애굽 당시의 예를 보면 야곱의 가족 70명이(열두 아들) 애굽에 들어간 지 430년 만에 약 100만 명 정도로 늘어난 것을 우리는 성경에서 확인할 수 있다. 그렇다면 바벨탑 사건의 경우에는 이에 비하면 처음 시작한 사람의 수효가 노아의 아들 세 명이었으므로 야곱의 아들에 비해 1/4 이며, 또 기간도 출애굽 때에 비해 1/4 이 채 못 된다. 그렇다면 단순 계산으로 바벨탑사건이 있을 때의 인구는 대략 출애굽 때의 1/16정도가 되는 것으로 생각할 수 있다. 이렇게 계산하면 약 62,500명 정도가 된다.

그러나 실제로는 그렇게 될 수가 없다. 왜냐하면 맬서스의 인구론에서 말하는 것처럼 인구는 자연 상태에서 25년 마다 2배로 늘어난다고 가정했을때 100년 후부터 매25년 마다 2배씩 기아급수 적으로 증가하기 때문에 위의 단순 계산은 맞지 않는다. 노아의 가족 8명으로(실제로는 6명으로 보아야 한다. 이때 노아 부부는 이미 출산이 끝난 후였다.) 시작한다면 위의 식으로 계산하였을 때 100년 후에는 128명 밖에 되지 않는다. 이 계산에 의하면 마지막으로 나타난 숫자가 그 당시의 인구인데 백번 양보하여 매 25년 마다 나타난 숫자, 즉 8명, 16명, 32명, 64명, 128명을 모두 합해도 248명 밖에 되지 않는다. 그러나 야곱의 가족, 즉 출애굽 때의 인구를 위의 식으로 계산하면 약 500만 명이나 된다. 그러나 우리가 출애굽기에서 보듯이 출애굽 전 약 100년 동안 바로가 히브리인들의 출산을 방해하였기 때문에 이는 자연 상태라고 볼 수 없으며, 성경의 기록대로 약 100만 명 정도로 보는 것이 타당할 것이다. 그러므로 바벨탑 사건 때의 인구는 아무리 많게 잡아준다 해도 수백 명에 불과하였을 것이다.

실제 성경에 기록된 사람들의 이름을 보더라도 그렇게 많은 인구증가가 있었던 것으로 보이지는 않는다. 불과 500명도 채 안 되는 숫자였을 것이다.

이 글을 읽는 독자 여러분의 가정을 생각해 본다면 보다 쉽게 이해할 수 있을 것이다. 즉 한 가정에 세 아들이 있는데 그들이 결혼한 때로부터 101년이 지났을 때 그 가계는 과연 몇 명의 숫자를 나타낼 것인가? 아마도 노아의 가족과 같이 수백 명을 넘지 않을 것이다. 그런데 어떻게 이 인구로 거대한 제국을 건설할 수 있겠는가? 한마디로 핑크의 주장은 잘못된 것임을 알 수 있다. 그러므로 니므롯을 처음 나타난 적그리스도로 보는 것도 당연히 그릇된 주장이라 할 수 있다. 더욱 맞지 않는 말은 사람들이 시날 평지에서 흩어지지 않기 위해 바벨탑을 쌓았는데, 이미 거대한 제국을 건설한 니므롯이 왕이 되어 사건을 주도했다고 한다. 거대한 제국은 넓은 영토를 지배하는 국가이다. 그러나 여기의 주인공들은 동방으로 옮겨가다가 시날 평지에 도착하여 거기 거하며 사방으로 흩어지기를 싫어하여 성과 대를 쌓았다. 그러므로 이 사람들을 거대한 제국을 건설했다고 평가하는 것은 너무나 엄청난 착오를 일으키고 있음을 알 수 있다.

3. 바벨탑 사건은 하나님께 대하여 어느 정도로 중대한 범죄였을까?(이 사건을 바라보는 신학자들의 견해)

이 사건에 기록된 죄는 두 가지로 볼 수 있다.

하나는 대를 쌓아 이름을 내는 것이요, 다른 하나는 하나님의 뜻을 거역하여 흩어짐을 거부하는 것이었다. 거의 모든 성경 해석자들은 바벨탑 사건을 하나님을 대적하여 우상을 섬기려고 의도하였던 아주 심각한 죄로 다루고 있다. 그러나 나는 전혀 그렇게 생각하지 않는다. 그 이유는 다음에 자세히 알아보기로 하고 먼저 여기에서 그 기록들을 확인해 보기로 한다.

"바벨탑이 무너진 후 오늘날 우리가 사는 세계가 형성되었다. 인류는 두 번 하나님을 버렸다. 한 번은 홍수 전 이었으며, 또 한 번은 홍수 후 바로 여기에서였다. 요약해 보자. 니므롯과 그의 계획안에서 우리는 전 세계를 지배하는 통치자를 세우고자 하는 사단의 최초의 시도를 본다. 자기 영광을 위한 그의 터무니없는 열망 속에서, 그가 휘두르는 강력한 권력에서, 그가 사용하는 무자비하며 야수적인 방법에서, 창조주에 대한 그의 노골적인 도전에서, 왕국을 세움으로써 하나님의 영광을 탈취하고자 시도하는 것에서, 그리고 그의 나라의 멸망이 '우리가 내려가서 거기서 그들의 언어를 혼잡하게 하자' 하는 말씀에 묘사되는 사실에서 - 우리는 여기의 역사적 이야기의 기저(基底)에 겉으로 들어나는 것 이상의 훨씬 더 깊은 것이 있음을 분명하게 보게 된다. 다시 말해서 우리는 여기에서 적그리스도의 인격과 사역과 멸망을 보여주는 완전한 모형을 보게 되는 것이다"(창세기 강해 아더 핑크 크리스챤 다이제스트 p147).

이쯤 되면 바벨탑 사건이 얼마나 무서운 죄인지 짐작할 수 있을 것이다. 핑크의 주장대로라면 홍수로 멸망 받아야할 범죄보다 훨씬 더 중대한 범죄이다. 그러나 그의 말대로 바벨탑은 무너진 것이 아니라 하나님이 언어를 혼잡케 하시므로 사람들이 성 쌓기를 중단한 것으로 기록되어 있다(창 11:8).

"인류는 노아의 세 자녀를 중심으로 나누어집니다. 그런데 11장에서는 피부와 언어와 문화가 아니라 하나님을 경외하는 사람과 하나님을 경외하지 않는 사람으로 인류를 구분하고 있습니다. 어디든지 하나님을 믿고 경외하는 사람과 하나님의 존재를 믿지 않고 무시하며 물질 중심으로 사는 사람들이 있습니다. 첫 번째, 창세기 11장 1~9절까지는 하나님을 경외하지 않는 그룹에 대해 말합니다. 두 번째는 10절부터 32절까지로 셈의 후예들인 하나님을 경외하는 그룹입니다. 그러므로 하나님을 경외하지 않았던 그룹은 함과 야벳 족속임을 알 수 있습니다"(무지개가 구름 사이에 있으리라. 하용조. 두란노 p218).

여기서는 핑크에 비해서는 훨씬 부드러운 어조로 탑을 쌓는 사람들의 신앙상태를 나타내고 있지만 특이한 것은 노아의 후손들을 두 그룹으로 나누고 있다는 사실이다. 과연 그렇게 되었을까? 나는 이 견해에도 동의하지 않는다.

"대홍수를 경험했던 인간들은 자신들이 얼마나 미약한 존재인가를 확인할 수 있었다. 그들은 처음 겸손한 자세로 새 생활을 경험하였고 차츰 안정을 찾게 되었다. 그런데 인간이 안정된 생활에 익숙해지면서 다음과 같은 사실에 관심을 갖게 되었다. 즉 인간은 미약한 존재가 아니며 힘과 지혜를 모은다면 무엇인가 해낼 수 있다. 그러기 위해서는 세계왕국 건설이 시급하다. 이렇게 자신들의 뭉친 힘으로 홍수와 같은 재난을 막을 수 있을 것이다. 그리고 인간이 역사와 문화의 주인이기에 인본주의적 세계질서 확립이 필요하다. 이처럼 그들은 뚜렷한 자의식과 자기 잠재력과 비전을 가지게 되었고 그것들을 실현할 수 있는 규합된 힘을 과시하기 위한 방편으로 본문에서처럼 성과 대를 쌓기 시작했다"(호크마 종합주석. 기독지혜사. 창세기 p.290).

"창세기 11장 말씀은 초기의 인류가 하늘에 닿는 탑 건축을 무모하게 시도하지 않았음을 가르쳐 준다. 특별히 유의할 것은 '하늘에 닿게 하여'(4절)란 말이다. 이 말은 역자의 의도가 가미된 번역이다. 히브리 원전(原典)에 의할 때 이 구절은 '탑의 꼭대기를 하늘에 있게 하여'라고 번역해야 한다.

고고학의 증거는 바벨탑이 실제로 점성학이나 하늘을 섬기는 이방 신앙을 위한 산물임을 입증해 준다. 고대 바벨론의 폐허에는 높이 46m지반의 길이가 120m인 건물이 있다.

이 건물은 마른 벽돌을 재료로 하여 7층으로 지어졌는데 이는 그 당시에 그들에게 알려져 숭배의 대상이 되고 있던 7혹성의 숫자와 일치하는 수이다. 가장 아래층인 토성의 색(色)인 흑색, 다음은 목성의 색인 오랜지색, 3층은 화성의 색인 적색등이다. 각 층은 하나의 높은 탑 위에 놓여 있고 그 정상에는 12궁(宮) 표가 있었다. 반 하우스 박사는 다음과 같이 기록했다. '그것은 공개적으로 그리고 분명히 사단에게로 얼굴을 돌린 것이며 마귀 숭배의 시작이었다. 그리고 그것은 왜 성경이 도처에서 해와 달과 별들을 숭배한 자들을 저주했는가에 대한 이유이다'"(윌밍턴 성경연구 나침반 p.113).

"바벨(아카드어'바빌루' '하늘의 문' 또는 '하나님의 문'이란 뜻)이라고 불리우는 이 도시의 창건과 높은 대(臺)(창 11:1~11)의 건설에 관한 역사는 '섞다, 혼합하다'를 의미하는 유사한 히브리어 이름 '바랄'에서 왔다. 대와 탑을 쌓아 하늘 꼭대기까지 오르겠다는 인간의 교만 때문에 하나님께서는 인간에게 언어의 혼란을 주어 인간을 흩으셨다."(성서대백과, 기독지혜사. p83).

"실로 타락한 인류에 대한 하나님의 초자연적인 심판인 대홍수 사건을 경험한 인간은 스스로 미미한 존재임을 깨닫고 하나님께 겸손한 자세로 순복해야 마땅했다. 그럼에도 불구하고 인류는 다시금 급속도로 번성하고 안정된 생활을 하게 되자 하나님을 거부하게 되었다. 즉 인류는 다시 홍수로는 심판치 않겠다는 하나님의 약속을(9:11) 불신하고 홍수를 대비하며 통일된 하나의 세계 왕국을 건설코자 힘을 규합, 시날 평지 바벨론 땅에 거대한 한 건축 공사를 실시한 것이다."(그랜드 종합주석1권, 성서 아카데미. p.337)

"그러나 그들은 이내 타락한 인간의 본색을 드러낸다. 그들이 쌓으려고 했던 것은 성과 하늘까지 닿는 탑이었는데 그것들을 쌓게 된 동기가 4절에 두 가지로 나타나 있다. 첫 번째 동기는 '우리의 이름을 내자'는 것이었다. 그 탑에는 타락한 인간이 가지는 교만과 명예욕이 내포되어 있다. 유대인 철학자 필로(Philo)에 따르면, 당시 사람들은 벽돌에다 자신의 이름을 새겼다고 한다. 그들은 불경건한 야망 가운데 자신들의 이름이 만방에 알려지기를 바랐던 것이다."(위스덤 종합강해1 창세기, 기독지혜사. p.278)

"니므롯은 뛰어난 힘과 무력을 가진 자로서 인류 최초로 나라를 세우고 여러 지역을 정복했습니다. 그의 나라는 시날 땅의 바벨과 에렉과 악갓과 갈레에서부터 시작하여 앗수르로 나아가는 니느웨와 르호보딜과 갈라와 레센을 건축하였습니다. 그러나 그가 세운 성읍들은 하나님의 심판을 받는 멸망의 성이 되었습니다. 이는 그가 성읍을 세우는 일이, 하나님의 뜻에 합하여 문화 명령을 수행하는 차원에서 이루어지지 않고 하나님께 불순종하는 가운데 이루어졌음을 보여줍니다."(성경 인물강해2, 일호사. p. 517)

이상에서 보는 것처럼 바벨탑을 쌓는 사람들에 대한 평가는 모든 저서들에서 말하는 것처럼 하나님을 대적하는 불신앙의 사람들로 묘사하고 있으며 그 죄는 심각한 하나님에 대한 반역임을 밝히고 있다.

특히 나라를 세우고 강력한 왕권을 행사했다는 니므롯에 대한 묘사는 주목할 만하다. 그렇다면 과연 창세기 11장 1~9절에 기록된 노아와 그의 후손들이 그러한 의식과 의도로 성과 대를 쌓았을까? 그 내막을 살펴보기에 앞서 인간들의 죄에 대하여 하나님은 어떠한 벌을 내리셨는지 성경에 기록된 예들을 찾아보기로 한다. 왜냐하면 그렇게 함으로써 시날 평지에서 사람들이 무슨 죄를 범했으며, 하나님은 이에 대해 어떤 벌을 내리셨는지를 파악하는데 중요한 근거를 얻을 수 있기 때문이다.

4. 인간의 죄에 대한 하나님의 벌

하나님은 죄에 대하여 그대로 덮어두고 용서하는 분이 절대로 아니시다. 사람은 간혹 잘못을 그대로 덮어두고 용서하는 경우가 있지만 하나님은 절대 그렇게 하지 않으신다. 다윗은 하나님의 마음에 합한 자라고 사도행전 13장 22절에 기록되어 있다. 그럼에도 불구하고 다윗 왕이 그의 충성스런 장군 우리아를 죽이고 밧세바를 아내로 맞아들였을 때, 하나님은 나단을 다윗에게 보내 그의 죄를 용서하셨지만 이와는 별도로 아주 엄중한 벌을 내리셨다.

"이제 네가 나를 업신여기고 헷사람 우리아의 처를 빼앗아 네 처를 삼았은즉 칼이 네 집에 영영히 떠나지 아니하리라 하셨고 여호와께서 또 이처럼 이르시기를 내가 네 집에 재화(災禍)를 일으키고 내가 네 처들을 가져 네 눈앞에서 다른 사람에게 주리니 그 사람이 네 처들로 더불어 백주에 동침하리라 너는 은밀히 행하였으나 나는 이스라엘 무리 앞 백주에 이 일을 행하리라 하셨나이다"(삼하 12:10~12).

다윗의 범죄로 인하여 낳은 아이는 죽었으며 다윗의 아들 암논이 이복 여동생을 강간하게 되는가 하면, 이로 인하여 압살롬이 암논을 죽이게 되고, 결국 그는 발란을 일으켜 백주에 다윗의 후궁들과 동침함으로써 하나님의 말씀이 이루어지게 하였다.

"너는 여리고 맞은편 모압 땅에 있는 아바림 산에 올라 느보 산에 이르러 내가 이스라엘 자손에게 기업으로 주는 가나안 땅을 바라보라 네 형 아론이 호르 산에서 죽어 그 조상에게로 돌아간 것같이 너도 올라가는 이 산에서 죽어 네 조상에게로 돌아가리니 이는 너희가 신 광야 가데스의 므리바 물가에서 이스라엘 자손 중 내게 범죄하여 나의 거룩함을 이스라엘 자손 중에서 나타내지 아니한 연고라 내가 이스라엘 자손에게 주는 땅을 바라보기는 하려니와 그리로 들어가지는 못하리라 하시니라"(신 32:49~52).

이는 하나님께서 이스라엘을 애굽에서 나오게 하신 후, 사십 년 동안 광야에서 그들을 인도하여 온 모세에게 마지막으로 하신 말씀이다. 출애굽기 33장 11절에 의하면, 모세는 하나님과 대면하여 대화를 했던 유일한 사람이었다. 그러한 그가 하나님께서 반석을 명하여 물을 내라고 하신 것을 그의 지팡이로 반석을 두 번 쳐서 물이 나오게 하였던 행위로 인하여(민 20:8,11) 벌을 받았다. 이 일 때문에 모세는 자신이 그렇게도 간절히 소망했던 가나안 땅을 바라보기만 하고 들어가지는 못했다. 결국 그는 가나안 땅이 바라보이는 비스가 산에서 죽어야만 했다. 다윗의 죄에 비하면 모세는 지팡이로 반석을 친 것뿐인데 그렇게 벌을 받았다. 하나님은 이처럼 죄에 대하여 엄격하게 처리 하신다.

하나님의 사랑과 공의가 가장 두드러지게 나타나는 대표적인 예가 십자가이다. 영원한 사망에 처해진 인간들을 구원하시기 위해 독생자를 세상에 보내사 그 구속의 피를 흘리게 하신 곳이 바로 십자가이다. 이것이 우리를 향하신 하나님의 사랑이다. 십자가는 하나님의 사랑과 공의가 만나는 곳이다. 약간은 지루하겠지만 인간의 죄에 대하여 하나님은 어떠한 벌을 내리셨는지 성경의 사례들을 더 자세히 살펴보기로 한다. 이 사례들을 알아봄으로써 과연 하나님께서 바벨탑 사건에 대하여 어떠한 벌을 내리셨는지 그 죄의 경중을 알 수 있기 때문이다.

인류 최초의 범죄자인 아담, 즉 선악과를 따먹은 아담의 죄에 대하여는 온 인류의 사망이라는 가장 무서운 형벌을 내리셨다. 동생 아벨을 죽인 가인에게는 에덴동산에서의 추방으로 심판하셨다. 그리고 성경에 기록된 심판 중에서 가장 무거운 형벌이 노아 때의 대홍수였다. 이때에 하나님께서 얼마나 진노하셨으면 사람뿐만 아니라 땅에 기는 모든 짐승과 공중에 나는 새까지 모두 홍수로 쓸어버리셨다. 그런데 아더 핑크는 앞서 언급한 바와 같이 바벨탑 사건을 이에 버금가는 범죄라고 하였다. 다음으로 출애굽 때에 일어났던 몇 가지 사건에 대하여 확인해 보자.

모세가 하나님으로부터 십계명을 받으러 시내 산에 올랐을 때 그가 더디 내려옴으로 사람들이 아론을 부추겨 금송아지를 만들게 하여 그것이 자기들을 애굽에서 인도해 낸 신이라고 하며 경배하였다(출 32:1~6). 이에 하나님께서는 모세에게 말씀하시기를 그들을 다 죽이고 모세로부터 다시 새롭게 시작하겠다고 하셨다. 그러나 모세의 간절한 기도로 이 벌은 내려지지 않았지만 여호와께서 범죄한 백성을 치셨다고 기록하고 있다(출 32:35).

레위의 증손 고라와 르우벤 자손 다단이 유력 인사 250인과 당을 지어 모세를 거역하였을 때 지진으로 그들을 삼키게 하였고 250인은 향로불로 타죽게 하였다. 그리고 모세가 구스 여인을 취함으로 미리암이 이를 비방하자 하나님은 미리암의 손에 문둥병이 발하게 하셨다.

가나안 정탐꾼들의 말로 인하여 이스라엘 백성이 하나님과 모세를 원망한 일로 당시에 20세 이상 된 자들은 여호수아와 갈렙 두 사람을 제외하고 40년 동안에 모두 광야에서 죽어가야만 했다(민 14:33~34). 이들은 하나님이 아브라함에게 약속하신 말씀과 같이 430년간 애굽에서 풀무불로 연단하였으며, 유월절 어린 양의 피로 구속하여 홍해를 갈라서 이끌어 낸 사람들이었다. 우리는 이 사실을 볼 때 구원의 완성은 요한복음 3장 5절의 말씀과 같이 거듭난 시기에 이루어지는 것이 아님을 알아야 한다(전 2:2 참조).

그리고 이스라엘 백성이 가나안 땅에 들어가서 하나님의 은혜로 첫번째로 점령한 여리고 성에서 범죄 한 아간으로 인하여 그 온 가족이 아골 골짜기에 돌무더기 아래 묻혔을 뿐만 아니라, 여리고 보다 훨씬 작고 약한 아이 성 전투에서 이스라엘은 패배를 맛보아야만 했다. 이제 마지막으로 하나만 더 예를 들어보자.

바로 사사기서의 범죄이다. 사사기서는 여호수아 사후 사무엘 때까지 약 350년간에 걸쳐 이스라엘이 하나님 외에 이방 신들을 섬기므로 말미암아 계속하여 하나님의 징계가 이어졌던 암울한 시대상을 기술한 역사서이다.

우리가 이 책을 읽을 때에 느끼는 점은 그들의 범죄와 기도, 그리고 하나님의 구원이 나타나는 순서가 마치 다람쥐가 쳇바퀴를 돌리는 것과 같다는 것이다.

그런데 이스라엘이 이렇게 죄를 범하는 이유를 성경은 분명히 밝히고 있다.

> "여호와의 종 여호수아가 일백십 세에 죽으매 무리가 그의 경내 에브라임 산지 가아스 산 북 딤낫 헤레스에 장사하였고 그 세대 사람도 다 열조에게로 돌아갔고 그 후에 일어난 다른 세대는 여호와를 알지 못하여 여호와께서 이스라엘을 위하여 행하신 일도 알지 못하였더라"(삿 2:8~10).

우리가 죄를 짓는 것은 하나님을 알지 못하기 때문이다. 시편 기자는 이렇게 말한다. "그 마음에는 하나님의 법이 있으니 그 걸음에 실족함이 없으리로다"(시 37:31). 요한도 그의 서신에서 이렇게 기록하였다. "그 안에 거하는 자마다 범죄하지 아니하나니 범죄하는 자마다 그를 보지도 못하였고 그를 알지도 못하였느니라. 하나님께로서 난 자마다 죄를 짓지 아니하나니 이는 하나님의 씨가 그의 속에 거함이요 저도 범죄치 못하는 것은 하나님께로서 났음이라"(요일 3:6, 9).

호세아 선지자도 이와 같은 말씀을 쓰고 있다. "이스라엘 자손들아 여호와의 말씀을 들으라 여호와께서 이 땅 거민과 쟁변하시나니 이 땅에는 진실도 없고 인애도 없고 하나님을 아는 지식도 없고, 내 백성이 지식이 없으므로 망하는도다 네가 지식을 버렸으니 나도 너를 버려 내 제사장이 되지 못하게 할 것이요 네가 네 하나님의 율법을 잊었으니 나도 네 자녀들을 잊어버리라"(호 4:1, 6). 예수님께서도 이렇게 말씀하셨다. "영생은 곧 유일하신 참 하나님과 그의 보내신 자 예수 그리스도를 아는 것이니이다"(요 17:3).

위에서 보는 것처럼 하나님께서는 죄를 범하는 곳에는 반드시 그에 상응하는 벌을 내리셨음을 우리는 확인하였다. 이것은 마치 오늘날 재화의 이동이 있는 곳에 세금이 따르는 것과 같은 이치이다. 그러나 어떤 사람들은 교묘하게 법망의 허점을 이용하여 탈세를 하기도 한다. 그렇지만 사람이 하나님께 죄를 범하고 하나님의 눈을 속일 수는 없다.

이외에도 무수히 많은 범죄와 벌이 내려진 것을 성경에 기록도 되어 있지만 여기에서는 이만 접기로 한다. 성경 전체를 통틀어 죄가 있는 곳에 하나님의 벌이 내려지지 않는 예외가 있으면 여러분이 찾아보기를 바란다.

5. 우리 이름을 내자

이제 다시 우리의 시선을 시날 평지로 돌려보기로 하자. '그들이 동방으로 옮기다가 시날 평지를 만나 거기 거하고 서로 말하되'라고 기록한 것만 보더라도 성과 대를 쌓게 된 것이 어떤 지도자(왕)의 명령에 의한 것이 아니라 서로 상의하여 결정된 사안임을 알 수 있다. 이 장면을 연상해 본다면 아더 핑크가 말한 것처럼 거대한 제국의 왕이나 하나님을 대적하는 적그리스도가 등장했다는 것이 전혀 상황에 맞지 않음을 알 수 있다. 물론 그 당시에 그 곳에 있었던 사람들의 숫자가 또한 전혀 이를 뒷받침하지 못한다는 것은 이미 밝힌 바와 같다.

그들이 서로 상의하여 얻어낸 결론이 성과 대를 쌓아 꼭대기를 하늘에 닿게 하여 자기들의 이름을 내고 사면팔방으로 흩어짐을 면하자는 것이었다.

지금까지의 모든 연구들은 여기에서 두 가지 죄를 논한다. 하나는 하나님을 대적하여 자기 이름을 내자는 것이었다. 핑크는 이를 '그것은 하나님에 맞서 반역을 꾀하며, 스스로를 신격화 하며, 자기 영광을 추구하는 것이었다'라고 하였다. 이쯤 되면 그들의 죄는 창세기 6장 1~3절에 나오는 하나님의 아들들이 사람의 딸들을 취함으로 대홍수 심판을 불러온 죄보다 더 크다고 할 수 있을 것이다.

그런데 하나님은 그들에게 아무런 벌을 내리지 않으셨다. 이것은 앞서 살펴본 바와 같이 공의의 하나님에게 도저히 있을 수 없는 일이다. 그렇다면 그들이 자기 이름을 내자고 한 것은 무엇이었을까? 과연 그들에게 있어 이름을 낼만한 어떤 업적이나 명분이 있었을까? 우리가 성경을 조금만 주의 깊게 읽는다면 누구나 그것을 찾아낼 수 있을 것이다. 그런데 아더 핑크는 물론 그 어느 누구도 그들을 매도하고 정죄하기에만 급급한 나머지 그들이 이름을 내고자 했던 것이 무엇이었을까 하는 의문점을 생각해보지도 않았고 따라서 전혀 언급하지도 않았다. 나는 그것이 노아의 가족 여덟 명이 방주로 인하여 대홍수 심판에서 구원받은 일이라 생각한다.

창세기 6장 8, 9절 말씀을 보자. "그러나 노아는 여호와께 은혜를 입었더라 노아의 사적은 이러하니라 노아는 의인이요 당대에 완전한 자라 그가 하나님과 동행하였으며" 이어서 17, 18절 말씀은 "내가 홍수를 땅에 일으켜 무릇 생명의 기식 있는 육체를 천하에서 멸절하리니 땅에 있는 자가 다 죽으리라 그러나 너와는 내가 내 언약을 세우리니 너는 네 아들들과 네 아내와 네 자부들과 함께 그 방주로 들어가고", "하나님이 노아에게 말씀하여 가라사대 너는 네 아내와 네 아들들과 네 자부들로 더불어 방주에서 나오고"(창 8:14~15).

노아에게 있어 얼마나 가슴 벅찬 감격의 순간이며 경험이었겠는가? 믿음의 승리였겠는가? 온 세상이 물로 심판을 받아 멸망당하는 가운데 오직 자기의 가족만이 구원 받을 수 있었으니 말이다. 비록 노아가 홍수 후에 포도주에 취하여 실수를 한 적은 있었지만(9:21) 노아의 믿음이 근본적으로 변질되었었다는 증거는 성경 어디에도 없다.

사사기 2장 8~10절에 기록한 바와 같이 사사시대에 이스라엘 백성이 계속적으로 하나님께 범죄한 것은 모세의 종 여호수아가 죽고 그 세대 사람들도 다 죽어 여호와께서 그들에게 행하신 일을 알지 못했기 때문이라고 했다. 그러나 바벨탑 사건의 경우에는 대홍수 심판을 겪었던 주인공들이 모두 살아 있었다. 홍수 후에도 노아는 그가 죽을 때까지 믿음으로 행하여 하나님을 실망시키는 죄를 범하지 않고 의롭게 살았음에 틀림없을 것이다. 그런데 이들이 하나님을 대적하여 자기들의 이름을 내려고 탑을 쌓았다는 것은 도저히 받아들이기 어려운 주장이다.

홍수 후에 노아와 그의 세 아들들은 이 믿음의 승리를 후손들에게 어떤 증거로 남겨 그것이 오래도록 보전되기를 원했을 것이다. 아니면 그의 손자 아르박삿 등이 할아버지와 자기 아버지의 이야기를 듣고서 기념비를 만들어 그 사실을 길이 남기고 싶어 했을지도 모른다. 왜냐하면 세월이 지나 그 세대 사람들이 다 죽으면 자기의 선조들이 어떻게 믿음으로 대홍수 심판을 이겨냈는가를 잊어버릴 수 있기 때문이다. 하여튼 그들이 이름을 내고자 했던 것은 하나님이 보실 때에도 그렇게 악한 것이 아니었을 것이다. 어쩌면 그것은 악한 것이 아니라 오히려 선한 것이 될 수도 있는 일이었다. 후손들에게 믿음의 증거를 남겨 그들을 가르치려는 것이기 때문이다. 그 증거가 바로 이 사건에 대한 벌이 내려지지 않았다는 것이다. 어떤 이는 언어를 혼잡케 한 것이 하나님의 저주이며 벌이라고 말한다. 그러나 그것은 죄에 대한 벌이 아니었다. 그 이유는 다음에 설명하기로 한다. 그리고 다른 하나는 흩어짐을 막자는 것이었다. 문제는 그들이 흩어짐을 면하자고 하는데 있었다. 이것은 명백하게 하나님의 뜻을 거스르는 행위였다. 이에 대하여도 다음에서 자세히 알아보기로 한다.

6. 바벨탑 사건에 대하여 내리신 하나님의 조치

사사기서의 범죄 원인이 하나님에 대한 증인들이 다 죽어 그들이 하나님을 알지 못했기 때문이라고 하였다. 그러나 바벨탑 사건 당시에는 노아와 그의 아내, 세 아들 그리고 자부들, 즉 방주에서 나온 여덟 명이 모두 살아 있었다. 이들은 모든 자손들에게 있어 대홍수 심판에 대하여 너무나 생생한 하나님의 산증인들이었을 것임에 틀림없다. 그런데 어떻게 아더 핑크가 말한 것처럼 그렇게 끔찍한 죄를 범할 수 있었겠는가? 그리고 하용조 목사의 저서와 같이, 또 모든 저서들이 말하는 것과 같은 죄를 지을 수 있었을까?

그러므로 나는 이들이 하나님께 죄를 짓지 않았다고 확신한다. 여러분이 잘 아는 바와 같이 모든 탑에는 그 탑을 쌓는 명분이 있다. 이 세상에 명분이 없는 탑은 존재하지 않는다. 예를 들면 어떤 업적을 기린다든지 아니면 어떤 기원을 기록한다든지 하는 것이다.

여호수아서 22장에는 바벨탑 사건과 유사한 사건이 기록되어 있다. "르우벤 자손과 므낫세 반 지파가 가나안 땅 요단 언덕 가에 이르자 거기서 요단 가에 단을 쌓았는데 볼 만한 큰 단이었더라"(수 22:10). 이 단은 르루벤 지파와 므낫세 반 지파의 군대가 요단 건너 가나안 땅으로 건너와 다른 지파들의 기업 얻는 것을 도와준 후에 다시 자기들의 기업으로 돌아가면서 요단강 가에 세운 것이었다. 즉 요단 건너편에서 자신들 두 지파 반의 군대가 싸운 흔적을 남김으로써 오랜 세월이 흐른 후에 다른 아홉 지파 반의 이스라엘로부터 자신들이 분리되는 것을 막자는 취지에서 참전 기념비를 요단 건너 가나안 땅 입구에 세웠던 것이다.

르우벤 지파와 갓지파 그리고 므낫세 반 지파는 요단을 건너기 전에 이미 땅을 분배 받았었다. 그러므로 요단 건너 가나안 땅에 있던 아홉 지파 반의 군대가 그들이 자기들과 다른 신을 삼기기 위하여 단을 쌓는 것으로 오해하여 그들을 치려하였다. 그러나 그 단이 신을 섬겨 제사를 드리려는 목적이 아니라 형제들을 도와준 참전 기념비 적인 의도에서 만들어졌음을 알고 그대로 물러갔다. 이처럼 탑에는 분명히 그 세우는 명분이 있다.

우리는 5절과 6절의 말씀을 유의해서 살펴보아야 한다. 하나님께서 사건의 진상을 자세히 알아보시기 위해 강림하셨고 또 그 결과를 밝히고 있기 때문이다. 창세기 18장 20, 21절에도 이와 유사한 사례가 기록되어 있다. 소돔과 고모라의 죄악상을 확인하기 위해 천사들을 파견하여 실태조사를 하였는데, 안타깝게도 그들의 타락상이 사실로 입증되어 유황불로 심판을 내린 사건이다.

그러나 이 바벨탑 사건은 달랐다. 조사 결과 이 사건의 발생 원인이 언어가 하나이기 때문이라고 하였다. 하나님을 대적하는 교만 죄는 언어에서 비롯되는 것이 아니라 사람의 마음으로부터 나오는 것이다. 만약 그들에게서 교만한 마음으로 탑 쌓기를 시작했다는 사실이 밝혀졌다면 이는 소돔성의 경우보다 그 죄질이 더 나쁜 것이다. 소돔성의 경우는 성적으로 타락한 인간관계의 죄였지만, 교만하여 하나님을 대적하는 것과 우상을 숭배하는 것은 비교도 되지 않는 무서운 죄이기 때문이다.

우리가 잘 아는 십계명에도 제1에서 4계명까지가 하나님에 대한 계명으로 다음의 인간관계의 여섯 계명보다 우선한다. 따라서 바벨탑 사건의 죄가 교만으로부터 비롯되었더라면 아더 핑크가 말한 것처럼 소돔과 고모라보다 더 무서운 형벌을 받았어야 했다. 그러나 이 사건에 대한 진상조사의 결과 그 원인은 언어가 하나라는 것뿐이었다. 언어가 하나이기 때문에 의사소통이 잘 되어 그들의 뜻을 하나로 쉽게 모으고 뭉칠 수 있었다. 이로 인하여 그들이 일치단결하여 탑을 쌓고 그 탑을 중심으로 하나로 뭉쳐 흩어지는 것을 방지하자는 것밖에 다른 죄는 밝혀지지 않았다.

또한 우리가 살펴보아야 할 성경 구절이 있다. 그것은 노아의 생애 마지막이 기록된 9장 28, 29절이다. 9장 21절에는 노아가 포도주에 취하여 실수한 장면을 그리고 있다. 그 후에 노아가 시날 평지에서 하나님을 대적하는 죄를 범했다면 그의 죽음 이전에 반드시 이에 대하여 기록하였을 것이다. 이 죄는 그의 실수에 비하여 비교도 되지 않는 큰 죄이기에 때문이다. 그러나 여기에 아무런 언급 없이 그의 생애 마감을 써놓았다. 그러므로 이것이 또한 시날 평지에서 있었던 바벨탑 사건은 죄가 아님을 입증하는 것이다.

그런데 지금까지 모든 성경 연구가들은 이 명분을 간과하여 지나쳐 버렸다. 시날 평지에 모여 있던 사람들이 내 세우고자 했던 명분이 무엇이었는지 알려고 하지도 않았다. 아무런 근거도 없이 무조건 교만 죄를 지었다고만 하였다. 그러나 여기에서 자기들의 이름을 내자고 했던 것은 하나님을 대적하는 교만한 마음으로부터 비롯된 것이 아니라 노아의 가족 여덟 사람의 믿음의 승리를 기념하자는 것이었다. 그 사실을 탑에 기록하여 그 탑을 중심으로 흩어짐을 면하자 하였던 것이다. 이것은 그 믿음을 본받자는 일종의 믿음의 행위였다. 물론 그들이 사방으로 흩어지지 않으려 한 것은 하나님의 뜻이 아니었지만 말이다. "하나님이 노아와 그 아들들에게 복을 주시며 그들에게 이르시되 생육하고 번성하여 땅에 충만하라"(창 9:1). 그러나 노아와 그의 아들들이 생육하고 번성하여 땅에 충만하라고 하신 말씀을 지나쳐버린 것으로 여겨진다.

그러므로 이 사건에 셈은 물론 노아도 적극적으로 참여하였다고 생각할 수 있다. 그 증거가 바로 '우리의 이름을 내고'이다. 방주에서 구원 받은 주인공들이 바로 노아와 그의 아들들이기 때문이다. 그의 후손들에게 믿음의 증거를 보여주기 위한 탑을 건설하는 사업이었으니 그것은 너무나 당연하며 또한 자신들의 의무이기도 하였을 것이다. 이 사건에 대하여 내려진 하나님의 조치가 이를 입증해 준다. 그것은 죄가 아니었다.

바벨탑 사건으로 인하여 하나님께서 그들에게 내리신 조치를 보자. 그것은 단 하나 언어를 혼잡케 한 것이었다. 심지어 탑을 무너뜨리지도 않았다. 그것은 벌이 아니었다. 그것은 그들을 사방으로 흩어지게 하기 위한 조치에 불과했다.

봄이 되면 길가에 가장 먼저 피는 꽃이 민들레꽃이다. 민들레는 척박한 땅에서도 잘 자라며 심지어 사람들에게 밟히면서도 꽃을 피운다. 나는 꽃이 예뻐서 뒤뜰에 하얀 민들레 100여 그루를 가꾸고 있다. 그 꽃을 관찰해오던 나는 이상한 점을 발견했다. 민들레가 꽃을 피우고 나서 씨앗이 여물어갈 쯤에 꽃대의 키가 훨씬 커지는 것이었다. 그것은 바로 민들레 홀씨를 멀리 멀리 날려 보내기 위해 안간 힘을 쓰는 민들레의 몸부림이었다. 처음 꽃이 피었을 때부터 꽃대의 키가 그렇게 컸다면 꽃대는 그 무게를 이기지 못하여 쉽게 꺾어지고 말 것이다. 그러나 꽃씨가 익을 무렵엔 그 무게가 아주 가벼워져 꽃대를 한껏 키워도 아무 탈이 없다. 이처럼 민들레는 그 자손들을 멀리 퍼뜨리려고 노력한다. 이것이 하나님의 놀라운 솜씨가 아니고 무엇이겠는가?

그러나 사람은 그 반대다. 되도록 흩어지지 않고 뭉쳐 살려고 한다. 따라서 강을 중심으로 대도시들이 형성된다. 그러나 홍수 심판 후에 인간들을 바라보는 하나님의 뜻은 민들레처럼 사람들을 널리 퍼지게 하는 것이었다. 따라서 하나님은 그들을 강제로 흩기 위하여 마치 민들레가 꽃대의 키를 키우는 것처럼 언어를 혼잡케 하여 그들을 강제로 흩으신 것이었다.

만약 그들의 행위가 기존의 해석들에서 말하는 것처럼 중대한 범죄에 해당되었다면 하나님은 반드시 그들에게 그 죄에 상응한 무거운 벌을 내리셨을 것이다. 사건의 주모자를 죽이고 또한 탑을 헐어버리는 등 그 죄에 합당한 벌을 내렸을 것임에 틀림없다.

오늘날 크고 작은 시위들이 많이 일어나고 있다. 어떤 시위는 너무 크고 과격해서 이들을 해산시키기 위해 최루탄과 물대포를 쏜다. 최루탄과 물대포는 처벌이 아니다. 다만 그들을 해산시키기 위한 수단으로 사용하는 도구인 것이다. 그들을 벌하는 것은 그 주모자를 체포하여 위법한 행위에 대한 실형을 내리는 것이다. 바벨탑 사건도 마찬가지다. 그들의 행위에 대하여 아무런 벌이 내려지지 않았다. 그들을 사방으로 흩어지게 하기 위하여 언어를 혼잡케 하신 것뿐이었다.

언어를 혼잡케 한 사건은 하나님께서 언제 그러한 조치를 취하시느냐 하는 시기의 문제였지 죄의 문제가 아니었다. 다시 말하면 이는 사람들을 세계만방에 흩어지게 하여 여러 종족과 민족으로 나뉘는데 언젠가는 이루어져야 할 하나님의 예정 중의 하나였다는 말이다. 즉 창세기 1장 28절 말씀을 이루기 위한 예정이다. "하나님이 그들에게 복을 주시며 그들에게 이르시되 생육하고 번성하여 땅에 충만하라, 땅을 정복하라, 바다의 고기와 공중의 새와 땅에 움직이는 모든 생물을 다스리라 하시니라" 이 말씀을 잘 음미해보면 언어를 혼잡케 하여 그들을 흩으신 것은 벌과 저주가 아니라 오히려 일종의 복이었던 것임을 알 수 있다.

여기에서 보는 것처럼 성경 말씀을 과도하게 영적으로 해석하거나 또는 죄로 해석하는 것은 하나님의 뜻이 아니다. 예를 들면 이스라엘이 여리고 성을 공격하기 전 두 정탐꾼을 보냈는데 여리고 성에 살고 있었던 기생 라합이 그들을 숨겨주고 구한 일이 있었다. 두 사람이 그녀에게 이르기를 "우리가 이 땅에 들어올 때에 우리를 달아 내리운 창에 이 붉은 줄을 매고 네 부모와 형제와 네 아비의 가족을 다 집에 모으라"(수 2:18)라고 하여 그 가족을 구원하겠다고 약속하였다. 그런데 이 '붉은 줄'을 예수 그리스도의 보혈의 피로 해석하는 사람들이 있다. 그러나 이 줄은 기생 라합이 정탐꾼들을 성벽으로 달아 내리기 위해 자기 집에 있었던 천으로 만든 줄에 불과한 것이었다(수 2:15 참조). 다시 말하면 많은 천들이 있었는데 그 중에 붉은 줄을 선택하였다는 말이 아니다.

또 야곱이 자기 형, 에서의 위협을 피하여 밧단아람으로 피신할 때에 한 곳에 이르러 밤이 되자 한 돌을 취하여 베개하고 잤다(창 28:10~11). 그런데 어떤 이는 이 돌이 바로 예수 그리스도를 상징한다고 말한다. 그러므로 꿈에 하나님의 사자를 만났고 또 하나님께서 그를 지키고 보호하며 함께하시겠다는 언약을 받았다는 것이다. 성경구절 베드로전서 2장 4절 말씀을 근거로 하여 이렇게 주장하는데 이것도 성경을 과도하게 영적으로 해석하는 우를 범하는 것이다. 야곱이 여러 가지 베개로 사용할 것들 중에서 특별히 예수 그리스도를 의식하면서 돌을 취하였다면 모르거니와 거기는 들판이라 돌밖에 다른 것이 없어 돌을 베고 잔 것을 그렇게 해석하는 것은 알레고리적 해석이라 아니할 수 없다. 또한 바벨탑 사건이 이와 같다. 구스의 아들 니므롯은 단순히 하나의 영걸이며 유명한 사냥꾼이었다. 여기에서 니므롯에 대하여 보다 자세히 살펴보기로 하자.

니므롯은 셈의 손자 셀라와 6촌 형제간이었다. 바벨탑 사건이 있었을 때에 셀라의 나이는 64세였다, 셀라의 손자 벨렉이 태어났을 때 이 사건이 일어났으니 추적이 가능하다. 이때 니므롯의 나이는 대략 40~50세 정도였을 것으로 추정할 수 있다. 셀라는 노아의 장남 셈의 손자였고(아마도 장손이었을 것으로 보임) 니므롯은 노아의 차남 함의 손자였다. 그는 함의 장남 구스의 여섯 째 아들이었다.

그리고 니므롯의 수명은 대략 400여 세 정도로 볼 수 있다. 셀라가 403년을 살았고 셀라의 아들 에벨의 수명이 430년이었으므로 니므롯이 요절하지 않았다면 홍수 후에 인간의 수명이 짧아지기 시작한 때에 그와 같은 시기에 살았던 자들과 비슷하게 수명을 누렸을 것으로 보아야 한다. 창세기 10장 10~12절 말씀을 보면 니므롯이 나라를 세웠고 그가 통치자가 되었을 것으로 추측할 수 있다. 그러나 바벨탑 사건이 있던 때에는 그가 아직 그러한 위치에 있지 않았을 것이다. 그 이유는 세 가지로 생각할 수 있다. 첫째는 시날 평지에 모인 사람의 숫자가 그것을 입증한다. 앞에서 살펴 본 것처럼 300명도 안 되는 사람으로 왕국을 세우는 것은 불가능하기 때문이다. 다음으로 창세기 11장 3, 4절 말씀이 이를 뒷받침 한다. 거기에 모인 사람들이 어느 한 통치자의 명령에 의해 움직인 것이 아니라 모두가 상의하여 뜻을 모았다는 점이다. 마지막 바벨탑 사건이 있었던 당시에는 사람들이 사방으로 흩어지지 않았었고 오히려 시날 평지에서 뭉쳐 있기를 원했었다.

그러므로 니므롯은 이 때 일개 사냥꾼이나 무사에 지나지 않았을 것이다. 바로 이어서 하나님께서 그들을 각 지역으로 흩으셨다. 그들은 대략 아시아, 유럽, 아프리카, 중동지역 등으로 나뉘었을 것이다. 북남미나 호주와 같은 지역에는 나중에 진출하였을 것이다. 이때 니므롯은 시날 평지에 그대로 남아 있었다(창 10:10 참조). 그렇다면 니므롯이 거주하던 중동지역에는 아무리 많게 보아도 50여 명 정도가 남았을 것으로 보아야 한다.

바벨탑 사건이 있었던 때에 니므롯이 50세였다면 그가 왕국을 세우기 위하여는 최소한 300세 이상은 되어야 한다. 이 정도의 기간이 지나야 인구가 5만 명 정도로 불어날 수 있다. 그가 300세에 인구 5만 명 정도의 소왕국을 세워 100여 년을 통치한 것으로 예상해 볼 수 있는 것이 니므롯에 대한 최상의 시나리오일 것이다.

그런데 이 사람을 가리켜 거대한 제국을 건설한 왕이라느니 하나님을 대적한 최초의 적그리스도로서 바벨탑을 건축했다는 주장은 너무나도 성경을 그릇되게 해석하여 사람들을 죄인으로 매도하는 잘못을 범하는 것이다. 어떻게 수백 명으로 대제국을 건설하는 것이(바벨탑 사건 당시) 가능하다는 말인가? 전혀 근거가 없는 억측에 불과한 해석이다. 니므롯이 왕이 되었을 것으로 추정해 볼 수는 있지만 그것은 어디까지나 바벨탑 사건이 있고 나서 하나님께서 언어를 혼잡케 하심으로 사람들을 사방으로 흩으신 후였다. 그가 왕으로써 바벨탑 건축을 명하고 지휘한 것이 아니다.

7. 언어를 혼잡케 하다

창세기 11장 1절에 "온 땅의 구음이 하나이여 언어가 하나이었더라"라고 하였는데 이는 너무나 당연한 말이다. 생각해 보라. 노아의 때에 이 세상의 모든 사람들이 홍수로 말미암아 모두 죽었고 노아의 가족 여덟 명만이 살아남았다. 그로부터 101년이 흘러 노아의 증손과 또 고손(현손)이 태어날 때에 바벨탑 사건이 있었으니 언어와 구음이 하나일 것은 너무나 당연한 사실이리라. 그리고 그때에 모든 사람의 수는 수백 명, 즉 오백 명을 넘지 않는 적은 수효에 불과했다. 그럼에도 그들에게 언어의 혼잡을 일으킨 것은 그들을 세계만방으로 흩어지게 하기에 충분한 조건이 되었다. 이는 하나님만이 하실 수 있는 초능역적인 사건이다.

사도행전 2장 4절에는 이와 유사한 사건이 기록되어 있다. 그 다락방에도 120명가량 있었다. 그런데 한 언어의 사람들이 갑자기 각기 다른 방언으로 말하기를 시작한 것이다. 그런데 이 모든 언어들은 우리가 하나님 나라에 이르렀을 때에 다시 하나로 통일될 것이다. 놀라우신 하나님의 능력을 찬양할 따름이다. 우리는 하나의 언어를 배우는 것이 얼마나 어려우며 또 많은 시간이 소요되는 가를 잘 알고 있다. 지금 내 나이 70을 넘긴 지가 몇 년 되었는데 나는 지금도 매일 아침 2시간 이상씩 영어공부를 하고 있다.

그러니까 60년 가까이 영어공부를 해왔음에도 불구하고 아직도 영어를 유창하게 구사하지 못한다. 그러니 순식간에 하나의 언어를 바꾸어 버리는 하나님의 능력이 얼마나 신기하고 놀라운지 영광을 돌릴 수밖에 없다. 그러나 이제는 수많은 언어들이 하나의 세계적인 언어로 다시 환원되는 것처럼 생각된다. 바로 영어가 그것이다. 영어가 만국 공통언어로 된지 이미 오래다. 그렇다면 이것은 하나님의 뜻에 역행하는 것이 아닌가 하는 생각도 있지만 이미 사람들은 세계만방에 흩어져 있기 때문에 문제가 되지 않을 것이다.

지금으로부터 5년 전 쯤에 나는 나의 동생으로부터 놀라운 한 마디의 말을 들은 적이 있다. 나에게 두 살이 더 적은 동생이 하나 있다. 유일한 동생이다. 그는 30년 넘게 공군 관제사로 근무했었다. 미군과 같이 근무했으니 영어는 웬만큼 하는 편이고 최근에는 중국어를 배우고 있다고 하였다. 그런데 그의 입을 통해 나온 한 마디가 바로 "옛날에는 언어가 하나였던 것 같다"라는 것이었다. 불행하게도 그는 예수를 믿지 않는다. 그러니까 성경을 전혀 모르는 것은 너무나 당연한 것이고 바벨탑 사건은 더 말할 것도 없다. 내가 그 말을 듣는 순간 그의 통찰력에 놀랐다. 그래서 나는 동생에게 바벨탑 사건을 이야기해 주었다. 나는 지금도 동생과 그 가족들을 위해 기도하고 있지만 전도가 얼마나 어려운 지 실감할 따름이다.

이렇게 그들의 언어를 혼잡케 함으로 말미암아 그들은 자연히 세계 모든 지역으로 흩어져 살게 되었다. 믿기 어려운 사실은 사람들이 번성하여 흩어지게 되어 언어가 나뉜 것이 아니라 불과 사람의 수가 수백 명이었을 때 그렇게 되었다는 것이다. 이는 사람이 온 땅에 충만하게 하기 위한 필연적인 조치였다. 이것은 하나님께서 최초 아담을 지으실 때에 복을 명하신 것을 이루기 위함이었다. 그러므로 처음에 언급했던 것처럼 바벨탑 사건은 범죄가 아니라 하나님의 뜻을 잘 이해하지 못한 노아와 그의 자손들이 벌인 하나의 해프닝에 지나지 않았던 것이다.

이 사건은 처음 한 가정으로부터 시작한 사람들이 어떻게 언어와 외형이 다른 인종과 민족으로 세계 각 처로 흩어져 살게 되었는지 그 경위를 설명해 주는 사실 묘사에 지나지 않는 것이다. 만약 이 사건에 대한 기사가 없다면 우리는 어떻게 인종과 언어들이 나뉘게 되었는지 전혀 알지 못한 채 무수한 추측들만을 늘어놓고 있었을 것이다. 그럼에도 불구하고 우리는 지금까지 성경 연구가들의 그릇된 해석으로 인하여 이 사건을 성경과 인류 역사상 하나님에게 대적한 중대한 범죄의 사건으로 오인해왔다. 나는 이제라도 노아와 셈 등 그의 가족의 불명예를 씻을 수 있는 바른 해석을 할 수 있게 해 주신 하나님께 영광을 돌린다.

아담창조를 기준으로 한 연대표

연 대	사 건	연 대	사 건
1	아담, 하와 창조	1820	스룩 출생
	(가인 출생?)	1850	나홀 출생
130	셋 출생	1879	데라 출생
235	에노스 출생	1949	아브라함 출생
325	게난 출생	1997	벨렉 사망
395	마할랄렐 출생	1998	나홀 사망
460	야렛 출생	2006	노아사망
622	에녹 출생	2024	아브라함 가나안 이주
687	므두셀라 출생	2027	르우 사망
874	라멕 출생	2049	이삭 출생
930	아담 사망	2050	스룩 사망
987	에녹 휴거	2084	데라 사망
1042	셋 사망	2097	아르박삿 사망
1056	노아 출생	2109	야곱 출생
1140	에노스 사망	2124	아브라함 사망
1235	게난 사망	2127	셀라 사망
1290	마할랄렐 사망	2159	셈 사망
1422	야렛 사망	2186	야곱 밧단 아람 피신
1559	셈 출생	2188	에벨 사망
1596-1614	노아 방주 제작 착수?	2200	요셉 출생
1651	라멕 사망	2217	요셉 애굽으로 팔려감
1656	므두셀라 사망	2220	이삭 사망
	대홍수 심판(370일)	2230	애굽 총리 됨
1659	아르박삿 출생	2239	야곱가족 애굽 이주
1694	셀라 출생	2256	야곱 사망
1724	에벨 출생	2312	요셉 사망
1758	벨렉 출생, 바벨탑 사건	2589	모세 출생
1788	르우 출생	2669	출 애굽

Part 10

물과 피로 임하신 자

"예수께서 그리스도이심을 믿는 자마다 하나님께로서 난 자니 또한 내신 이를 사랑하는 자마다 그에게서 난 자를 사랑하느니라 우리가 하나님을 사랑하고 그의 계명을 지킬 때에 이로써 우리가 하나님의 자녀 사랑하는 줄을 아느니라 하나님을 사랑하는 것은 이것이니 우리가 그의 계명들을 지키는 것이라 그의 계명들은 무거운 것이 아니로다 대저 하나님께로서 난 자마다 세상을 이기느니라 세상을 이긴 이김은 이것이니 우리의 믿음이니라 예수께서 하나님의 아들이심을 믿는 자가 아니면 세상을 이기는 자가 누구뇨 이는 물과 피로 임하신 자니 곧 예수 그리스도시라 물로만 아니요 물과 피로 임하셨고 증거하시는 이는 성령이시니 성령은 진리니라 증거하는 이가 셋이니 성령과 물과 피라 또한 이 셋이 합하여 하나이니라 만일 우리가 사람의 증거를 믿을진데 하나님의 증거는 더욱 크도다 하나님의 증거는 이것이니 곧 그 아들에 관하여 증거하신 것이니라 하나님의 아들을 믿는 자는 자기 안에 증거가 있고 하나님을 믿지 아니하는 자는 하나님을 거짓말하는 자로 만드나니 이는 하나님께서 그 아들에 관하여 증거하신 증거를 믿지 아니하였음이라 또 증거는 이것이니 하나님이 우리에게 영생을 주신 것과 이 생명이 그의 아들 안에 있는 그것이니라 아들이 있는 자에게는 생명이 있고 아들이 없는 자에게는 생명이 없느니라"

(요일 5:1-12).

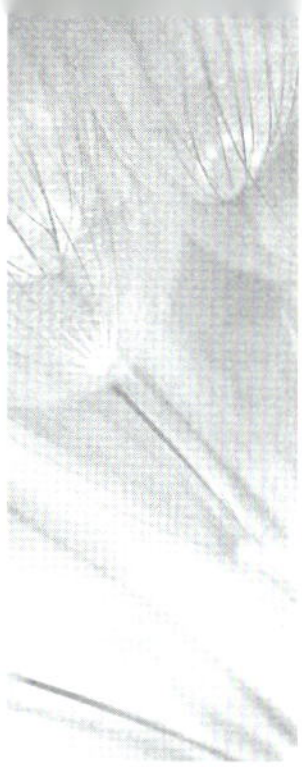

요한일서를 읽을 때마다 그 말씀의 깊이와 맛에 매료되지 않을 수 없다. 시편기자는 이를 이렇게 표현했다. "주의 말씀의 맛이 내게 어찌 그리 단지요 내 입에 꿀보다 더하니이다"(시 119:103). 요한일서 1장부터 5장까지 모든 장이 한 단어도 놓치기 아까운 주옥같은 말씀들로 이어져 있다.

그런데 1장부터 4장까지는 그 해석에 큰 어려움이 없는 것 같다. 그러나 5장에 이르러 이해하기 어려운 부분에 봉착한다. 바로 6절부터 8절까지의 말씀이 그것이다. "이는 물과 피로 임하신 자니 곧 예수 그리스도시라 물로만 아니요 물과 피로 임하셨고 증거 하시는 이는 성령이시니 성령은 진리니라 증거 하는 이가 셋이니 성령과 물과 피라 또한 이 셋이 합하여 하나이니라" 이 말씀이 삼위일체 되시는 하나님을 의미하는 것인가? 약 30여 년 전부터 나는 이 말씀의 의미에 대하여 깊이 묵상하며 뜻을 파악하려 했지만 만족할 만한 결과물을 얻지 못한 채 지내왔다.

그러다가 5년 전쯤에 '감추인 보화'를 쓰고 나서 바로 그 의미를 깨달을 수 있었다. 그것은 이 말씀의 해석이 요한복음 3장 5절의 해석과 아주 밀접한 관계를 가지고 있기 때문이었다. '감추인 보화'에서 나는 이 말씀의 주제를 "물과 성령으로 나지 아니하면"으로 하고 이에 대한 자세한 논증을 하였었다. 이 글을 읽는 독자 여러분도 이미 무언가 어렴풋이 감이 잡히는 것이 있을 줄 안다. 바로 '물로 난다'는 말이 공통으로 쓰였기 때문이다.

요한복음과 요한서신 그리고 요한 계시록은 사도 요한이 기록한 말씀이다. 그러므로 요한복음 3장 5절 말씀과 요한일서 5장 6~8절 말씀이 같은 의미를 가지고 있을 것이라는 생각이 언뜻 머리를 스치고 지나갔던 것이다.

그런데 문제는 바로 여기서부터 시작된다. 요한일서 5장 6~8절의 해석에 있어 요한복음 3장 5절의 해석을 같이 적용시키는데 있다. 지금까지 거의 모든 해석자들이 요한복음 3장 5절 말씀을 잘못 해석하고 있다는 것이다. '거의 모든 해석자들'이란 의미는 내가 그 책에서도 밝힌 바 있지만 이 구절의 말씀을 정확하게 해석하는 사람들이 있긴 한데 소수의견이라는 점이다. 그렇다고 이들이 요한복음 3장 5절의 해석을 요한일서 5장에까지 적용하여 그 해석을 내놓았다는 말은 아니다. 다시 말하자면 요한일서 5장에 대한 바른 해석을 내놓은 것을 나는 아직까지 발견하지 못했다.

이렇게 말하면 지금 내가 쓰고 있는 글이 바로 요한이 성령의 감동을 받아 우리에게 전하려 했던 그 진정한 의미인 것처럼 느껴지겠지만, 그리고 검증도 되지 않은 논제에 너무 자만하는 것이 아니냐 하고 반문하겠지만, 나는 여기에서 논하는 것이 요한의 기록 의도에서 조금도 벗어나지 않을 것이라고 확신한다. 그러면 이제부터 '물과 피로 임하신 자'에 대하여 하나씩 자세히 알아보기로 한다.

1. 예수는 그리스도이시다

요한일서 5장 6~8절 말씀을 정확하게 해석하기 위해서는 모든 성경말씀이 그러하듯이 그 해당 구절의 앞뒤의 문맥을 파악하는 것이 무엇보다 중요하다.

따라서 여기에 1~5절까지와 9~12절까지의 말씀을 그 대략적인 의미를 알아보고 6~8절의 말씀은 아주 상세하게 살펴보기로 하겠다.

'예수'라는 말은 구약의 '여호수아' 또는 '호세아'라는 말의 헬라어 표현으로써 '자기 백성을 저희 죄에서 구원할 자'라는 뜻이다. "아들을 낳으리니 이름을 예수라 하라 이는 그가 자기 백성을 저희 죄에서 구원할 자이심이라 하니라"(마 1:21). 요셉이 마리아의 일로 깊이 생각할 때에 주의 사자가 현몽하여 그에게 한 말이다. "아들을 낳기까지 동침치 아니하더니 낳으매 이름을 예수라 하니라"(마 1:25).

이렇게 하여 우리를 구원하러 이 땅에 오신 하나님의 아들의 이름이 예수로 불리게 되었다. 그런데 1절의 시작은 "예수께서 그리스도

이심을 믿는 자마다"로 시작하고 있다. '그리스도'라는 말은 구약의 '메시아'를 말하며 '기름부음을 받은 자'라는 의미이다. 구약 시대에는 왕이나 제사장에게 기름을 부어 그 직위를 위임했다.

따라서 예수님은 우리를 구원하기 위해서 오신 왕이요 제사장이라는 뜻이다. 동방박사들은 "유대인의 왕으로 나신 이가 어디 계시뇨"(마 2:2)라고 헤롯에게 물었다. 이는 예수님이 유대인의 왕으로 나신 것을 말하는 것이 아니라 유대인으로서 만왕의 왕이 되심을 말한다. 만약 예수님이 유대인의 왕으로 오셨다면 왜 동방박사들이 2년 동안이나 여행하여 찾아와 경배하였겠는가? 그들은 어떤 나라들의 사신이 아니었는데도 말이다. 여기에서 '어떤 나라들'이라고 표현한 것은 마태복음 2장 1절의 '동방으로부터'의 헬라어 표기가 복수형을 취하고 있기 때문이다. 즉 동방박사들이 동방의 여러 나라에서 왔다는 말이다.

그러나 마태복음 2장 2절의 '우리가 동방에서 그의 별을 보고'에서 '동방'은 단수형을 쓰고 있다. 그들은 많은 돈을 들여 생명의 위협을 무릅쓰고 2년 동안이나 순례여행을 하여야만 했다. 그들의 목적은 물질적 이익을 얻고자 함도, 명예나 직위를 바라는 것도 아니었다. 이는 오직 하나님의 계시에 의한 것이었다. 나는 이에 대하여 '감추인 보화'에서 '동방박사들의 믿음'이라는 주제로 자세히 그들을 추적한 것을 서술한 바 있다.

그리고 히브리서 10장은 예수님의 제사장 직분에 대하여 상세하게 기록하고 있다. "제사장마다 매일 서서 섬기며 자주 같은 제사를 드리되 이 제사는 언제든지 죄를 없게 하지 못하거니와 오직 그리스도는 죄를 위하여 한 영원한 제사를 드리시고 하나님 우편에 앉으사"(히 10:11~12). 이는 예수께서 우리의 영원한 제사장이 되심을 말하고 있다. 그러므로 예수께서 그리스도가 되신다는 말이며 이를 한 단어처럼 예수 그리스도라고 부르는 것이다.

2. 하나님을 사랑하는 것

한 율법사가 예수님을 시험하기 위해 질문을 했다. "선생님이여 율법 중에 어느 계명이 크니이까"(마 22:36). 이에 예수께서 답변하셨다. "네 마음을 다하고 목숨을 다하고 뜻을 다하여 주 너의 하나님을 사랑하라 하셨으니 이것이 크고 첫째 되는 계명이요"(마 22:37~38). 여기에서 예수님은 가장 큰 계명이 하나님을 사랑하는 것이라고 말씀 하셨지만 사람의 눈에 보이지도 않는 하나님을 어떻게 사랑해야 하는가는 말씀하지 않으셨다. 이제 요한이 이에 대한 보충 설명을 하는 것처럼 이 구절을 기록하였다. "하나님을 사랑하는 것은 이것이니 우리가 그의 계명들을 지키는 것이라 그의 계명들은 무거운 것이 아니로다"(요일 5:3).

자식을 사랑하는 부모의 마음을 모든 것을 희생하는 사랑이라고 한다. 그러나 자식들은 부모를 그렇게 사랑하지 못한다. 이것을 내리 사랑이라 한다. 하지만 자식이 부모를 사랑하는 가장 최선의 길은 부모의 말에 순종하는 것이다.

바울은 우리가 하나님의 뜻대로 순종하여 사는 것이 거룩한 산제사이며 영적예배라고 말한다(롬 12:1). 사무엘은 "여호와께서 번제와 다른 제사를 그 목소리 순종하는 것을 좋아하심 같이 좋아하시겠나이까 순종이 제사보다 낫고 듣는 것이 수양의 기름보다 나으니"(삼상 15:22)라고 하였다.

우리가 하나님을 사랑하는 것은 하나님의 계명들을 지키는 것이다. 우리가 계명들을 지키는 것은 무거운 짐을 지는 것이 아니다. 예수님은 서기관들과 바리새인들을 향하여 "무거운 짐을 묶어 사람의 어깨에 지우되 자기는 이것을 한 손가락으로도 움직이려 하지 아니하며"라고 비난하셨다(마 23:4).

예수님은 또한 이렇게 말씀하셨다. "수고하고 무거운 짐 진 자들아 다 내게로 오라 내가 너희를 쉬게 하리라 나는 마음이 온유하고 겸손하니 나의 멍에를 메고 내게 배우라 그러면 너희 마음이 쉼을 얻으리니 이는 내 멍에는 쉽고 내 짐은 가벼움이라"(마 11:28~30). 우리가 예수님께로 가면 이 세상에서 지고 있는 모든 무거운 짐들을 벗어 버릴 수 있다. 예수님께서 십자가에서 죄와 사망의 짐을 내 대신 다 지셨기 때문이다.

예수를 믿게 되면 여러 가지 제약이 뒤따른다. 주일에는 사업을 하거나 놀러 가는 대신 교회에 나가 하나님께 예배를 드려야 한다. 십일조를 비롯한 여러 가지 헌금을 해야 하며 술과 담배도 하지 않아야 한다. 뿐만 아니라 탐욕과 교만한 마음, 시기와 질투심을 버려야 하며 대적을 미워하는 감정도 사랑으로 승화시켜야 한다. 또 교회에서 여러 가지 직분을 맡아 이를 수행해야 한다. 이 모든 것들을 지키는 것이 어찌 무거운 짐이 되지 않겠는가? 실로 하나님의 법은 실정법이나 도덕법보다 훨씬 더 엄격하다.

그럼에도 불구하고 예수님께서는 세상에서 무거운 짐을 지고 고달픈 인생길을 가는 모든 자들에게 내가 너희를 쉬게 하리라고 하시며 주님께로 오라고 하신다. 내 멍에는 쉽고 가볍다고 하신다. 요한은, 계명들이 무거운 것이 아니라고 하였다(요일 5:3).

그러나 실상은 우리가 하나님의 계명들을 지키는 것은 가벼운 것이 아니다. 그것은 바로 즐거움이요 기쁨이다. 찬송가의 한 소절은 이렇게 기록되어 있다. '좁은 길을 걸으며 밤낮 기뻐하는 것 주의 영이 함께 함이라.' 그렇다 바로 하나님 영, 주의 영, 성령께서 함께 하심으로 우리는 감격의 기쁨과 즐거움으로 하나님의 말씀들을 바로 행할 수 있는 것이다. 하나님께서 주시는 능력으로 말씀들을 기뻐하며 즐거운 마음으로 지킬 수 있게 된다는 말이다. "각각 그 마음에 정한대로 할 것이요 인색함으로나 억지로 하지 말지니 하나님은 즐겨내는 자를 사랑하시느니라"(고후 9:7). 이 말은 헌금을 두고 말하는 것이지만 우리의 행함도 이와 같이 즐겨 드려져야 할 것이다. "내게 능력 주시는 자 안에서 내가 모든 것을 할 수 있느니라"(빌 4:13). 아멘!

3. 세상을 이기는 자

4절은 "대저 하나님께로서 난 자마다 세상을 이기느니라 세상을 이긴 이김은 이것이니 우리의 믿음이니라"라고 하였고 이어 5절에는

"예수께서 하나님의 아들이심을 믿는 자가 아니면 세상을 이기는 자가 누구뇨"라고 말한다. 첫째 아담은 세상의 유혹을 이기지 못하고 실패함으로 죄와 사망을 불러 왔다. 그러나 예수님은 마귀의 시험을 모두 이기셨다(마 4:1~11). 예수님은 십자가를 앞에 두고 이렇게 말씀하셨다. "보라 너희가 다 각기 제 곳으로 흩어지고 나를 혼자 둘 때가 오나니 벌써 왔도다. 그러나 내가 혼자 있는 것이 아니라 아버지께서 나와 함께 하시느니라 이것을 너희에게 이름은 너희로 내 안에서 평안을 누리게 하려 함이라 세상에서는 너희가 환난을 당하나 담대하라 내가 세상을 이기었노라"(요 16:32~33). 예수님은 본래 하나님의 본체시나(히 1:3, 빌 2:6). 오히려 자신을 비어 종의 형체로까지 낮아지셔서 십자가에서 죽기까지 복종하심으로 이 세상을 이기신 것이다.

세상을 이긴 예수님이 내 안에 계서 이제는 우리로 하여금 세상을 이기게 하신다(롬 8:9; 갈 2:20). 육신에 있는 나는 약하지만 내 안에 계시는 예수님은 영이시니 능히 세상을 이기고 남는다. 사망을 이기는 힘, 죄를 이기는 능력, 이 세상의 물질의 탐욕과 정욕의 마음들을 이기는 힘이 이미 세상을 이기신 우리 주님이 나와 함께 하실 때 나에게 주어지는 것을 날마다 체험하게 된다. 이긴다는 것은 구체적으로 무엇을 말하는가? 우리가 어떤 대상과 마주 대할 때 그것을 이기지 못한다면 이로 인하여 불안과 두려움 시기와 질투 등 많은 좋지 않은 감정들을 가지게 된다.

이러한 감정들은 자신을 괴롭히고 죄로 이어지게 되며 결국은 파멸로 이끈다. 그러나 우리가 이러한 싸움에서 이기는 것은 자유와 평안을 가져다준다. 우리는 이미 그 대상들을 초월해서 살기 때문이다.

"너희가 내 말에 거하면 참 내 제자가 되고 진리를 알지니 진리가 너희를 자유케 하리라"(요 8:31b, 32). 자유하다는 말은 아무 것도 발에 거치지 않는다는 뜻이다. 그러나 맹인은 그렇지 못하다. 실로암 못에 가서 우리의 눈을 뜨게 될 때 참 자유를 얻게 될 것이다(요 9:7).

4. 물과 피로 임하신 자

"이는 물과 피로 임하신 자니 곧 예수 그리스도시라 물로만 아니요 물과 피로 임하셨고" 요한은 예수님이 물과 피로 임하셨다고 하면서 이를 강조하기 위해 물로만 아니요 물과 피로 임하셨다고 두 번 기록하고 있다. 이는 곧 예수님께서 이 세상에 임하실 때에 무언가 특별한 징조를 가지고 오셨음을 암시하는 표현이다.

그렇다면 물과 피로 임하셨다는 말을 무엇을 말하는가? 먼저 앞에서 언급한 바와 같이 이와 비슷한 표현을 하고 있는 요한복음 3장 5절의 말씀의 의미를 먼저 확인해 볼 필요가 있다.

1) 물로 나다

"예수께서 대답하여 가라사대 진실로 진실로 네게 이르노니 사람이 거듭나지 아니하면 하나님 나라를 볼 수 없느니라 니고데모가 가로되 사람이 늙으면 어떻게 날 수 있삽나이까 두 번째 모태에 들어갔다가 날 수 있삽나이까 예수께서 대답하시되 진실로 진실로 네게 이르노니 사람이 물과 성령으로 나지 아니하면 하나님 나라에 들어 갈 수 없느니라 육으로 난 것은 육이요 성령으로 난 것은 영이니 내가 네게 거듭나야 하겠다는 말을 기이히 여기지 말라"(요 3:3~7).

니고데모는 바리새인이며 유대인의 관원(산헤드린 공회원)이었다. 그는 유대인의 종교 지도자 중의 한 사람이었다. 그가 밤에 예수님을 찾아와 자기의 믿음을 고백했다. 그것은 예수님의 행하시는 표적을 보고 예수님이 하나님께로서 오신 선생임을 인정한다는 것이었다. 바리세인들과 서기관들 제사장들이 배척하는 예수님을 찾는 것이 두려워 니고데모는 밤에 예수님을 찾아왔는지도 모른다. 니고데모에게는 어려운 발걸음이었겠지만, 예수님은 니고데모의 이 같은 신앙고백에도 불구하고 아주 냉담하게 대꾸하셨다. '사람이 거듭나지 아니하면 하나님 나라를 볼 수 없느니라' 이 말씀의 뜻은 니고데모 네가 나의 표적을 보고 있는 것은 진정한 하나님 나라를 보는 것이 아니다.

그것은 믿음이 아니다. 하나님 나라를 보려면 거듭나야만 가능하다는 것이었다. 그러나 니고데모는 거듭난다는 말 자체를 전혀 이해하지 못했다. 그는 예수님께 반문한다. 사람이 한 번 태어나서 이렇게 성장하여 늙었는데 두 번째 태어나기 위하여 다시 모태에 들어갔다가 나와야 되는가 하고 묻는 것이다. 니고데모의 생각은 육체적인 거듭남에서 벗어나지 못하고 있었다.

그러므로 이 질문이 얼마나 어리석으며 현실적으로 불가능하다는 것을 모르는 사람은 아무도 없을 것이다. 따라서 이 대화를 보고 있노라면 마치 한편의 코미디극을 연상케 한다. 그러나 예수님은 니고데모의 무지를 책망치 않으시고 진지하게 다시 말씀하셨다. '사람이 물과 성령으로 나지 아니하면 하나님 나라에 들어갈 수 없느니라' 우리는 먼저 이 5절의 말씀 자체를 주의 깊게 보아야 할 필요가 있다. 나는 전에 이름을 말하면 누구나 알 수 있는 그런 목사님들이 이렇게 말하는 것을 세 번(세 사람)이나 TV에서 목격한 적이 있다. '사람이 물과 성령으로 거듭나지 아니하면 하나님 나라에 들어갈 수 없느니라' 그들은 성경을 보지 않고 외워서 그렇게 자신만만하게 말하는 것이었다.

예수님께서 말씀하신 '나지 아니하면'을 '거듭나지 아니하면'으로 바꾸어 버리는 것이다. 이것은 분명히 하나님의 말씀을 변질시키는 행위이다. 그렇게 되면 뜻이 아주 달라진다. 무슨 말인가 하면 '물과 성령으로'라는 말은 '물'과 '성령'을 등위접속사로 연결하고 있으므로 그 해석은 이렇다. '물로 나고 또 성령으로 나지 아니하면'이다. 즉 이 두 가지의 나는 것을 필수적으로 거쳐야 한다는 말이다. 그러니까 3절에서 예수님이 말씀하신 거듭남(두번 남)이 된다. 이는 니고데모가 거듭남의 비밀을 알지 못하기 때문에 구체적으로 두 번의 나는 것을 보완 설명한 것이다. 그런데 이것을 거듭남으로 사용하면 '물로 거듭나고 또 성령으로 거듭나지 아니하면'이 된다. 두 번 거듭나는 것 - 예수님은 전혀 그렇게 말씀하지 않으셨다 - 이 되어 버린다. 성경은 그 어느 곳에서도 두 번 거듭남에 대하여 말하지 않는다. 이것은 물로 나는 것을 해석하는데 아주 중요한 단서를 제공하기 때문에 이렇게 강조하는 것이다. 5절 말씀을 다시 해석한다면 이렇게 된다. '사람이 물로 나고 다음에 성령으로 나지 아니하면 하나님 나라에 들어갈 수 없느니라' 여기에서 성령으로 나는 것에 대하여는 학자들의 의견이 대체로 일치한다. 문제는 물로 나는 것에 있다. 대부분이 이를 세례로 해석한다. 극히 소수이긴 하나 물을 회개의 눈물로 해석하는 사람도 있다. 역시 소수 의견이지만 물로 나는 것을 모태에서 태어나는 것으로 보는 견해도 있다. 이제 이들 견해들을 하나씩 검토해 보기로 하자.

먼저 세례를 5절의 말씀에 적용해 보면 '사람이 세례로 나고 성령으로 나지 아니하면 하나님 나라에 들어갈 수 없느니라'라는 말이다. 이렇게 되면 세례가 구원의 필수 요건이 된다. 바꾸어 말하면 세례를 받지 않으면 성령으로 난다 하더라도 하나님 나라에 들어갈 수 없다는 말이다. 이 얼마나 황당한 말인가? 그렇게 되면 예수님과 함께 십자가에 못 박힌 강도는 구원을 받을 수 없다. 그는 세례를 받지 않았기 때문이다. 세례는 구원의 방편이 아니다. 나는 수백 명이 모여 집단으로 세례식을 거행하는 것을 보았다. 이렇게 행하는 세례가 그들에게 과연 얼마만큼의 효력이 있을 것인가? 그러므로 5절 자체만을 놓고 보았을 때에도 물로 나는 것을 세례로 해석하는 것은 적합하지 않다는 것을 알 수 있다.

다음으로 회개로 보는 경우이다. 일반적인 구원의 순서를 보면 중생이 회개에 앞선다. 거듭나지 않은 사람이 회개를 한다는 것은 불가능하다. 그는 아직 육의 상태에 있고 하나님을 알지 못하기 때문이다. 그러므로 사람이 거듭난 후에 회개를 하게 되는 것은 당연한 이치이다. 그런데 여기서는 반대로 회개가 먼저 일어나고 다음에 성령으로 나는(거듭남) 것을 말하기 때문에 이것 역시 적합한 해석이 아님을 알 수 있다.

마지막으로 모태에서 태어나는 것으로 해석하는 경우이다. '사람이 태어나서 성령으로 나지 아니하면 하나님 나라에 들어갈 수 없느니라'이 말은 앞의 두 가지의 경우보다 자연스런 해석이라 할 수 있다. 즉 모태에서 출생하는 것이 첫 번째 나는 것이요 성령으로 나는 것은 두 번째 나는(거듭남) 것이다. 이는 이 세상 모든 사람들이 거쳐야 할 필수적인 관문이라 할 수 있다.

지금까지는 5절의 말씀 자체만을 놓고 해석해 보았는데, 이제 전체의 문맥을 고려하여 적용해 보자. 3절의 예수님의 말씀 즉 "사람이 거듭나지 아니하면 하나님 나라를 볼 수 없느니라"라고 하신 말씀은 하나님 나라는 육의 눈으로는 볼 수 없고 영적인 눈으로만 볼 수 있다는 것을 의미한다. 그런데 니고데모는 영적인 거듭남의 의미를 전혀 이해하지 못하고 육체적인 거듭남만을 생각하고 있었다. 즉 거듭남을 모태에 다시 들어갔다가 두 번째 태어나는 것으로 생각하고 있었다. 이것은 전혀 불가능한 일이다. 그러므로 니고데모는 3절의 예수님의 말씀을 도저히 이해할 수가 없었다.

따라서 예수님은 대화의 초점을 자신의 수준으로 끌어올리는 것이 불가능함을 아셨다. 영적인 것을 모르는 사람과는 더 이상 대화를 계속 이어갈 수 없기 때문이다. 이에 예수님은 자신을 니고데모의 수준으로 낮추어서 대화를 계속해야만 했다. 이것이 바로 5절의 말씀이다. "사람이 물과 성령으로 나지 아니하면 하나님 나라에 들어갈 수 없느니라" 그러므로 여기의 물로 나는 것은 니고데모가 생각하는 모태에서 태어나는 것을 의미한다. 즉 육신의 출생을 말한다. 그리고 이어 영적으로 나는 것, 곧 성령으로 나는 것을 말씀 하셨다. 이것이 두 번째 나는 것 곧 3절에서 말하는 거듭남이었다.

이렇게 니고데모의 수준으로 낮추어 말씀하신 예수님은 그래도 그가 5절의 말씀을 이해하지 못할까 봐서 재차 확인하는 순서를 밟는다. 그것이 바로 6~8절의 말씀이다. '육으로 난 것은 육이요 성령으로 난 것은 영이니' 이 말씀을 보면 그 뜻이 명백해진다. 육으로 나는 것은 사람이 모태에서 태어나는 것을 말하고 성령으로 난 것은 말 그대로 영적인 거듭남을 말한다.

그러므로 사람이 영적으로 거듭나지 않으면 죽을 때까지 육신의 사람으로 그대로 있게 되지만 성령으로 나는 것은 육신으로 나는 것과는 완전 별개의 영적인 세계의 사람이 된다는 말씀이다. 이후에도 니고데모는 이 말을 이해하지 못하고 '어찌 이러한 일이 있을 수 있나이까'라고 말하고 있다. 이 문맥을 보면 5절의 물로 나는 것이 모태에서 태어나는 것, 즉 육으로 나는 것임이 분명해진다. 참고로 사람이 태어날 때 양수가 없으면 출산이 불가능하여 수술을 해야만 한다고 하니 모태에서 태어나는 것을 물로 난다고 하는 것은 자연스런 표현기법이라 할 수 있다. 그럼에도 불구하고 대부분의 성경연구가들은 지금까지도 이를 세례로 해석하고 있으니 니고데모만큼이나 답답한 사람들이다.

문제는 이것이 요한복음 3장의 해석으로만 끝나지 않는데 있다. 이 해석을 요한일서 5장으로까지 끌고 왔다는 것이다.

요한일서 5장에서 '물과 피로 임하신 자'의 '물로 임하심'을 세계 요한의 세례로 보는 것이 요한복음 3장 5절의 세례와 다른 점이다. 요한복음 3장에서 거듭나야할 주체가 이 세상에 태어난 모든 사람이니 당연히 그 세례는 성례전의 세례가 된다. 요한복음을 기록할 당시에는 세례 요한은 이미 죽은 지 오래 되었기 때문에 세례 요한의 세례는 이에 해당되지 않을 것이라는 것은 너무나 명백하다. 그러나 여기에서 물로 임하신 자는 예수 그리스도 한 분이시니 물로 임하심을 세례로 본다면 당연히 세계 요한의 세례가 될 것이다. 그러면 예수님이 요한에게서 세례를 받는 장면으로 돌아가 보자.

"이 때에 예수께서 갈릴리로서 요단강에 이르러 요한에게 세례를 받으려 하신대 요한이 일러 가로되 내가 당신에게 세례를 받아야 할 터인데 당신이 내게로 오셨나이다. 예수께서 대답하여 가라사대 이제 허락하라 우리가 이와 같이 하여 모든 의를 이루는 것이 합당하니라 하신대 이에 요한이 허락하는지라 예수께서 세례를 받으시고 곧 물에서 올라오실 새 하늘이 열리고 하나님의 성령이 비둘기 같이 내려 자기 위에 임하심을 보시더니 하늘로서 소리가 있어 말씀하시되 이는 내 사랑하는 아들이요 내 기뻐하는 자라 하시니라" (마 3:13~17).

위에서 세례 요한이 말한 바와 같이 예수님은 요한에게서 세례를 받아야할 당위성이 없는 분이셨다. 오히려 예수님은 요한에게 세례를 행하실 하나님의 아들이셨다. 그러나 형식상 의를 이루기 위하여 세례를 받으신 것이다. 예수님이 하늘로서 오신 이 이심을 믿지 않는 자들에게 보이기 위한 의였다.

앞에서 말한 바와 같이 세례는 구원의 방편이 아니기 때문에 일반인에게조차도 세례 받는 것이 특기할 만한 사실은 아니다. 사실 세례 요한에게 세례를 받은 사람은 예수님 한 분만이 아니었다. 많은 사람들이 요한에게 나아와서 세례를 받았다. 그러므로 예수님이 세례로 임하셨다고 하는 것은 예수님만이 가지는 특별한 징조가 될 수 없다.

'물과 피로 임하신 자니'에서 '물'과 '피'는 각각 무언가 예수님만이 가지는 특징을 의미하는 표현이기에 예수님이 물로 임하셨다고 하는 것을 세례로 해석하는 것은 바른 해석이 아니다. 더구나 앞서 살펴본 바와 같이 세례는 구원의 방편도 아니기에 예수님이 세례로 임하셨다고 하는 것은 큰 의미가 없다.

그러므로 예수님이 물로 임하셨다고 하는 것은 제2위 하나님이 인간의 몸을 입고 이 땅에 오셨다는 것을 말한다. 그렇다면 이 세상 모든 사람들이 다 육신으로 모태에서 태어나는데 예수님은 무엇이 특별하다는 말인가? 요한복음 1장은 이를 잘 나타내고 있다.

> "태초에 말씀이 계시니라 이 말씀이 하나님과 계셨으니 이 말씀은 곧 하나님이시니라"(요 1:1, 2).
> "말씀이 육신이 되어 우리 가운데 거하시매 우리가 그 영광을 보니 아버지의 독생자의 영광이요 은혜와 진리가 충만하더라"(요 1:14).

예수님이 하늘 영광 보좌를 버리시고 죄인의 모습으로 인간에게서 태어났다고 하는 것은 오직 하나님만이 예정하실 수 있는 특별한 일이 아닐 수 없다. 인간으로서는 가히 상상도 할 수 없는 일이었다. 그러므로 요한일서 5장 6절의 물로 임하심은 요한복음 3장 5절 말씀과 같이 사람이 모태에서 양수로 태어나는 것으로 해석해야 맞다. 예수님은 분명히 육신으로는 마리아에게 잉태되어 태어나셨다. 이 세상 모든 사람과 똑같이 모태에서 태어나셨다. 그러나 예수님이 이 세상 모든 사람과 다른 것은 요한복음 3장 13절 말씀과 같이 하늘로서 내려오셨다는 점이다. 그러므로 예수님의 물로 임하심을 모태에서 태어나는 출생으로 해석하는 것은 예수님만이 가지시는 출생 비밀의 징조로 보기에 충분하다. 요한복음 3장 5절의 말씀은 예수님의 말씀이지만 요한이 이를 기록하였고 요한일서 5장의 말씀은 요한이 전에 기록한 것을 떠올려 다시 쓴 것으로 생각된다.

이처럼 예수님께서 온 인류를 구원하시기 위해 인간의 육신을 입고 오셨지만 사람들은 그를 영접하지 않았다. "자기 땅에 오매 자기 백성이 영접치 아니하였으나 영접하는 자 곧 그 이름을 믿는 자들에게는 하나님의 자녀가 되는 권세를 주셨으니"(요 1:11~12). 이와 같은 일이 일어나지 않게 하기 위해 하나님은 선지자들을 보내 이를 예언하게 하셨고 또 많은 사건들을 예표로서 보여 주셨다. "옛적에 선지자들로 여러 부분과 여러 모양으로 우리 조상들에게 말씀하신 하나님이 이 모든 날 마지막에 아들로 우리에게 말씀하셨으니"(히 1:1, 2a).

죄를 짓고 하나님을 떠나버린 인간들을 끝까지 버리지 아니하시고 다시 살리시기 위하여 하나님은 우리가 상상하기도 어려운 놀라운 일과 사랑으로 구원의 길을 열어 놓으셨다. 그러나 사람들은 무지와 완고한 고집으로 이를 받아들이기를 거부한다. 그러므로 우리의 육신이 죽어 하나님 앞에 섰을 때 변명할 여지가 없는 것이다.

2) 피로 임하다

"예수께서 신 포도주를 받으신 후 가라사대 다 이루었다 하시고 머리를 숙이시고 영혼이 돌아가시니라 이 날은 예비일이라 유대인들은 그 안식일이 큰 날이므로 그 안식일에 시체들을 십자가에 두지 아니하려 하여 빌라도에게 그들의 다리를 꺾어 시체를 치워 달라 하니 군병들이 가서 예수와 함께 못 박힌 첫째 사람과 또 그 다른 사람의 다리를 꺾고 예수께 이르러는 이미 죽은 것을 보고 그 다리를 꺾지 아니하고 그 중 한 군병이 창으로 옆구리를 찌르니 곧 피와 물이 나오더라"(요 19:30~34).

대부분의 성경해석자들은 예수님이 피로 임하심을 위의 십자가상에서 쏟으신 피로 해석하고 있다. 그리고 앞에서 물로 임하심을 세례로 보는 사람들을 대부분이라고 표현한 것은 그 외에 다른 주장을 내놓는 학자들이 있는데 그 중 하나가 위의 십자가상에서 쏟으신 물을 가리켜 물로 임하셨다고 주장하는 사람들이다.

위의 요한복음 19장 30~34절의 말씀을 기록한 것은 '피와 물'을 쏟게 되는 사유를 설명하기 위함이다. 나는 전에 쓴 '감추인 보화'에서 '다리를 꺾지 아니하고'라고 하는 장에서 이 내용을 아주 상세히 설명한 바 있다. 여기서는 주제가 다르므로 간략하게 위의 상황을 살펴보기로 하겠다.

십자가 처형을 행할 때 거기에 달린 자들은 손과 발에 못을 박힌 채 매달려 있게 된다. 그러므로 그들의 체중에 의해 몸이 밑으로 쳐지면 횡격막 근육이 폐를 압박하여 호흡을 제대로 할 수 없게 된다. 따라서 그들은 못 박힌 손과 발에 의지하여 자기의 몸을 최대로 끌어 올린다. 이렇게 되면 호흡하기가 쉬어진다. 그러나 이렇게 하면 손과 발에 힘이 가해져 그 고통이 심해질 것은 당연한 이치다. 그러므로 짧게 심호흡을 하고 몸을 다시 밑으로 내릴 수밖에 없다. 그들은 죽을 때까지 이러한 행동을 반복한다. 이러한 행동을 상상해 보기만 하더라도 십자가의 처형은 인간을 가장 고통스럽게 그리고 잔인하게 죽이는 처형 방법임을 알 수 있다. 겟세마네 동산에서 세 번 기도 하시던 예수님은 이 고통을 이미 아셨기에 '내 아버지여 만일 할 만하시거든 이 잔을 내게서 지나가게 하옵소서'(마 26:39)라고 하셨을 것이다.

이러한 고통에도 불구하고 십자가에 처형당하는 죄수들은 최장 3일까지 죽지 않는 자도 있었다고 한다. 그만큼 그 죄수들은 강력범이었기에 체력 또한 강했을 것이다. 그러나 예수님은 달랐다. 이사야 선지자는 이러한 예수님의 연약함을 예언하였다. "그는 주 앞에서 자라나기를 연한 순 같고 마른 땅에서 나온 줄기 같아서 고운 모양도 없고 풍채도 없은즉 우리의 보기에 흠모할 만한 아름다운 것이 없도다"(사 53:2). 빌라도는 사형수들이 강인한 체력의 소유자들임을 잘 알고 있었다.

그러므로 아리마대 요셉이 예수님의 시체를 내어 달라고 했을 때 예수께서 벌써 죽었을까 하고 이상히 여겼다(막 15:44). 예수님은 십자가에 못 박힌 지 6시간 만에 운명하셨으니 그럴 만도 하다. 이 날은 유월절 예비일이었다. 그러므로 나무에서 시체들을 치우려 하였는데 다른 두 강도는 아직 살아 있었고 예수님은 이미 운명한 상태였다. 이러할 때 상황을 정리하는 규례가 있으니 살아 있는 자는 그 다리를 꺾고 죽은 자는 그 옆구리를 찔러 사망을 확인하는 것이었다. 이것은 현장을 지키는 백부장의 책임 하에 이루어지는 절차였다.

죽지 않은 자를 죽이는 가장 쉽고 빠른 방법은 창으로 심장(옆구리)을 찌르는 것이다. 그런데 그들은 그렇게 하지 않고 다리를 꺾었다. 그러면 몇 분 만에 호흡을 못하여 죽게 된다. 이것이 십자가 처형의 잔인함과 혹독함이다. 단 몇 분간을 쉽게 죽이지 않고 스스로 고통 속에 죽어가게 만드는 것이다. 그리고 이미 죽은 자는 심장을 찔러 물과 피가 나오는 것을 확인 했다. 사람이 죽으면 혈액이 물과 피로 분리된다고 한다. 그러므로 '피와 물'을 쏟으신 것 역시 예수님 혼자에게서만 나타나는 특이한 사항이 아니고 누구를 막론하고 십자가에서 죽은 자의 사망확인 절차에서 나타나는 현상이었을 것이다.

따라서 예수님이 십자가상에서 쏟으신 물과 피를 요한일서 5장 6절에 적용하는 것은 옳지 않다. 이 외에 '피'를 성찬예식에서의 포도주로 보는 견해도 있는데 이것 역시 바른 해석이 아니다. 그렇다면 '피'로 임하셨다는 것은 무엇을 말하는가? 이를 알아보기 위해서는 두 가지를 살펴보아야 한다. 첫째는 피의 특성이요 다음은 사망상태에 있는 인간의 죄성이다.

"육체의 생명은 피에 있음이라 내가 이 피를 너희에게 주어 단에 뿌려 너희의 생명을 위하여 속하게 하였나니 생명이 피에 있으므로 피가 죄를 속하느니라"(레 17:11). "율법을 좇아 거의 모든 물건이 피로써 정결케 되나니 피 흘림이 없은즉 사함이 없느니라"(히 9:22).

어떤 짐승이나 사람을 막론하고 피를 흘리면 죽는다. 피는 육체를 돌면서 산소와 영양소를 공급하여 세포들을 살게 하는 역할을 한다. 그러므로 가히 생명이 피에 있다고 할 수 있는 것이다. 나는 병원 응급실에서 심장에 상처를 입어 과다 출혈로 죽어가는 사람을 목격한 적이 있다. 생명이 피에 있음을 실감하는 안타까운 순간이었다.

그러므로 사람의 죄를 속하기 위해서는 생명을 상징하는 피를 필요로 한다. 이에 대한 기원은 창세기 3장 21절에서 찾을 수 있다. "여호와 하나님이 아담과 그 아내를 위하여 가죽옷을 지어 입히시니라" 뱀의 유혹에 넘어가 자신들을 창조하신 하나님의 말씀을 거역하여 죄를 범한 후 무화과 잎으로 자기들의 수치를 가리고 숨었을 때까지도 아담과 하와는 그들이 얼마나 심각한 죄를 범했는지를 깨닫지 못했다. 하나님으로부터 사망의 형벌을 받게 되자 비로소 그들이 마귀에게 속았다는 것과 자신들이 지은 죄가 얼마나 엄청난 결과를 초래 하였는가를 실감하게 되었다. 자신들 뿐만 아니라 대대로 이어갈 그들의 후손들에게까지 사망의 죄책이 뒤따르게 되었으니 자신들의 어리석은 행위에 대한 속죄는 죽음으로서도 해결되지 않는 것이었다.

절망과 두려움에 떨고 있던 그들에게 하나님께서 친히 찾아오셔서 가죽옷을 지어 입히신 것은 그들의 죄를 용서하신다는 의사표시임과 동시에 대속의 제사원리를 가르쳐 주신 것이었다. 그리고 더 나아가서는 장차 메시야를 보내 죽은 자들을 살리시겠다는 무언의 약속을 하신 것이었다. 이는 이미 창세기 3장 15절에서 말씀 하신 '여자의 후손'이 담당할 사역을 암시하는 첫 예표이기도 하였다. 두 번째로 보다 구체적이고 의미 있는 예표로 나타내신 것이 유월절 어린 양의 제사였다.

"내가 애굽 땅을 칠 때에 그 피가 너희의 거하는 집에 있어서 너희를 위하여 표적이 될지라 내가 피를 볼 때에 너희를 넘어 가리니 재앙이 너희에게 내려 멸하지 아니하리라"(출 12:13).
"한 집에서 먹되 그 고기를 조금도 집 밖으로 내지 말고 뼈도 꺾지 말지며"(출 12:46).

이 말씀은 짐승의 피로 드리는 구약시대의 제사와는 완전히 다른 의미를 포함하고 있다. 왜냐하면 여기에는 문설주와 인방에 피를 뿌림으로 그 피가 자신들을 죽음으로부터 구원하리라는 믿음이 수반되어야 했기 때문이다.

이어 이 대속의 제사는 이스라엘에게 규례로 주어졌다. "육체의 생명은 피에 있음이라 내가 이 피를 너희에게 주어 단에 뿌려 너희의 생명을 위하여 속하게 하였나니 생명이 피에 있으므로 피가 죄를 속하느니라"(레 17:11).

그러나 이것은 어디까지나 모형이요 그림자였다. 히브리서 기자가 그것을 입증하고 있다.

"율법은 장차 오는 좋은 일의 그림자요 참 형상이 아니므로 해매다 늘 드리는바 같은 제사로는 나아오는 자들을 언제든지 온전케 할 수 없느니라 그렇지 아니하면 섬기는 자들이 단번에 정결케 되어 다시 죄를 깨닫는 일이 없으리니 어찌 드리는 일을 그치지 아니하였으리요 그러나 이 제사들은 해마다 죄를 생각게 하는 것이 있나니 이는 황소와 염소의 피가 능히 죄를 없이하지 못함이라"(히 10:1~4).

짐승의 피로 드리는 제사는 그것이 열납되었을 때에라도 제사 드리는 그 죄만을 사하게 할뿐 사람을 변화시킬 수는 없었다. 짐승의 피에는 생명만 있을 뿐 영이 없기 때문이다. 그러므로 그 제사의 대속 외에는 효력이 없게 되는 것이다.

이스라엘 백성들은 하나님께 짐승의 피로 제사를 드리는 한편 세상에서는 우상을 섬기며 손에 피를 적시는 죄를 서슴지 않았다.

"너희 소돔의 관원들아 여호와의 말씀을 들을 지어다 너희 고모라의 백성아 우리 하나님의 법에 귀를 기울일지어다 여호와께서 말씀하시되 너희의 무수한 제물이 내게 무엇이 유익하뇨 나는 수양의 번제와 살진 짐승의 기름에 배불렀고 나는 수송아지나 어린 양이나 수염소의 피를 기뻐하지 아니하노라"(사 1:11).

이사야 선지자는 이에 대하여 다음과 같은 한탄의 말씀을 기록하였다. "내가 나의 사랑하는 자를 위하여 노래하되 나의 사랑하는 자의 포도원을 노래하리라 나의 사랑하는 자에게 포도원이 있음이여 심히 기름진 산에로다 땅을 파서 돌을 제하고 극상품 포도나무를 심었었도다 그 중에 망대를 세웠고 그 안에 술틀을 팠었도다 좋은 포도 맺기를 바랐더니 들포도를 맺혔도다"(사 5:1~2).

이와 같이 짐승의 피로 드리는 제사는 한계가 있었다. 사람들을 죄로부터 자유롭게 하지 못했다. 아담으로부터 내려오는 원죄는 더 말할 것도 없었다. 그러므로 짐승의 피로 드리는 제사는 둘째 아담이 오기까지만 한시적으로 허용된 제사였고 완전한 속죄를 위하여 사람의 피로 드리는 제사가 드려져야만 했다.

그러므로 언젠가는 하나님이 계획하신 완전한 제사를 위하여 메시야를 보내셔야 했다. "이러므로 한 사람으로 말미암아 죄가 세상에 들어오고 죄로 말미암아 사망이 왔나니 이와 같이 모든 사람이 죄를 지었으므로 사망이 모든 사람에게 이르렀느니라. 그러나 아담으로부터 모세까지 아담의 범죄와 같은 죄를 짓지 아니한 저들 위에도 사망이 왕 노릇하였나니 아담은 오실 자의 표상이라"(롬 5:12, 14).

사람으로 말미암아 사망이 들어왔으니 사람으로 말미암아 구원을 이루는 것이 하나님의 뜻이었다. 창세기 22장에는 하나님이 믿음의 조상 아브라함을 시험하는 장면이 기록되어 있다. 아브라함이 백세에 낳은 독자 이삭을 하나님께 번제로 드리라는 것이었다. 하나님의 말씀에 아브라함은 아내와 상의하지 않고 아침 일찍이 길을 떠났다.

그는 하나님을 믿었다. 이삭을 하나님이 다시 살리실 것을 믿었다. 그래서 이삭이 '불과 나무는 있거니와 번제할 어린 양은 어디 있나이까'하고 물었을 때 '번제할 어린 양은 하나님이 자기를 위하여 친히 준비하시리라'고 대답하였다.

그러나 아브라함을 시험하기 위한 하나님의 말씀은 처음부터 잘못된 것이었다. 그것은 글자 그대로 시험으로 끝날 것이었다. 하나님은 본래 인신제사를 받으시는 분이 아니시다. 그리고 사람은 다른 사람을 위한 제물이 될 수 없다. 만약 한 사람이 제물로 드려져 죽음을 당한다면 그는 자기 죄만을 담당하기 때문이다. 다시 말하면 인간에게는 다른 사람의 죄를 대속할 피가 없다는 것이다. 사람은 다른 사람을 위하여 십자가를 질 수 없다. 그러므로 예수님은 "아무든지 나를 따라오려거든 자기를 부인하고 날마다 제 십자가를 지고 나를 좇을 것이니라"(눅 9:23)고 말씀하셨다. 사람은 자기 십자가밖에 남의 십자가는 질 수 없다.

그러나 예수님은 다르다. 예수님의 원죄를 단절하고 성령으로 잉태되셨다. 이것이 바로 예수님이 피로 임하셨다는 것을 증거하는 것이다.

3) 성령이 증거하다

"보라 네가 수태하여 아들을 낳으리니 그 이름을 예수라 하라 저가 큰 자가 되고 지극히 높으신 이의 아들이라 일컬을 것이요 주 하나님께서 그 조상 다윗의 위를 저에게 주시리니 영원히 야곱의 집에 왕노릇 하실 것이며 그 나라가 무궁하리라 마리아가 천사에게 말하되 나는 사내를 알지 못하니 어찌 이 일이 있으리이까 천사가 대답하여 가로되 성령이 네게 임하시고 지극히 높으신 이의 능력이 너를 덮으시리니 이러므로 나실 바 거룩한 자는 하나님의 아들이라 일컬으리라"(눅 1:31~35).

"예수 그리스도의 나심은 이러하니라 그 모친 마리아가 요셉과 정혼하고 동거하기 전에 성령으로 잉태된 것이 나타났더니 그 남편 요셉은 의로운 사람이라 저를 들어내지 아니하고 가만히 끊고자 하여 이 일을 생각할 때에 주의 사자가 현몽하여 가로되 다윗의 자손 요셉아 네 아내 마리아 데려오기를 무서워 말라 저에게 잉태된 자는 성령으로 된 것이라 아들을 낳으리니 이름을 예수라 하라 이는 그가 자기 백성을 저희 죄에서 구원할 자이심이라 하니라"(마 1:18~21). 이 말씀들은 선지자 이사야로 하신 말씀을 이루기 위함이었다. "그러므로 주께서 친히 징조로 너희에게 주실 것이라 보라 처녀가 잉태하여 아들을 낳을 것이요 그 이름을 임마누엘이라 하리라"(사 7:14). 때가 차매 하나님이 그 아들을 세상에 보내시기 위하여 마리아의 몸을 빌려 성령으로 잉태케 하신 것이다.

그러므로 예수님의 성육신에 대하여 이보다 더 확실한 성령의 증거가 어디 있겠는가? 아담 안에서 죽은 원죄를 끊고 사람의 몸을 입기 위해서는 이 방법 외에는 없었다. 이는 또한 하나님만이 하실 수 있는 일이다. 만약 사람의 의로 죄를 씻을 수 있는 길이 있었다면 굳이 예수님이 이 땅에 오시지 않아도 되었을 것이다.

성령이 예수님의 육신으로 오심을 증거하며 또한 성령은 진리이다.

4) 셋이 합하여 하나이라

"증거하는 이가 셋이니 성령과 물과 피라 또한 이 셋이 합하여 하나이니라"(요일 5:8). 위에서 살펴본 바와 같이 예수님이 육신으로 오신 것을 성령이 증거하고 있다. 그리고 성령으로 잉태되었으므로 원죄를 단절하고 인류의 죄를 대속할 수 있는 생명의 피로 임하셨다. 마지막으로 동정녀 마리아에게 잉태되어 태어나심으로 온전한 인간의 몸을 입으셨다(요 3:5 말씀과 같이 물로 나심).

그러므로 예수님이 잉태되는 순간이 물로 임하심과 피로 임하심 그리고 성령의 증거가 한 점에서 만나는 곳이다. 이는 곧 육신으로 오신 예수님의 생애 자체를 가리키는 의미를 갖는다. 예수님이 물과 피로 임하심은 예수님이 받으신 세례 요한의 세례를 말함이 아니요 또한 십자가에서 쏟으신 물과 피를 말하는 것도 아니다. 요한이 이 장에서 강조하고자 한 것은 바로 예수님이 육체로 오심을 증거하는 것이었다(요일 4:2, 4).

만약 물과 피로 임하심을 세례로 본다면 거기에는 물(요단강 물)과 성령의 증거는 있지만 피는 어떻게 설명할 길이 없다. 그리고 이를 십자가상에서 흘리신 물과 피로 해석을 한다면 여기에는 성령의 증거가 없다. 오직 물과 피와 성령의 증거가 하나로 되는 곳은 예수님의 잉태의 순간이다. 이는 결국 예수님이 육체로 오심을 나타내는 것이다. 이처럼 예수님은 온전한 신성을 지닌 체 또한 온전한 육체를 입고 이 땅에 오셨다. 그러나 어떤 이들은 예수님의 신성을 부인하거나 인성을 부인하였다. 요한은 이를 경계하기 위하여 본 서신을 기록한 것이다.

5. 하나님의 아들이 있는 자에게 생명이 있다

"또 증거는 이것이니 하나님이 우리에게 영생을 주신 것과 이 생명이 그의 아들 안에 있는 그것이니라 아들이 있는 자에게는 생명이 있고 아들이 없는 자에게는 생명이 없느니라"(요일 5:11~12).

말씀은 곧 생명이다. "살리는 것은 영이니 육은 무익하니라 내가 너희에게 이른 말이 영이요 생명이라"(요 6:68). 생명의 말씀이 육신이 되어 우리 가운데 오셨다. 그리고 우리와 하나님 사이의 죄의 장벽을 허물기 위해 십자가를 지셨다. 예수님이 십자가 위에서 운명하는 순간 성전의 성소와 지성소를 가로막고 있던 휘장이 위로부터 아래로 찢어져 둘이 되었다(마 27:51). "이 길은 우리를 위하여 휘장 가운데로 열어놓으신 새롭고 산 길이요 휘장은 곧 저의 육체니라"(히 10:20).

그러나 그 길은 아무나 지나갈 수 있는 길이 아니다. "누구든지 주의 이름을 부르는 자는 구원을 얻으리라"(롬 10:13)고 하였다. 그러나 이 말은 주의 이름을 부르는 자는 모두 구원을 얻는다는 뜻이 아니다. 이는 주의 이름을 부르는 자가 어떤 신분이나 처지에 있다 할지라도 차별을 두지 않는다는 말이다. 로마서 3장 22절에서도 이에 대하여 언급하고 있다. "곧 예수 그리스도를 믿음으로 말미암아 모든 자에게 미치는 하나님의 의니 차별이 없느니라" 이 세상에서 요구하는 각종 자격 기준에는 여러 가지 요소가 있다.

국적이나 성별, 나이, 학력, 전과기록 등. 이러한 자격 기준에 하나에 걸리면 다른 모든 요소에서 아무리 뛰어난 재능을 가졌다 해도 그 사람은 응모할 수가 없다. 그러나 하나님의 의는 예수 그리스도를 마음으로 믿는 의니 차별이 없다. 동서고금 남녀노유를 막론하고 마음을 가지지 않은 사람은 없으니 누구에게나 공평한 것이다. 그러나 여기에도 한 가지 제한이 있다. "나더러 주여 주여 하는 자마다 천국에 다 들어갈 것이 아니요 다만 하늘에 계신 내 아버지의 뜻대로 행하는 자라야 들어가리라"(마 7:21).

로마서 8장 9절에는 "만일 너희 속에 하나님의 영이 거하시면 너희가 육신에 있지 아니하고 영에 있나니 누구든지 그리스도의 영이 없으면 그리스도의 사람이 아니라"라고 하였다. 그러므로 우리의 믿음은 그리스도를 내 안에 모시는 것이어야 한다. "내가 그리스도와 함께 십자가에 못 박혔나니 그런즉 이제는 내가 산 것이 아니요 오직 내 안에 그리스도께서 사신 것이라 이제 내가 육체 가운데 사는 것은 나를 사랑하사 나를 위하여 자기 몸을 버리신 하나님의 아들을 믿는 믿음 안에서 사는 것이라"(갈 2:20).

예수 그리스도께서 어떻게 이 땅에 오셨는가? "우리에게 있는 대제사장은 우리 연약함을 체휼하지 아니하는 자가 아니요 모든 일에 우리와 한결같이 시험을 받은 자로되 죄는 없으시니라"(히 4:15). 예수님은 우리와 같은 육체를 지니셨다. 아니 오히려 지극히 연약하신 분이셨다. 그럼에도 모든 시험을 이겨내셔야만 했다. 예수님의 생애 33년은 모든 것이 시험의 연속이었다. 그러나 이 모든 시험을 끝까지 다 이겨내야만 했다.

그것은 우리를 구원하기 위하여 십자가를 지기 위한 필수 요건이었다. 점도 없고 흠도 없어야 했다. 십자가를 지시기 전 잡히셨을 때 로

마 군병들에 의해 희롱당하는 장면을 보자. "그의 옷을 벗기고 홍포를 입히며 가시 면류관을 엮어 그 머리에 씌우고 갈대를 그 오른 손에 들리고 그 앞에서 무릎을 꿇고 희롱하여 가로되 유대인의 왕이여 평안할찌어다 하며 그에게 침 뱉고 갈대를 빼앗아 그의 머리를 치더라"(마 27:28~30).

만왕의 왕 예수께서 자신의 피조물인 사람에게서 이처럼 모욕과 희롱을 당하실 때 우리와 똑 같은 성정을 가진 예수님의 심정은 어떠하였겠는가? 그러나 예수님은 이 모든 시험을 억지로 참는 것이 아니라 기쁜 마음으로 이겨내셨다. "의를 위하여 핍박을 받은 자는 복이 있나니 천국이 저희 것임이라 나를 인하여 너희를 욕하고 핍박하고 거짓으로 너희를 거스려 모든 악 한 말을 할 때에는 너희에게 복이 있나니 기뻐하고 즐거워하라 하늘에서 너희의 상이 큼이라 너희 전에 있던 선지자들을 이같이 핍박하였느니라"(마 5:10~12). 이 말씀은 예수님의 사역 초기에 산상수훈으로 하신 것이었다.

이제 예수님은 마지막 십자가 위에서 이렇게 말씀하셨다. "아버지여 저희를 사하여 주옵소서 자기의 하는 것을 알지 못함이니이다"(눅 23:34). 이 모든 시험을 이기심은 죄로 인하여 영원히 죽어야 할 나를 살리시기 위함이었다.

대제사장마저도 함부로 범접할 수 없었던 휘장 안으로 들어가는 길, 이 길을 예수님은 자신의 몸으로 열어 놓으셨다. 새롭고 산 길 생명의 길을. 그러나 이 길을 내가 들어가지 않으면 나에게 아무런 유익이 없는 길이다.

'죽음에 이르는 병'으로 우리에게 잘 알려진 덴마크의 철학자이자 실존주의 신학자였던 키에르 케고르는 마가복음 8장 36절 "사람이 만일 온 천하를 얻고도 제 목숨을 잃으면 무엇이 유익하리요"라는 말씀에 영감을 받아 세상에 아무리 훌륭한 객관적 진리가 있다 하더라도 내가 그 속에 있지 아니하면 그 진리가 내게 무슨 유익이 되겠느냐고 하였다. 그러므로 그는 심지어 실존은 본질에 앞선다고 주장하였다.

하나님이 우리에게 영생을 주셨는데 이 생명이 그 아들 안에 있다. 그는 우리의 모든 죄를 대속하기 위하여 십자가를 지셨고 우리를 살리시기 위하여 죽음을 이기고 부활하셨다.

> "하나님이 세상을 이처럼 사랑하사 독생자를 주셨으니 이는 저를 믿는 자마다 멸망치 않고 영생을 얻게 하려 하심이라 하나님이 그 아들을 세상에 보내신 것은 세상을 심판하려 하심이 아니요 저로 말미암아 세상이 구원을 받게 하려 하심이라 저를 믿는 자는 심판을 받지 아니하는 것이요 믿지 아니하는 자는 하나님의 독생자의 이름을 믿지 아니함으로 벌써 심판을 받은 것이니라"(요 3:16~18).

아멘!

맺는말

이미 말한 바와 같이 이 책은 창세기 전반에 걸쳐 내용을 다룬 것이 아니다. 창세기 11장까지의 말씀 중에서도 지금까지 잘못 인식되어왔다고 생각되는 부분 몇 곳만을 언급하였다. 그리고 마지막에 요한일서 5장의 '물과 피로 임하신 자'를 추가하였다. 지금까지 독자들이 알고 있던 내용과 너무나 동떨어진 내용이 있어 읽는데 거부감이나 어려움이 있었을 것으로 생각한다. 나는 이 책을 씀에 있어 하나님의 말씀을 왜곡시키거나 혼잡을 가져오려는 의도는 추호도 없었다.

이를 위해 계속 기도하면서 성령의 도우심을 받아 하나님께서 우리에게 알리시기를 원하는 바를 썼다고 생각한다. 그러나 아담의 에덴에서의 추방, 그리고 에덴동산의 폐쇄, 바벨탑 사건 등, 이러한 사건들은 너무나 오랜 기간 동안 우리의 뇌리 속에 확고하게 자리 잡고 있는 내용이기에 이 책에서 말하는 새로운 해석이 쉽게 납득되지 않으리라 생각된다.

그러나 성경은 하나님의 감동을 받아 기록한 저자들의 기록 의도에 맞게 해석되어야 한다고 굳게 믿는다. 전에 내놓은 '감추인 보화'도 그러하였지만 이 책의 새롭게 조명되는 내용에 대하여도 내가 하나님 앞에 섰을 때 하나의 달란트를 땅에 묻어둔 악한 종이라는 책망은 면할 수 있을 것으로 생각한다. 그러나 나는 이 글을 쓰면서 두렵고 떨리는 마음을 금할 수가 없었다.

혹시나 하나님의 뜻을 거슬러 성경을 해석하는 것은 아닌지, 이 글을 읽는 독자들은 어떻게 받아들일 것인가 하는 생각이 앞섰기 때문이다. 마치 천동설을 믿고 있던 사람들에게 지동설을 주장한 갈릴레이와 같은 심정으로 이 책을 내놓았다. 다만 이러한 사건들에 대한 새로운 연구 시도가 첫걸음이기에 약간은 미비한 점이 없지 않았을 것으로 사료되어 앞으로 더 많은 연구와 노력들이 경주되어져야 할 것으로 안다.

지금까지 이 내용들을 쓸 수 있도록 도와주신 하나님께 영광을 돌리며 다음에 내놓을 '예수님의 비유'에도 더욱 넘치는 은혜로 함께 하시기를 빌어마지 않으며 또한 도와주신 출판사 직원 모든 분들께 감사드립니다.